LES CLÉS DE
L'ABONDANCE

LES CLÉS DE L'ABONDANCE

Volume 1 :
Le pouvoir de l'esprit sur la matière

Kim Michaels

Titre original : **A Course in Abundance, vol 1, Mind over Matter**
Cours dicté par Mère Marie à travers Kim Michaels
Copyright © 2014 Kim Michaels
More to Life Publishing, www.morepublish.com
ISBN : 978-9949-518-55-5

Édition française
Copyright © 2025 Noël Wan pour la traduction
Édition : BoD · Books on Demand, 31 avenue Saint-Rémy,
57600 Forbach, bod@bod.fr
Impression : Libri Plureos GmbH, Friedensallee 273,
22763 Hamburg (Allemagne)
ISBN : 978-2-3225-7472-8
Dépôt légal : mars 2025
Version révisée : avril 2025

Notes et avis de non-responsabilité :
(1) L'auteur et l'éditeur ne garantissent pas que les pratiques décrites
dans ce livre produiront des résultats positifs pour quiconque à tout
moment. Elles sont présentées à titre informatif uniquement, car la
pratique et la preuve incombent au lecteur.
(2) Les informations et les idées contenues dans ce livre sont uniquement
l'opinion de l'auteur et ne doivent pas être considérées comme une forme
de thérapie, de conseil, de diagnostic ou de traitement de quelque nature
que ce soit. Ces informations ne remplacent pas les soins médicaux ou
les aides psychologiques. Toutes les questions relatives à votre santé
individuelle doivent être supervisées par un médecin ou un professionnel
de santé approprié. Ni l'auteur ni l'éditeur n'assume quelque responsabilité que ce soit pour le compte d'un acheteur ou d'un lecteur.

A propos de l'auteur

Kim Michaels suit le chemin spirituel depuis 1976 et il est devenu un messager pour les Maîtres ascensionnés en 2002. Il a donné des conférences dans quatorze pays et il est l'auteur de nombreux livres sur le christianisme mystique, le développement personnel et le chemin universel de transcendance qui mène au-delà de l'ego humain et de la conscience de dualité. A ce jour, il a publié 70 livres en anglais qui décrivent avec une grande clarté la façon d'appliquer à nos défis quotidiens la sagesse et la gnose intemporelles des Maîtres spirituels occidentaux et orientaux.

Kim Michaels a également créé une chaine de vidéos sur *Youtube* et plusieurs sites Internet :

kimmichaels.info – Site officiel de Kim Michaels.
ascendedmasterresources.com – Site principal d'informations sur les Maîtres ascensionnés.
ascendedmasterlight.com – Enseignements des Maîtres ascensionnés sur le chemin spirituel.
askrealjesus.com – Enseignements mystiques de Jésus-Christ.
ascendedmasteranswers.com – Réponses des Maîtres ascensionnés aux questions posées sur de nombreux sujets.
explainingevil.com – Explications sur l'origine et les méthodes des êtres déchus.
transcendencetoolbox.com – Outils pour invoquer la lumière spirituelle et transcender la conscience de l'ego.

Vous pouvez trouver la traduction française de ces sites sur le site *maitresascensionnes.fr*.

Livres de Kim Michaels en français

Le Chant de Vie, Matrice de guérison spirituelle
Les clés de l'abondance
  Volume 1 : Le pouvoir de l'esprit sur la matière
  Volume 2 : Exprimer votre amour pour la Vie
  Volume 3 : Votre plan pour la vie abondante

Table des matières

Table des matières du Volume 2

Table des matières du Volume 3

Comment utiliser ce livre

Le but de ce cours de Mère Marie sur l'abondance est de vous révéler les clés essentielles qui vous permettront de manifester l'abondance spirituelle, psychologique et matérielle dans votre vie. Ces clés vous sont présentées de manière directe, progressive et exhaustive par Mère Marie. Elles n'ont jamais été révélées par les religions pour des raisons que vous découvrirez dans le cours. Bien évidemment, la science matérialiste qui nie l'existence du monde spirituel ne peut pas connaître ces clés. Sachez enfin que ce cours va très au-delà de tout ce qui a été publié à ce jour sur la loi d'attraction et dans des programmes pour devenir soi-disant riche facilement et rapidement.

La particularité de ce cours est que les enseignements ont été donnés directement sous forme de dictées orales par Mère Marie, plus connue sous le nom de Vierge Marie par l'Église catholique. Mère Marie est aujourd'hui un être ascensionné qui occupe la fonction de Mère divine pour tous les êtres humains sur Terre, et donc pas seulement pour les personnes catholiques. Mère Marie est accompagnée de représentants de la Mère divine et du Père divin, qui sont des Maîtres ascensionnés servant comme des enseignants spirituels universels pour l'humanité. Si vous n'êtes pas familier avec les Maîtres ascensionnés, vous trouverez une brève description dans les annexes, mais aussi des informations plus détaillées sur le site français *maitresascensionnes.fr* ou sur le site anglais *ascendedmasterresources.com*. Ces sites contiennent de nombreux enseignements récents dictés à travers Kim Michaels par les Maîtres ascensionnés et des outils concrets pour suivre le chemin vers la maîtrise de soi.

En plus des clés, vous trouverez dans ce cours une technique spirituelle très efficace pour élever votre conscience. De nombreux livres spirituels peuvent vous apporter la compréhension et même vous inspirer, mais ils ne vous permettent pas nécessairement de vous transformer ni de changer votre vie de manière durable. Ce cours contient une combinaison d'enseignements et d'outils pratiques pour invoquer la lumière spirituelle. Les invocations peuvent vous aider à vous transcender véritablement pour atteindre un niveau supérieur sur votre chemin personnel.

L'enseignement de chaque clé est donc suivi d'une invocation que vous devez lire à voix haute. Vous pouvez lire l'invocation de manière lente et méditative ou prononcer les mots plus rapidement et avec plus de puissance dans votre voix. Il n'y a pas qu'une seule façon de donner une invocation, mais celle-ci ne fonctionnera vraiment que si vous la lisez à voix haute. Selon votre vitesse, il vous faudra environ vingt minutes pour donner une invocation. Si vous souhaitez des instructions plus détaillées sur la manière de donner une invocation, vous pouvez consulter l'onglet *Outils* sur le site français *maitresascensionnes.fr* ou le site anglais *transcendencetoolbox.com*.

Pour commencer ce cours, vous devez étudier la première dictée, puis donner la première invocation au moins une fois. Mais il est préférable de donner l'invocation une fois par jour pendant neuf jours consécutifs. Vous n'avez pas besoin de relire la dictée avant de donner l'invocation, mais vous constaterez probablement que lire une partie de la dictée vous aidera à tirer davantage profit de l'invocation. Vous pouvez ensuite passer à la dictée suivante et ainsi de suite jusqu'à ce que vous ayez parcouru toutes les dictées et toutes les invocations. N'hésitez pas à faire preuve de créativité dans l'utilisation des invocations. Par exemple, vous pouvez donner les invocations pour le soutien d'autres personnes et l'élévation de la conscience collective.

Si vous faites l'effort de surmonter votre résistance initiale et de créer un élan pour donner des invocations, vous découvrirez probablement que c'est l'un des outils spirituels les plus puissants et les plus efficaces que vous ayez jamais utilisés. En combinant cet outil avec une volonté d'examiner votre propre psyché et de recadrer vos croyances limitantes, vous pouvez transformer votre vie en une spirale ascendante qui augmentera votre capacité à manifester l'abondance spirituelle et matérielle. En vérité, comme le disent les Maîtres, tout tourne autour de votre libre arbitre. Si vous pouvez accepter que la transcendance soit possible pour vous, alors vous allez surement manifester les résultats. Invoquez et vous recevrez.

Sachez que ce cours est un cadeau très spécial du cœur de la Mère divine. Les mots du cours sont donnés sous forme de dictée directe, ce qui signifie qu'ils contiennent des clés subtiles pour déverrouiller votre compréhension. Vous ne tirerez pas pleinement parti du cours en le lisant avec un esprit intellectuel et linéaire. Le cours est conçu pour débloquer votre intuition, votre connaissance mystique intérieure, et ainsi vous reconnecter à ce que vous savez déjà au plus profond de votre être. L'étude du cours peut être abordée comme un processus d'adoration de la Mère divine. Si vous abordez le cours avec révérence, vous en tirerez de plus grands bénéfices.

Vous pouvez utiliser le cours de diverses manières, notamment comme outil de méditation ou de contemplation. Lire les dictées à haute voix est en soi un exercice puissant. Vous pouvez étudier tout seul les dictées et donner les invocations par vous-même. Cependant, l'étude de ce cours au sein d'un groupe sera encore plus efficace. Le cours n'appartient à aucune organisation et n'est contrôlé par aucune organisation. Il peut donc être utilisé librement par des groupes formels ou informels. Il y a un grand avantage à ce qu'un groupe de personnes se réunisse régulièrement, étudie et discute d'une clé et donne l'invocation correspondante ensemble. Lorsque deux ou plus de personnes se réunissent au nom de la Mère divine, elle manifeste toujours sa présence au milieu d'elles.

Ce cours comprend au total vingt-quatre clés et vingt-quatre invocations, et il est publié en trois volumes distincts, à raison de huit clés et huit invocations par volume. Afin d'obtenir des résultats optimaux, il est important de suivre le cours dans le bon ordre. Vous devez donc commencer par le volume 1, puis continuer avec le volume 2 et terminer avec le volume 3.

Notes sur la traduction

Comme il existe parfois plusieurs mots français possibles pour un même mot anglais et inversement, nous avons choisi les mots français qui traduisent au mieux l'esprit de l'enseignement des Maîtres ascensionnés. Voici quelques exemples :

All, Allness : *Tout* ou *grand Tout* avec un 'T' majuscule
Ascended Host : *royaume ascensionné* ou *maîtres ascensionnés*
Catch-22 : *impasse* ou *problème insoluble*
Christhood : *christité* ou *état christique*
Chist mind : *esprit du Christ*
Christ self : *Soi christique*
Conscious You : *Soi conscient* ou *Vous conscient*
I AM Presence : *Présence JE SUIS*
Mind : *esprit* avec un 'e' minuscule ou *mental*
Oneness : *unité*
Outer mind : *mental extérieur* ou *intellect*
Realm : *royaume* ou *domaine*
River of Life : *Fleuve de Vie*
Self : *moi* pour le moi inférieur ou *soi* pour le soi supérieur
Higher self : *soi supérieur*
Lower self : *moi inférieur* ou *ego*
Separated self : *moi séparé*
Spirit : *Esprit* avec un 'E' majuscule
Spirit of Christ : *Esprit du Christ*
Holy Spirit : *Esprit Saint* ou *Saint-Esprit*

Pour la traduction des versets bibliques, nous utilisons la Bible en français, version Louis Segond 1910, que vous pouvez trouver sur *info-bible.org*. Il est important de noter que ce n'est pas un cours religieux réservé aux chrétiens. C'est un enseignement mystique universel qui vise à vous libérer de toutes les fausses images de Dieu et de Jésus. Il vous permettra de comprendre les véritables significations de certains versets et d'expérimenter la conscience universelle du Christ qui est la clé de votre abondance.

Introduction par Mère Marie

Avez-vous entendu ou lu cette parole prononcée par Jésus : *« Ne crains point, petit troupeau ; car votre Père a trouvé bon de vous donner le royaume »* (Luc 12.32) ? Avez-vous ensuite regardé votre propre vie et vous êtes-vous demandé : « Si le Père a trouvé bon de me donner le royaume, comment se fait-il que je n'ai pas l'abondance de Dieu ? » Avez-vous aussi regardé le monde et vous êtes-vous demandé : « Si Dieu a trouvé bon de donner à tous son royaume, comment se fait-il que tant de personnes vivent dans une pauvreté abjecte et n'aient aucune possibilité d'améliorer leur sort ? Comment se fait-il que la plupart des humains soient pauvres alors qu'une petite élite est si riche que cela défie presque l'entendement ? »

Vous êtes-vous déjà demandé pourquoi Dieu vous permet de vivre sans l'abondance que vous désirez et qu'Il est censé vouloir pour vous ? Avez-vous déjà réfléchi à ce que vous pourriez éventuellement faire pour changer la situation et profiter d'une vie abondante ? Je suis sûre qu'à un moment donné de votre vie, vous vous êtes posé ces questions. Mais avez-vous trouvé une réponse ? Si vous n'avez pas trouvé de réponse, êtes-vous prêt à chercher une réponse au-delà des sources traditionnelles ? Êtes-vous prêt à chercher une réponse au-delà de la boîte mentale dans laquelle votre esprit réside actuellement ?

Si oui, je vous recommande de commencer par réfléchir à ces questions : « Est-ce Dieu qui me permet d'être pauvre et de ne pas avoir l'abondance ou est-ce quelqu'un d'autre ? Est-ce Dieu qui m'empêche d'avoir sa pleine abondance, ou est-ce moi-même qui rejette cette abondance ? Est-ce Dieu qui permet à tant de personnes sur Terre d'être pauvres, ou est-ce l'humanité dans son ensemble qui a rejeté l'abondance de Dieu et a ainsi créé un état de manque et d'inégalité sur Terre ? » Je sais que ce sont des questions très directes, et elles peuvent sembler être dépourvues d'amour.

Je vous assure que je vous les pose avec le plus grand amour. Je vous demande de considérer ces questions avec le plus grand amour parce que je sais que, si vous les traitez ouvertement, vous trouverez à coup sûr les réponses qui vous permettront d'hériter de l'abondance de Dieu qui vous revient de droit. Ce faisant, vous contribuerez au mouvement qui conduira inévitablement au point où l'état de manque et l'inégalité seront brisés sur cette planète. Les écluses du ciel pourront être ouvertes et tout le monde pourra recevoir la vie abondante de Dieu. Mes questions sont posées avec le plus grand amour parce que je ne veux pas laisser mes enfants seuls, piégés dans la pauvreté, le manque et les limitations. Je préfère troubler votre esprit avec des questions directes, et j'espère que je pourrai ainsi vous éveiller à la réalité qu'il y a plus à comprendre sur la vie que ce que vous en savez actuellement.

Si vous pensez que vous êtes privé des choses que vous désirez, alors votre état de manque est une prison. Mais toutes les prisons ont une porte. Si vous pouvez trouver cette porte et apprendre à l'ouvrir, vous aurez la possibilité de vous échapper de la prison. Si vous ne croyez pas qu'il y a une porte ou si vous ne savez pas comment ouvrir cette porte, comment pourrez-vous vous échapper de la prison dans laquelle vous êtes actuellement enfermé ? Vous n'avez aucune chance de vous échapper si vous ne savez pas comment vous y prendre. La clé pour surmonter votre état de manque actuel est d'acquérir une meilleure compréhension de ce qu'il faudra pour hériter de l'abondance de Dieu.

Lorsque Jésus a dit que c'est le bon plaisir du Père de vous donner le royaume, il ne faisait pas une fausse promesse. Jésus faisait une vraie promesse parce qu'il avait réalisé qu'il existe une porte pour s'échapper de la prison humaine. Il avait découvert cette porte et il avait trouvé la clé pour l'ouvrir. Plus important encore, il avait fait ce qu'il fallait pour franchir cette porte et donc être libre de la condition humaine et de la lutte humaine. Il a consacré toute sa vie à prouver qu'il est possible d'échapper aux conditions humaines, et il espérait que tous les êtres humains considéreraient sa vie comme un exemple de la façon dont ils pourraient eux-mêmes s'échapper de la prison mentale de l'état de conscience humaine, qui est la conscience de séparation, de limitation et de manque.

***

Je suis venue vous aider à découvrir la porte de la prison. Je suis venue vous donner les clés qui ouvriront la porte de la prison, car il y a plusieurs serrures. Je propose de prendre votre main et de vous conduire à travers cette porte jusqu'à ce que vous sortiez de la prison et soyez libre de vous prélasser au soleil de votre être véritable. Qui suis-je pour faire de telles promesses ? En considérant que votre situation actuelle est une prison et que vous aimeriez sortir de cette prison, qui aimeriez-vous avoir comme guide ?

Il existe de nombreuses personnes qui vous proposent d'être votre guide. Elles promettent que, si vous achetez leurs services, leurs livres ou leurs cours, elles vous feront sûrement sortir de la prison humaine. Le problème est qu'elles sont encore dans un corps physique, et donc elles sont encore dans le temps et l'espace. Elles peuvent avoir une certaine compréhension de la façon de s'échapper de la prison humaine, mais elles n'ont pas encore pleinement intégré cette compréhension. Si vous voulez être guidé par un Être qui a appliqué la connaissance et qui s'est échappé de la prison humaine, alors je suis ici pour offrir mon service et ma guidance remplie d'amour. Alors, qui suis-je ?

Le message central de Jésus était que vous pouvez vous échapper de la prison humaine et même vaincre la mort. Son message central était que la mort n'est pas la fin, que vous pouvez trouver une nouvelle vie, un nouvel état de conscience, dans un royaume supérieur. Jésus a prouvé que vous pouvez vous échapper de la prison humaine et que vous pouvez ascensionner de façon permanente dans un royaume supérieur.

Bien que certains chrétiens aient été élevés dans la croyance que Jésus était une exception, Jésus n'est pas le seul à s'être échappé de la prison humaine et à avoir ascensionné de façon permanente dans un royaume supérieur. Si Jésus était le seul à pouvoir suivre ce chemin, quel serait l'intérêt de sa venue sur

Terre ? Quel genre de Dieu enverrait son Fils unique dans ce monde pour vous montrer un chemin que vous ne pourriez pas suivre ? Ne serait-ce pas ajouter l'insulte à l'injure que de vous montrer qu'une personne peut s'échapper de la prison humaine mais pas vous ?

Vous n'avez que deux options : vous pouvez penser que Dieu n'est pas un Dieu aimant, ou vous pouvez penser que, derrière la vie et les enseignements de Jésus, il y a un message caché, un message que vous avez la possibilité de suivre, et que vous pouvez vous aussi vous libérer de cette prison humaine et ascensionner dans un royaume supérieur. Vous pouvez penser soit que Dieu a envoyé Jésus pour vous montrer le chemin vers son royaume – un chemin que vous aussi pouvez suivre –, soit que Jésus mentait quand il a dit que le bon plaisir du Père est de vous donner le royaume. Vous ne pouvez pas avoir les deux. Vous ne pouvez pas penser logiquement que seul Jésus peut hériter de la vie abondante et, en même temps, considérer Jésus comme un vrai sauveur et considérer Dieu comme un Dieu bienveillant.

La prison humaine est composée de nombreuses croyances illogiques et contradictoires, et j'ai en effet l'intention d'exposer ces croyances dans les prochains chapitres. Si vous me le permettez, je vous conduirai à une meilleure compréhension de la vie, et ainsi vous arriverez à connaître la vérité qui vous rendra libre. Vous pouvez alors franchir la porte de la prison pour entrer dans le royaume de la vie abondante de votre Père.

Si vous pouvez accepter l'hypothèse que Jésus ne soit pas le seul Être à avoir ascensionné au ciel, vous pouvez accepter le fait que, moi aussi, j'ai suivi le chemin montré par Jésus et que, moi aussi, j'ai ascensionné dans un royaume supérieur. J'étais autrefois dans un corps humain comme celui que vous avez actuellement. J'étais alors connue sous le nom de Marie, la mère de Jésus. Après cette vie en tant que Marie, j'ai en effet réussi mon ascension permanente vers le royaume spirituel. Je suis aujourd'hui un être ascensionné, et j'ai choisi de rester avec la Terre pour servir d'enseignante, de gardienne et de guide pour vous et vos frères et sœurs spirituels qui sont encore dans la prison humaine.

Depuis mon ascension, je ne suis pas restée au même niveau. Je me suis élevée plus haut dans les rangs ici au ciel, car, en vérité, comme Jésus l'a dit : « *Dans la maison de mon Père, il y a plusieurs demeures* » (Jean 14.2). Il y a des niveaux de réalisation même dans le monde spirituel et, depuis mon ascension, j'ai atteint une plus grande compréhension, une plus grande intériorisation et une unité avec la conscience et l'Être de l'aspect Mère de Dieu. Je suis aujourd'hui la représentante de la Mère divine (ou Dieu la Mère) pour la planète Terre. Vous pourriez considérer cela comme une fonction spirituelle, un peu comme les fonctions que vous avez sur Terre, comme le maire d'une ville, le gouverneur d'un état ou le président d'un pays.

Je viens en tant que représentante de la Mère divine pour tendre la main dans l'amour le plus profond, inconditionnel et nourricier de la Mère divine. Je n'ai pas d'autre désir que de voir tous les enfants de Dieu recevoir leur héritage légitime, qui est vraiment la vie abondante. C'est une vérité absolue que c'est le bon plaisir de Dieu le Père de vous donner le royaume de la vie abondante. Vous n'avez pas à attendre d'ascensionner au ciel pour avoir cette vie abondante. Vous pouvez hériter, revendiquer et expérimenter cette vie abondante aussi sur Terre, comme Jésus l'a vraiment démontré en transformant l'eau en vin et en multipliant les pains et les poissons.

∗∗∗

Ce cours est un cadeau de mon cœur que je vous offre en toute pureté de motivation et avec rien d'autre que de l'amour dans mon cœur. Ceci est mon cadeau, qui vous est offert gratuitement dans l'espoir que vous le recevrez librement et sans préjugés, sans aucune opinion préconçue sur ce que Dieu la Mère doit dire ou ne pas dire. Mon objectif avec ce cours est de vous donner les clés du royaume de Dieu, les clés qui ouvrent la porte de la prison et qui vous aident à dépasser toutes les limitations humaines.

Si votre esprit établit des conditions et des limites à ce que je *peux* et *ne peux pas* dire, alors comment pourrais-je vous conduire au-delà de la prison des limitations humaines ? Si vous utilisez une opinion préconçue pour rejeter mes paroles ou ce cours, alors vous montrez que vous préférez rester dans votre prison mentale actuelle et que vous n'êtes pas disposé à ouvrir une serrure particulière, ou peut-être plusieurs serrures, dans la porte qui mène à la vie abondante. Parce que je vous aime et parce que je respecte que Dieu le Père vous ait donné le libre arbitre, je vous laisserai vous accrocher à vos opinions et conditions préconçues, si c'est ce que vous désirez.

Je ne vous demande qu'une seule chose : c'est d'être franc avec vous-même. Je vous demande de réaliser que si vous utilisez une opinion humaine préconçue pour rejeter mes paroles, c'est que vous voulez continuer à éprouver des limitations, des souffrances et des manques. Vous le faites parce que vous n'êtes pas vraiment disposé à savoir ce que vous devez savoir ni à faire ce que vous devez faire pour ouvrir et franchir la porte de la prison. Je vous demande d'être au moins honnête avec vous-même.

S'il vous plaît, ne rejetez pas ce cours avec l'attitude qu'il est peut-être faux ou qu'il vient du diable. Soyez au moins franc avec vous-même et reconnaissez que, si vous rejetez ce cours, vous le faites parce que vous choisissez de maintenir certaines croyances qui sont remises en question par ce cours. Vous avez parfaitement le droit de maintenir de telles croyances, vous avez parfaitement le droit de choisir de vous accrocher à une vision limitée du monde plutôt que d'accepter la plus grande compréhension qui vous permettra d'ouvrir la porte de la prison. Je vous demande seulement de reconnaître que c'est un choix que vous faites et que personne d'autre que vous-même ne peut vraiment vous forcer à choisir de vous accrocher à des limitations.

C'est le bon plaisir du Père de vous donner le royaume, et, si vous n'avez pas son royaume en ce moment, il ne peut y avoir qu'une seule explication. Vous avez utilisé certaines croyances ou opinions humaines pour vous accrocher à une vision limitée de la vie. C'est cette vision limitée de la vie qui vous empêche d'accepter le royaume que Dieu vous offre en ce moment et vous a offert tout au long de votre existence en tant qu'être conscient de soi.

C'est le bon plaisir de Dieu le Père de vous donner son royaume, et c'est aussi le bon plaisir de Dieu la Mère de vous donner ce royaume sous forme d'un soutien spirituel et matériel dans ce monde. Je suis venue vous offrir la vérité qui vous rendra libre d'accepter l'abondance de Dieu le Père et le soutien de Dieu la Mère. Ce cours vous offrira cette vérité, mais c'est à vous de l'accepter et de lui permettre de transformer votre conscience et de transformer votre vision de la vie jusqu'à ce que vous soyez libéré de vos limitations actuelles.

Je le répète, si vous vous sentez actuellement pris au piège dans une prison de limitations et de manque, alors, s'il vous plaît, réalisez que ce qui vous maintient dans cette prison : ce sont les croyances et les opinions que vous avez acceptées et qui ne sont pas alignées avec la vérité et la réalité de Dieu. Si vous devez un jour vous échapper de la prison humaine, vous ne pouvez le faire que d'une seule manière, et c'est en étant prêt à regarder au-delà des opinions et des croyances préconçues que vous considérez d'une manière ou d'une autre comme vraies, infaillibles ou indiscutables.

Seule la vérité vous rendra libre et, si vous connaissiez déjà la vérité, vous seriez déjà libre maintenant. La seule conclusion logique est que vous n'avez pas la vérité dans votre boîte mentale actuelle, ce qui signifie que si vous voulez un jour trouver la vérité, vous devez être prêt à regarder au-delà de cette boîte. Si vous n'êtes pas disposé à remettre en question les croyances qui vous maintiennent piégé dans votre prison actuelle, il n'y a aucune possibilité de vous échapper de cette prison. La raison n'est pas qu'il est impossible de vous en échapper. La raison en est que vous choisissez de ne pas remettre en question ni de regarder au-delà de vos croyances actuelles. Vous choisissez de vous maintenir dans votre prison mentale actuelle et vous refusez de reconnaître qu'il y a quelque chose en dehors de cette boîte.

***

Ce que je vais faire dans ce cours, c'est vous offrir toutes les clés dont vous avez besoin pour déverrouiller la porte qui vous mène hors de la prison des limitations humaines, du manque et de la souffrance. Je vais vous offrir les clés mêmes que j'ai utilisées pour m'échapper moi-même de cette prison. Je vais vous les offrir en vous donnant le vrai sens de l'exemple et des enseignements donnés par Jésus, dans lesquels il a également démontré comment utiliser les clés qui vous feront sortir de la prison humaine.

Comme il a été dit : « Vous pouvez conduire un homme à une source d'eau, mais vous ne pouvez pas l'obliger à boire », et il en est de même pour une femme. Tout ce que je peux faire dans ce cours, c'est vous offrir les clés de la porte de la prison, les clés qui vous feront sortir des limitations humaines et qui vous conduiront dans le royaume de votre Père. C'est à vous de décider si vous accepterez mon offre et si vous l'utiliserez réellement pour déverrouiller chaque serrure qui maintient la porte fermée. Je ne peux que vous offrir les clés, je ne peux pas vous forcer à les prendre, je ne peux pas vous forcer à les mettre dans les serrures, je ne peux pas vous forcer à tourner les clés, je ne peux pas vous forcer à ouvrir la porte et je ne peux pas vous forcer à la franchir.

Je n'ai aucun désir de vous forcer à entrer dans le royaume de votre Père. J'ai un amour infini pour votre courant de vie, et j'ai envie de me tenir en face de vous et de vous saluer lorsque vous avez franchi la porte et que vous êtes maintenant libre en tant qu'être spirituel pur que Dieu a créé à son image et selon sa ressemblance. J'ai un grand désir de regarder profondément dans vos yeux et de voir votre joie de savoir que vous êtes de nouveau libre et rentré à la maison. J'ai un grand désir de mettre mes bras autour de vous et de vous serrer fort afin que je puisse sentir les battements de votre cœur et vous permettre de sentir les battements du mien. J'aspire à partager votre joie alors que vous vous rendez compte que nos cœurs battent maintenant au même rythme parce que nous sommes devenus un en esprit. Votre cœur ne bat plus au rythme du tambour des luttes humaines, de la souffrance et du manque – le train-train quotidien.

Je vous offre ce cours comme un cadeau de mon cœur. Si vous choisissez de le rejeter à cause d'une idée qui remet en question une croyance que vous n'êtes pas disposé à remettre en question ou à abandonner, alors je respecterai votre choix. Mon amour pour vous ne diminuera pas mais je ressentirai une pointe de tristesse. Je sais que tant que vous serez pris au piège des limitations humaines, vous ne pourrez pas accepter mon amour. Vous ne pourrez pas accepter l'amour de la Mère divine et vous ne pourrez pas accepter le royaume du Père divin.

***

Je ne m'excuse pas pour la longueur de ce cours ni pour le fait de me répéter pour expliquer le même point sous plusieurs angles. Mon objectif est de vous donner le cours suprême sur la façon de manifester l'abondance de Dieu dans votre vie, et cela ne peut tout simplement pas être fait dans un livre au contenu et au style normaux ou dans un cours de longueur normale. Je n'ai aucune envie de vous donner une histoire à moitié terminée qui laisserait de côté les étapes essentielles et qui s'arrêterait ainsi avant de vous donner les moyens de percer et de revendiquer votre plein potentiel.

Je tiens également à préciser que ce cours n'est pas écrit pour l'intellect humain ni pour l'esprit analytique qui aime tout catégoriser. L'intellect aime comparer chaque nouvelle idée à ce qu'il sait déjà, puis mettre l'idée dans une petite boîte avec une étiquette dessus. Il aime tout intégrer dans sa vision du monde existante et dans son système de croyance. La manifestation de la vie abondante ne peut pas être accomplie par l'intellect humain et nécessite une forme de raisonnement plus élevée.

Ce cours est spécifiquement écrit pour activer les facultés supérieures de votre esprit et les facultés qui sont centrées dans votre cœur plutôt que dans votre tête. Si vous étudiez ce cours avec votre intellect, il ne vous apportera que peu de choses. Pour en tirer le meilleur parti, vous devez activer votre cœur et vos facultés intuitives, parce que c'est à travers ces facultés que vous pouvez penser au-delà de votre boîte mentale créée par votre intellect.

***

Une grande partie de ce cours est composée d'exercices pratiques : les invocations que vous trouverez après chaque chapitre. Ces invocations sont conçues pour vous aider à défier les énergies imparfaites et les croyances limitantes qui existent dans votre subconscient et qui bloquent votre capacité à manifester l'abondance. En lisant les invocations à haute voix, vous apporterez littéralement, dans votre situation extérieure, la lumière spirituelle qui a le potentiel de transformer toute limitation en un état d'abondance supérieure. Je vous expliquerai en détail exactement comment cela fonctionne au fur et à mesure que le cours progresse, mais je veux que vous commenciez à donner les invocations dès le début.

Il n'y a rien de mystique dans ces invocations. Pendant des milliers d'années, les êtres humains ont su invoquer l'énergie spirituelle. De nombreux rituels religieux ou spirituels ont été transmis aux humains afin de leur donner les moyens de purifier l'énergie mal qualifiée qui s'était accumulée dans leur esprit. Ce fait n'a généralement pas été expliqué en raison d'une compréhension inférieure que l'humanité avait dans le passé. Même si l'explication *était* donnée, elle était souvent cachée ou déformée par les doctrines des religions.

Il vous est sûrement arrivé un jour de participer à une cérémonie ou à un rituel religieux et de vous sentir exalté ensuite. Ce qui s'est passé, c'est que le rituel a invoqué une énergie spirituelle à haute fréquence, et, lorsqu'elle est entrée dans votre esprit, elle a purifié une partie de l'énergie mal qualifiée qui s'y était accumulée. Elle a réduit le poids de l'énergie mal qualifiée que vous portiez et, par conséquent, vous vous êtes senti plus léger et élevé.

Lorsque les gens déclarent qu'ils ont l'impression de porter le poids du monde sur leurs épaules, la réalité est qu'ils portent le poids d'une énergie mal qualifiée et qu'ils le vivent comme un fardeau presque physique qui les alourdit. Un rituel religieux peut soulager temporairement ce fardeau, mais s'il n'est pas assez puissant, le soulagement ne durera qu'un court laps de temps. Tant que la croyance sous-jacente n'est pas enlevée, vous allez continuer à mal qualifier l'énergie et vous vous sentirez de nouveau alourdi.

Ce que je vous donne dans ce cours est un rituel sous forme d'une série d'invocations. Elles sont si puissantes que, si vous les donnez avec diligence, non seulement vous recevrez un soulagement temporaire des énergies mal qualifiées qui vous accablent, vous entrerez en plus dans une spirale ascendante qui purifiera tellement d'énergie – et en même temps résoudra potentiellement tant de croyances autodestructrices – que vous passerez rapidement un point de non-retour. Vous saurez que votre vie est devenue une spirale ascendante, et, tant que vous continuez à avancer, aucune force sur Terre ne pourra arrêter cette spirale.

Avec ce cours, mon objectif est de vous inspirer à utiliser les outils que je vais vous transmettre pour vous ancrer si fermement sur le chemin ascendant que vous aurez la connaissance intérieure – qui est au-delà de la simple croyance – qu'aucun pouvoir sur cette Terre, ni votre moi mortel ni le prince de ce monde, ne peut vous éloigner du chemin spirituel. Aucun pouvoir ne peut vous forcer à revivre le sentiment de lutte et de souffrance que vous avez enduré avant de suivre la voie de la transcendance de soi.

***

Beaucoup d'étudiants de ce cours pourraient ne pas être familiers avec la pratique des invocations. Vous pouvez considérer une invocation comme un ensemble d'affirmations positives composées de deux éléments particuliers. Le premier élément est une série d'affirmations qui traitent chacune un mensonge ou une illusion dualiste spécifique concernant votre sentiment d'identité et votre relation avec Dieu. En prononçant ces affirmations à haute voix, vous énoncez une vérité supérieure qu'elles fixent dans votre subconscient, votre champ énergétique et votre aura. Vous commencerez progressivement à contrecarrer les croyances dualistes que vous y avez accumulées.

Le second élément de l'invocation, ce sont les strophes de vers et les refrains qui se répètent après chacune des affirmations. Cet élément de répétition donne un rythme puissant à l'invocation. Si vous regardez la nature, vous verrez que le rythme fait partie intégrante de la création de Dieu. Il existe de nombreuses personnes spirituelles qui connaissent le pouvoir du rythme et de la répétition lors d'un rituel particulier. Vous voyez le rythme dans le changement des saisons, vous le voyez aussi dans la musique, et vous remarquerez que Dieu a utilisé le pouvoir du son pour émettre l'ordre : « Que la lumière soit ! » En répétant une invocation, vous générez des vagues d'énergie l'une après l'autre. En invoquant de telles ondes d'énergie spirituelle à haute fréquence et en les dirigeant à travers les affirmations individuelles, vous envoyez de la lumière dans votre champ énergétique personnel où elle consumera toutes les énergies mal qualifiées.

Comme ce cours est long, vous allez devoir fournir un grand effort pour le suivre. Je vous demande en toute sincérité de faire tous les pas jusqu'au dernier pas qui apportera l'accomplissement de vos efforts. Je vous demande de prendre un grand engagement et de le faire avec la détermination absolue d'aller jusqu'au bout. Ce que je vous demande de faire, c'est de donner (lire ou réciter) chaque invocation pendant neuf jours consécutifs tout en étudiant le chapitre correspondant. Je vous demande de réserver du temps dans votre emploi du temps chargé et d'aller dans une pièce tranquille où vous ne serez pas dérangé.

Commencez par lire une section de chapitre. Elle peut être courte ou longue selon votre temps disponible. Lisez jusqu'au moment où vous sentez que vous avez rencontré une idée qui a un message pour vous, ou une idée que vous ne comprenez pas mais que vous sentez importante. À ce moment-là, arrêtez et commencez à lire l'invocation à haute voix avec toute l'intensité de la flamme de votre cœur.

Pour beaucoup de personnes, je sais que ces exercices leur demanderont un sacrifice et les obligeront à faire quelque chose qu'elles n'ont jamais fait auparavant. Cela peut sembler gênant au début, mais commencera bientôt à couler naturellement, et vous sentirez que cette pratique deviendra progressivement un joyeux moment de la journée. Si vous voulez pleinement profiter de ce cours, il est absolument indispensable que vous fassiez ces exercices. Pendant des années, j'ai vu beaucoup de personnes spirituelles lire des enseignements sur la spiritualité et l'abondance. Elles ont tout étudié avec leur mental et ont estimé qu'elles avaient une grande compréhension intellectuelle, mais elles étaient réticentes à prendre des mesures physiques concrètes en vue de manifester la vie abondante. Ces personnes n'ont pas réussi à obtenir les résultats souhaités.

Si vous voulez avoir des résultats avec ce cours, vous ne pouvez pas simplement lire les chapitres. Vous ne pouvez pas vous permettre de penser qu'il suffit de comprendre les enseignements de ce livre. Vous devez également donner quelque chose, et j'ai conçu ces invocations spécifiquement pour vous aider à sortir de toute spirale négative dans laquelle vous pourriez vous trouver, mettant ainsi votre vie dans une spirale ascendante que ni votre moi mortel ni le prince de ce monde ne pourront inverser. Je vous demande d'envisager sérieusement de donner les invocations.

Mon cœur bien-aimé, je me rends compte que c'est un grand engagement, mais si vous allez jusqu'au bout, votre vie ne sera plus jamais la même. Vous réaliserez littéralement que vous avez transformé votre vie en une spirale ascendante, et que vous avez maintenant la compréhension et les outils dont vous avez besoin pour continuer cette spirale et même l'accélérer. Ce faisant, vous manifesterez la vie vraiment abondante sous forme d'une abondance à la fois spirituelle et matérielle. Considérez donc très sérieusement comment vous pouvez modifier votre emploi du temps quotidien afin de pouvoir commencer ce rituel.

1. Accepter l'abondance comme un état naturel

Commençons par un examen objectif de cette parole : « *votre Père a trouvé bon de vous donner le royaume* » (Luc 12.32). Bien que vous ayez peut-être entendu ce verset plusieurs fois auparavant, avez-vous consacré du temps et de l'attention à réfléchir sur ce que cela signifie vraiment ? Cela n'a vraiment qu'un seul sens. C'est le bon plaisir du Père de vous donner le royaume, et cela signifie que Dieu veut vraiment que vous ayez son royaume. Dieu veut vraiment que vous ayez la vie abondante. C'est son bon plaisir de vous donner le royaume.

Si vous constatez que vous n'avez pas l'abondance dans votre vie, vous devez penser que quelque chose ne va pas. Quelque chose doit vous empêcher d'avoir la vie abondante que Dieu veut que vous ayez. Maintenant, nous pouvons commencer à raisonner ensemble et à considérer ce qui pourrait vous empêcher d'avoir une vie abondante – si c'est vraiment le désir et la volonté de Dieu que vous ayez cette abondance. Qu'est-ce qui pourrait avoir mal tourné ? Qu'est-ce qui pourrait vous empêcher d'avoir ce que Dieu veut que vous ayez ? Qu'est-ce qui pourrait empêcher la volonté de Dieu d'être une réalité sur la planète Terre ?

Lorsque vous regardez la Terre, vous voyez que la nature est d'une très grande beauté sur cette planète. Vos scientifiques découvrent continuellement à quel point ce monde est fascinant, complexe et si merveilleux. Il y a tellement de systèmes imbriqués et complexes sur Terre que même les scientifiques les plus matérialistes ne peuvent s'empêcher de ressentir, de temps en temps, un sentiment d'émerveillement et d'admiration devant la subtilité et la beauté qu'ils découvrent dans la nature.

Si vous êtes une personne sensible à la spiritualité, vous aurez tendance à être d'accord avec moi quand je dis que cette complexité doit avoir été conçue par un esprit très intelligent et doté d'une grande capacité d'imagination et de raisonnement. Ce que vous voyez dans la nature, c'est une très belle et merveilleuse création conçue par Dieu, une création qui montre une grande abondance.

Mais quand vous regardez les interactions humaines, vous avez une image différente. Même si l'être humain est la plus complexe de toutes les créations de Dieu, les êtres humains semblent avoir du mal à comprendre comment utiliser leur corps sans se détruire, sans détruire les autres ou sans détruire la nature. Alors que vous voyez souvent l'abondance et l'équilibre dans la nature, vous ne voyez pas la même abondance ni le même équilibre dans les interactions humaines.

Pensez aux paroles de Jésus quand il a dit que vous valez plus que les moineaux (Matthieu 10.31). Si Dieu est capable de vêtir et de nourrir les oiseaux, il est sûrement capable de vous donner tout ce dont vous avez besoin. Beaucoup de gens sur Terre regardent les oiseaux avec envie parce que les oiseaux sont libres de voler où ils veulent et ils semblent toujours trouver de la nourriture là où il faut. En revanche, de nombreuses personnes sont piégées par diverses circonstances et sont à peine libres d'aller où elles veulent. Elles doivent lutter toute leur vie juste pour pouvoir nourrir leurs familles. Beaucoup de gens aspirent à la vie insouciante des oiseaux et estiment qu'en revanche leur vie est une lutte permanente.

Quand vous regardez la beauté et l'abondance que Dieu a créées dans la nature, vous semble-t-il logique que Dieu ne soit pas capable de concevoir une planète qui puisse soutenir la vie humaine avec la même abondance et avec la même insouciance que vous voyez dans la vie des oiseaux ? Y a-t-il vraiment une raison pour laquelle Dieu ne devrait pas être en mesure de concevoir une planète qui peut vous donner la même liberté et la même vie insouciante que vous voyez dans la vie de nombreuses créatures qui ont beaucoup moins d'intelligence et, comme l'a dit Jésus, beaucoup moins de valeur que vous-même ?

Vous n'avez que des options limitées lorsque vous commencez à raisonner de manière logique. Vous ne pouvez pas nier la réalité que les êtres humains n'ont pas la vie abondante. Lorsque vous considérez le concept selon lequel c'est le bon plaisir du Père de vous donner le royaume, vous devez dire que, si Dieu veut que les êtres humains aient la vie abondante, alors quelque chose a dû mal tourner soit du côté de Dieu, soit de votre côté.

Une option consiste à penser qu'apparemment Dieu a pu créer une planète merveilleuse et complexe qui est capable de soutenir une vie insouciante et abondante pour les oiseaux et d'autres créatures moins intelligentes que les humains. En ce qui concerne les humains, Dieu n'a pas été en mesure de concevoir la planète de manière à ce qu'elle puisse soutenir votre vie dans la même abondance, sans aucun souci, aucun manque ni aucune souffrance.

Vous pouvez penser que la capacité de Dieu à concevoir doit être défectueuse d'une manière ou d'une autre et qu'Il a fait une erreur au sujet des êtres humains. Il y a en effet beaucoup de personnes qui pensent de cette façon. Certaines d'entre elles, qui sont des gens religieux ayant été élevés dans la crainte d'aller en enfer s'ils blasphèment Dieu, repoussent rapidement ces pensées. D'autres sont disposées à accepter ce genre de pensée et certaines y ont même recours pour rejeter toute religion ou le concept de Dieu.

Si vous êtes enclin à penser ainsi, je vous demande une seule chose. La prochaine fois qu'il y aura une nuit claire là où vous vivez, veuillez sortir et observer le ciel nocturne. Levez vos yeux vers la Voie lactée et contemplez le nombre d'étoiles qui existent. Vous n'aurez pas besoin de chercher dans un livre scientifique pour savoir combien de milliards d'étoiles existent selon le calcul des scientifiques. Il vous suffit de regarder avec vos yeux et de voir qu'il y a plus d'étoiles que vous ne pouvez en compter. Ensuite, demandez-vous : « Si Dieu a pu créer un univers d'une telle immensité et d'une telle complexité, est-il logique que, sur cette petite planète, que nous appelons la Terre, Dieu n'ait pas été en mesure de fournir une vie abondante et insouciante à la forme de vie la plus élevée qui existe sur cette planète ? »

Mon cœur bien-aimé, si vous contemplez cela, je pense que vous réaliserez la vérité absolue que Dieu est pleinement capable de concevoir la planète Terre de telle manière que chaque être

humain puisse jouir d'une vie abondante et sans soucis avec la
même liberté que celle dont disposent les oiseaux. Le fait même
que la plupart des humains n'ont pas cette vie ne peut pas être
causé par un problème du côté de Dieu.

Cela ne laisse qu'une seule conclusion logique. Le manque et
la pauvreté que l'on trouve sur Terre doivent être causés par un
problème venant de *votre* côté. Quelque chose a dû se passer sur
Terre pour empêcher le désir de Dieu de se manifester ici-bas.
Quelque chose a dû se produire pour modifier le concept originel
de Dieu pour cette planète de telle manière que la forme de vie la
plus élevée et la plus complexe rencontre, la plupart du temps, une
vie moins abondante que celle dont jouissent de nombreuses
créatures beaucoup moins intelligentes.

***

Vous pourriez trouver des raisons de remettre en question
l'image de Dieu qui vous a été donnée depuis l'enfance. Vous
pourriez considérer ces questions :

- Si Dieu est vraiment le Dieu Tout-puissant et infaillible décrit
  par de nombreuses religions et si c'est vraiment le désir de
  Dieu que les êtres humains aient la vie abondante, alors
  comment se fait-il que le désir de Dieu ne se manifeste pas sur
  Terre ?
- Qu'est-ce qui pourrait empêcher les désirs d'un Dieu Tout-
  puissant et omnipotent de se manifester ?
- Si c'est le bon plaisir de Dieu de donner le royaume aux êtres
  humains, comment se fait-il qu'ils n'ont pas ce royaume ?

Vous arrivez maintenant à une autre conclusion logique. Soit
il y a quelque chose qui ne va pas du côté de Dieu, soit il y a quelque
chose qui ne va pas de votre côté. Soit Dieu a un défaut, soit l'image
de Dieu défendue par de nombreuses personnes sur Terre a un
défaut. Encore une fois, si Dieu peut créer un univers aussi complexe et vaste, est-ce possible qu'Il soit inintelligent ? La conclusion logique est qu'il doit y avoir quelque chose qui ne va pas avec
l'image de Dieu qui a été donnée par certaines religions sur cette

Terre. Cela nous amène à un domaine de discussion fructueux parce que nous pouvons maintenant commencer à considérer ce qui pourrait manquer à l'image de Dieu que vous avez fini par accepter.

Nous avons vu que Dieu est tout à fait capable de concevoir un univers très vaste et complexe. Nous avons pensé qu'un Dieu qui peut créer un univers aussi incroyable est tout à fait capable de créer une petite planète qui peut fournir une vie abondante et insouciante à chaque être humain qui y vit. Malgré le fait que Dieu soit capable et désireux de donner l'abondance, la réalité actuelle sur la planète Terre ne reflète pas la capacité ni la volonté de Dieu. Quelque chose a dû se passer entre le dessein voulu par Dieu pour la Terre et la réalité qui est actuellement si évidente sur cette planète. Qu'est-ce qui pourrait empêcher le désir d'un Dieu Tout-puissant de se manifester ? Il est logique que rien ne puisse empêcher Dieu d'accomplir sa volonté. La seule conclusion possible est soit que Dieu n'est pas Tout-puissant, soit qu'Il a choisi de mettre de côté, du moins temporairement, ses pouvoirs omnipotents pour la Terre.

Cela ouvre la possibilité que Dieu ait donné aux êtres humains la domination sur la Terre, comme la Bible l'indique clairement (Genèse 1.26). Qu'est-ce que cela signifie que Dieu a dit aux êtres humains de dominer la Terre ? Ne semble-t-il pas raisonnable de supposer que Dieu ait donné aux humains la capacité de ne pas simplement vivre sur cette planète et de s'adapter aux circonstances naturelles, comme vous le voyez chez les espèces animales ? Dieu a donné aux êtres humains la capacité non seulement de s'adapter à leur environnement, mais de dominer cet environnement et de le modifier activement et consciemment pour qu'il réponde à leurs besoins. Les êtres humains ont la capacité de choisir comment ils vont vivre. Ils ne sont pas des esclaves de leur environnement qui doivent soit s'adapter, soit disparaître.

Toutes les espèces animales sont adaptées à un certain type d'environnement. Bien qu'il existe une grande capacité d'adaptation dans la nature, il existe une limite à la capacité d'adaptation d'une espèce animale à différents types d'environnements. Un animal n'a pas la conscience ni la capacité créatrice de modifier consciemment son environnement ni de s'isoler de celui-ci. Mais les êtres humains ont cette capacité. Aucune espèce animale ne possède cette capacité à vivre dans des environnements différents comme c'est le cas pour les êtres humains. Dieu a donné aux humains des capacités bien au-delà de ce que l'on trouve dans le règne animal. Les hommes et les femmes sont plus que de simples animaux sophistiqués. Les êtres humains ne sont pas simplement des animaux hautement évolués parce qu'ils sont le résultat, pour utiliser une expression moderne, d'un saut quantique au-dessus de toute espèce animale.

La conclusion logique est que Dieu a créé les êtres humains à son image et selon sa ressemblance (Genèse 1.26). Les humains ont une conscience et une conscience de soi si sophistiquées qu'au lieu de simplement s'adapter à leur environnement, ils possèdent la capacité d'imaginer que celui-ci peut être modifié et qu'un tel changement peut leur permettre d'avoir plus d'abondance que ce que cet environnement leur fournit actuellement. Les êtres humains ont également la capacité de choisir librement de ne pas s'adapter à un environnement particulier et de chercher active-ment à le changer. Ce qui distingue un être humain des animaux, c'est la conscience de soi, l'imagination et le libre arbitre.

✳✳✳

Le côté positif est que ces capacités créatrices donnent aux êtres humains le potentiel d'agir comme des extensions de Dieu sur Terre. Cela pourrait nous donner une nouvelle vision de l'histoire de la création racontée dans la Genèse, qui explique comment Dieu a passé six jours à créer la Terre, le règne animal et les êtres humains. Le septième jour, Dieu se reposa. Se pourrait-il que « Dieu se reposa » signifie qu'Il a temporairement arrêté son œuvre créatrice sur la planète Terre ? Il l'a fait parce qu'Il a créé des êtres qui étaient censés agir comme ses mains et ses pieds, comme des extensions de Lui-même sur Terre, afin qu'ils puissent terminer la création de celle-ci. Se pourrait-il que Dieu ait créé les êtres humains à son image et à sa ressemblance parce qu'Il voulait qu'ils achèvent la création de la Terre ? Au lieu de vivre passivement ici-bas, les humains peuvent participer activement à la création de Dieu. Ils peuvent avoir le sentiment de jouer un rôle actif et aider à faire manifester pleinement le royaume de Dieu sur cette planète.

Je sais que ces idées vont bien au-delà de ce qu'on vous a dit à l'église, et elles vont bien au-delà de ce que vos scientifiques sont même prêts à envisager. Ces idées peuvent expliquer la réalité que vous voyez dans votre propre vie et dans la vie de milliards de personnes sur cette planète, à savoir que vous n'avez pas la vie abondante. Quelque part au fond de vous, vous savez que vous devriez avoir l'abondance, vous savez que la vie devrait être différente, que la vie devrait être meilleure qu'elle ne l'est actuellement.

Vous pouvez comprendre cela en regardant le revers de la médaille, car le fait que Dieu ait donné aux êtres humains l'imagination et le libre arbitre a un côté négatif, un potentiel sombre. Il est possible que les humains puissent utiliser leur imagination pour imaginer quelque chose qui est inférieur à ce que Dieu veut pour eux. Il est possible qu'ils puissent utiliser leur libre arbitre pour choisir de manifester quelque chose sur cette planète qui a moins d'abondance que le dessein originel de Dieu. Or, Dieu a initialement conçu cette planète pour donner aux êtres humains la même vie sans soucis que celle dont jouissent les animaux.

Dieu voulait que les humains construisent à partir de ces fondations afin qu'ils puissent créer encore plus d'abondance pour eux-mêmes que ce que la nature peut leur fournir. Les êtres humains peuvent aussi démolir les fondations construites par Dieu et aller dans la direction opposée, ce qui fait entrer la société humaine dans un état de manque contre nature conduisant à la pauvreté et à l'inégalité. Si vous allez profondément dans votre cœur et considérez ces idées, vous verrez qu'elles peuvent en effet expliquer pourquoi il y a tant d'inégalités, tant de souffrances, tant de manques et tant de pauvreté sur cette planète. Ces idées peuvent aussi expliquer pourquoi, au plus profond de votre cœur, vous avez une connaissance intérieure que ce n'est pas normal, que ce n'est pas juste, que Dieu ne voulait pas cela et que la vie n'est pas supposée être comme cela.

Nous avons maintenant vu que c'est vraiment le bon plaisir du Père de vous donner la vie abondante. C'est l'état naturel des choses sur la planète Terre, à savoir que tous les êtres humains aient en abondance toutes les bonnes choses parfaites de Dieu. Comme Jésus l'a dit : « *... afin que vous soyez les enfants de votre Père qui est dans les cieux, car il fait lever son soleil sur les méchants et sur les bons, et il fait pleuvoir sur les justes et sur les injustes* » (Matthieu 5.45).

***

La conclusion est que les êtres humains ont fait quelque chose pour obstruer l'état naturel des choses sur Terre, pour obstruer le flux de l'abondance de Dieu et pour empêcher ce flux d'atteindre chaque être humain. Une fois que vous arrivez à cette conclusion et que vous commencez à l'accepter – dans les profondeurs de votre être ainsi que dans votre esprit extérieur – vous obtenez une perspective entièrement différente sur la vie et sur la possibilité d'atteindre la vie abondante. Au lieu de penser que vous vivez sur une planète où la souffrance et le manque sont en quelque sorte inévitables, la réalité est que l'abondance est l'état naturel des choses. C'est ce que Dieu veut, et Il a conçu une planète avec la pleine capacité de fournir cette abondance.

Je sais que vous avez été élevé dans l'idée que ce qui empêche la vie abondante sur Terre est le manque de ressources naturelles, mais ce n'est pas le cas. Dieu a conçu cette planète afin qu'elle dispose de toutes les ressources nécessaires pour fournir une vie abondante à tous. La Terre Mère peut fournir cette vie abondante à plus de personnes que celles qui vivent actuellement dans son ventre. Le problème sur Terre est que les êtres humains ont utilisé leur esprit, le pouvoir de leur imagination et leur libre arbitre pour limiter, détourner et obstruer le flux naturel de l'abondance de Dieu.

Lorsque vous parvenez à cette conclusion, vous pouvez orienter vos réflexions sur la vie abondante dans une nouvelle direction. Vous pouvez commencer à réfléchir à la façon dont vous pouvez personnellement arrêter d'obstruer le flux naturel de l'abondance de Dieu afin que vous puissiez vraiment hériter du royaume de votre Père et expérimenter la vie abondante pendant que vous êtes encore ici sur Terre.

Vous pouvez adopter deux approches de la vie abondante. L'une est l'approche passive et l'autre est l'approche active. Lorsque vous adoptez l'approche passive, vous pouvez accepter que Dieu veut que vous ayez l'abondance, mais, puisque vous ne l'avez pas actuellement, votre seule option est de penser que, pour une raison inconnue, mystique et inconnaissable, Dieu ne veut pas vous donner la vie abondante en ce moment. Puisque vous ne pouvez pas comprendre pourquoi – et vous ne pouvez pas expliquer pourquoi parce qu'il n'y a pas d'explication logique –, votre seule option est donc d'attendre et d'espérer qu'à un moment futur Dieu changera d'avis et vous donnera la vie abondante. Cela vous place dans une position d'attente et vous transforme en victime impuissante face aux circonstances et aux forces indépendantes de votre volonté.

Lorsque vous adoptez l'approche active, vous pensez qu'il est naturel pour vous d'avoir l'abondance. Si vous ne l'avez pas, c'est qu'il y a des blocages. Si vous pouvez découvrir ces blocages, vous pourrez peut-être les enlever et, alors, l'abondance de Dieu commencera naturellement à couler dans votre vie. Mon cœur bien-aimé, si vous pouvez accepter cette possibilité, alors vous êtes vraiment prêt à recevoir les prochaines clés du royaume que je vous donnerai dans les chapitres suivants.

2. J'invoque mes pouvoirs créateurs

Au nom de JE SUIS CE QUE JE SUIS, de Jésus-Christ, j'appelle Maraytaïe, Mère Marie et toutes les représentantes de la Mère divine. Aidez-moi à surmonter tout sentiment d'impuissance et tout sentiment d'être une victime de facteurs indépendants de ma volonté. Aidez-moi à accepter mes pouvoirs créateurs et à prendre conscience des facteurs qui bloquent le flux de ma créativité donnée par Dieu.

Aidez-moi aussi... *(ajouter vos demandes personnelles)*.

I. L'univers me donnera l'abondance

1. C'est vraiment le bon plaisir du Père de me donner la vie abondante, à la fois spirituellement, psychologiquement et matériellement.

Ô Mère cosmique, tu sonnes le gong
Pour me rappeler à la maison.
Je sais que tu m'aimes tendrement,
Et cela me libère vraiment.

Maraytaïe, fais résonner
Le chant qui ouvre la porte cosmique.
Ta mélodie me fait vibrer
Pour recréer mon sens du soi.

2. Dieu veut vraiment que j'aie une vie abondante et c'est son bon plaisir de me la donner.

Ô Mère cosmique, serre-moi très fort,
Je brille avec ta propre lumière.
Ta musique purifie mon cœur,
Je transmets à tous ton amour.

Maraytaïe, fais résonner
Le chant qui ouvre la porte cosmique.

Ta mélodie me fait vibrer
Pour recréer mon sens du soi.

3. Quelque chose m'a empêché de recevoir l'abondance que Dieu veut pour moi.

Ô Mère cosmique, nous faisons un,
Ton cœur est un soleil ardent.
Mon être ne peut qu'amplifier
Le son sacré que tu émets.

Maraytaïe, fais résonner
Le chant qui ouvre la porte cosmique.
Ta mélodie me fait vibrer
Pour recréer mon sens du soi.

4. Dieu a conçu une création qui est très belle et merveilleuse avec une grande abondance.

Ô Mère cosmique, j'entends le son
Subtil de la sphère sacrée.
En m'accordant avec ce son,
Je surmonte le moi inférieur.

Maraytaïe, fais résonner
Le chant qui ouvre la porte cosmique.
Ta mélodie me fait vibrer
Pour recréer mon sens du soi.

5. Je reconnais que l'univers est vaste et qu'il y a un nombre incalculable d'étoiles dans le ciel.

Ô Mère cosmique, je rentre chez moi,
Je suis en phase avec le OM,
Le son des sons m'élèvera,
Et seule la lumière brille en moi.

Maraytaïe, fais résonner
Le chant qui ouvre la porte cosmique.
Ta mélodie me fait vibrer
Pour recréer mon sens du soi.

6. Un Dieu qui a pu concevoir un univers aussi complexe peut certainement aussi concevoir la Terre comme une planète capable de me donner la vie abondante.

Ô Mère cosmique, je fais partie
De la grande symphonie cosmique.
JE SUIS vraiment un instrument
Pour le son envoyé du ciel.

**Maraytaïe, fais résonner
Le chant qui ouvre la porte cosmique.
Ta mélodie me fait vibrer
Pour recréer mon sens du soi.**

7. Dieu a conçu l'univers matériel afin qu'il soit capable de me fournir tout ce dont j'ai besoin pour ma croissance dans la conscience de soi.

Ô Mère cosmique, je veux entrer
Dans le hall de musique sacrée.
Je m'élève avec toute la vie
Vers le firmament étoilé.

**Maraytaïe, fais résonner
Le chant qui ouvre la porte cosmique.
Ta mélodie me fait vibrer
Pour recréer mon sens du soi.**

8. Dieu n'a jamais fait preuve de carence, ce qui signifie que le problème se situe au niveau des êtres humains.

Ô Mère cosmique, accorde ma voix,
Mon être entier chante avec toi.
Ta mélodie résonne en moi,
Et je célèbre l'amour cosmique.

**Maraytaïe, fais résonner
Le chant qui ouvre la porte cosmique.
Ta mélodie me fait vibrer
Pour recréer mon sens du soi.**

9. Dieu ne me refuse pas l'abondance et je prends la responsabilité d'accepter le fait que c'est moi qui dois la rejeter sans le savoir.

Ô Mère cosmique, je t'aime tant,
Ton chant me garde toujours fidèle.
Ton amour sacré me remplit,
Et je ne me sens jamais seul.

**Maraytaïe, fais résonner
Le chant qui ouvre la porte cosmique.
Ta mélodie me fait vibrer
Pour recréer mon sens du soi.**

II. Je suis un cocréateur avec Dieu

1. Il manque quelque chose à l'image de Dieu répandue sur Terre, et je désire connaître le vrai Dieu.

Ô Mère cosmique, tu sonnes le gong
Pour me rappeler à la maison.
Je sais que tu m'aimes tendrement,
Et cela me libère vraiment.

**Maraytaïe, fais résonner
Le chant qui ouvre la porte cosmique.
Ta mélodie me fait vibrer
Pour recréer mon sens du soi.**

2. Dieu nous a donné, à nous les êtres humains, la domination sur la Terre et la capacité créatrice de modifier activement et consciemment l'environnement.

Ô Mère cosmique, serre-moi très fort,
Je brille avec ta propre lumière.
Ta musique purifie mon cœur,
Je transmets à tous ton amour.

**Maraytaïe, fais résonner
Le chant qui ouvre la porte cosmique.
Ta mélodie me fait vibrer
Pour recréer mon sens du soi.**

3. Mon Créateur m'a créé à son image et selon sa ressemblance, ce qui signifie que j'ai une conscience de soi, une imagination et un libre arbitre.

Ô Mère cosmique, nous faisons un,
Ton cœur est un soleil ardent.
Mon être ne peut qu'amplifier
Le son sacré que tu émets.

Maraytaïe, fais résonner
Le chant qui ouvre la porte cosmique.
Ta mélodie me fait vibrer
Pour recréer mon sens du soi.

4. Mes capacités créatrices me donnent le potentiel d'agir comme une extension de Dieu, comme les mains et les pieds de Dieu sur Terre.

Ô Mère cosmique, j'entends le son
Subtil de la sphère sacrée.
En m'accordant avec ce son,
Je surmonte le moi inférieur.

Maraytaïe, fais résonner
Le chant qui ouvre la porte cosmique.
Ta mélodie me fait vibrer
Pour recréer mon sens du soi.

5. Je suis conçu pour être un cocréateur sur Terre et terminer la création que Dieu a commencée.

Ô Mère cosmique, je rentre chez moi,
Je suis en phase avec le OM,
Le son des sons m'élèvera,
Et seule la lumière brille en moi.

Maraytaïe, fais résonner
Le chant qui ouvre la porte cosmique.
Ta mélodie me fait vibrer
Pour recréer mon sens du soi.

6. Je n'ai pas été créé pour vivre passivement sur Terre, mais pour jouer un rôle actif afin de manifester pleinement le royaume de Dieu sur cette planète.

Ô Mère cosmique, je fais partie
De la grande symphonie cosmique.
JE SUIS vraiment un instrument
Pour le son envoyé du ciel.

**Maraytaïe, fais résonner
Le chant qui ouvre la porte cosmique.
Ta mélodie me fait vibrer
Pour recréer mon sens du soi.**

7. Je reconnais qu'au fond de moi je sais que je devrais avoir l'abondance, je sais que la vie devrait être différente et meilleure qu'elle ne l'est en ce moment.

Ô Mère cosmique, je veux entrer
Dans le hall de musique sacrée.
Je m'élève avec toute la vie
Vers le firmament étoilé.

**Maraytaïe, fais résonner
Le chant qui ouvre la porte cosmique.
Ta mélodie me fait vibrer
Pour recréer mon sens du soi.**

8. Je peux utiliser mon imagination pour envisager quelque chose qui est inférieur à ce que Dieu veut pour moi.

Ô Mère cosmique, accorde ma voix,
Mon être entier chante avec toi.
Ta mélodie résonne en moi,
Et je célèbre l'amour cosmique.

**Maraytaïe, fais résonner
Le chant qui ouvre la porte cosmique.
Ta mélodie me fait vibrer
Pour recréer mon sens du soi.**

9. Je peux utiliser mon libre arbitre pour choisir de manifester quelque chose qui a moins d'abondance que le dessein originel de Dieu pour cette planète.

Ô Mère cosmique, je t'aime tant,
Ton chant me garde toujours fidèle.
Ton amour sacré me remplit,
Et je ne me sens jamais seul.

Maraytaïe, fais résonner
Le chant qui ouvre la porte cosmique.
Ta mélodie me fait vibrer
Pour recréer mon sens du soi.

III. L'abondance est naturelle

1. J'ai le potentiel de construire sur les fondations de Dieu pour manifester encore plus d'abondance que ce que la nature est conçue pour fournir.

Ô Mère cosmique, tu sonnes le gong
Pour me rappeler à la maison.
Je sais que tu m'aimes tendrement,
Et cela me libère vraiment.

Maraytaïe, fais résonner
Le chant qui ouvre la porte cosmique.
Ta mélodie me fait vibrer
Pour recréer mon sens du soi.

2. La société humaine est entrée dans un état de manque contre nature qui conduit à la pauvreté et à l'inégalité.

Ô Mère cosmique, serre-moi très fort,
Je brille avec ta propre lumière.
Ta musique purifie mon cœur,
Je transmets à tous ton amour.

Maraytaïe, fais résonner
Le chant qui ouvre la porte cosmique.

Ta mélodie me fait vibrer
Pour recréer mon sens du soi.

3. Je sais dans mon cœur que l'inégalité, le manque et la souffrance ne sont pas naturels et ne sont pas normaux. Dieu n'a pas projeté cela.

Ô Mère cosmique, nous faisons un,
Ton cœur est un soleil ardent.
Mon être ne peut qu'amplifier
Le son sacré que tu émets.

Maraytaïe, fais résonner
Le chant qui ouvre la porte cosmique.
Ta mélodie me fait vibrer
Pour recréer mon sens du soi.

4. L'état naturel sur la planète Terre est que tous les êtres humains aient en abondance les cadeaux parfaits de Dieu.

Ô Mère cosmique, j'entends le son
Subtil de la sphère sacrée.
En m'accordant avec ce son,
Je surmonte le moi inférieur.

Maraytaïe, fais résonner
Le chant qui ouvre la porte cosmique.
Ta mélodie me fait vibrer
Pour recréer mon sens du soi.

5. Les êtres humains ont fait obstacle à l'état naturel des choses sur Terre et ont bloqué le flux de l'abondance de Dieu.

Ô Mère cosmique, je rentre chez moi,
Je suis en phase avec le OM,
Le son des sons m'élèvera,
Et seule la lumière brille en moi.

Maraytaïe, fais résonner
Le chant qui ouvre la porte cosmique.

Ta mélodie me fait vibrer
Pour recréer mon sens du soi.

6. J'abandonne consciemment la croyance que je vis sur une planète où la souffrance et le manque sont inévitables. J'accepte que l'abondance soit l'état naturel des choses.

Ô Mère cosmique, je fais partie
De la grande symphonie cosmique.
JE SUIS vraiment un instrument
Pour le son envoyé du ciel.

Maraytaïe, fais résonner
Le chant qui ouvre la porte cosmique.
Ta mélodie me fait vibrer
Pour recréer mon sens du soi.

7. Dieu a conçu cette planète avec toutes les ressources nécessaires pour fournir une vie abondante à tous.

Ô Mère cosmique, je veux entrer
Dans le hall de musique sacrée.
Je m'élève avec toute la vie
Vers le firmament étoilé.

Maraytaïe, fais résonner
Le chant qui ouvre la porte cosmique.
Ta mélodie me fait vibrer
Pour recréer mon sens du soi.

8. Je décide consciemment que je suis prêt à voir comment j'ai personnellement utilisé mon imagination et mon libre arbitre pour limiter, détourner et bloquer le flux naturel de l'abondance de Dieu.

Ô Mère cosmique, accorde ma voix,
Mon être entier chante avec toi.
Ta mélodie résonne en moi,
Et je célèbre l'amour cosmique.

Maraytaïe, fais résonner
Le chant qui ouvre la porte cosmique.
Ta mélodie me fait vibrer
Pour recréer mon sens du soi.

9. Je vois comment je peux personnellement arrêter de bloquer le flux naturel de l'abondance de Dieu. J'hérite du royaume de mon Père et j'expérimente la vie abondante pendant que je suis encore ici sur Terre.

Ô Mère cosmique, je t'aime tant,
Ton chant me garde toujours fidèle.
Ton amour sacré me remplit,
Et je ne me sens jamais seul.

Maraytaïe, fais résonner
Le chant qui ouvre la porte cosmique.
Ta mélodie me fait vibrer
Pour recréer mon sens du soi.

IV. J'adopte une approche active

1. Je transcende l'approche passive de penser que, si je n'ai pas d'abondance actuellement, cela doit signifier que Dieu ne veut pas me la donner en ce moment.

Ô Mère cosmique, tu sonnes le gong
Pour me rappeler à la maison.
Je sais que tu m'aimes tendrement,
Et cela me libère vraiment.

Maraytaïe, fais résonner
Le chant qui ouvre la porte cosmique.
Ta mélodie me fait vibrer
Pour recréer mon sens du soi.

2. Je ne veux plus attendre ni espérer qu'à un moment donné Dieu change d'avis et me donne une vie abondante.

Ô Mère cosmique, serre-moi très fort,
Je brille avec ta propre lumière.

Ta musique purifie mon cœur,
Je transmets à tous ton amour.

Maraytaïe, fais résonner
Le chant qui ouvre la porte cosmique.
Ta mélodie me fait vibrer
Pour recréer mon sens du soi.

3. Je transcende la croyance que je suis dans une position d'attente ou de victime impuissante face à des circonstances et des forces indépendantes de ma volonté.

Ô Mère cosmique, nous faisons un,
Ton cœur est un soleil ardent.
Mon être ne peut qu'amplifier
Le son sacré que tu émets.

Maraytaïe, fais résonner
Le chant qui ouvre la porte cosmique.
Ta mélodie me fait vibrer
Pour recréer mon sens du soi.

4. Je décide consciemment d'adopter une approche active et j'accepte qu'il soit naturel pour moi d'avoir l'abondance.

Ô Mère cosmique, j'entends le son
Subtil de la sphère sacrée.
En m'accordant avec ce son,
Je surmonte le moi inférieur.

Maraytaïe, fais résonner
Le chant qui ouvre la porte cosmique.
Ta mélodie me fait vibrer
Pour recréer mon sens du soi.

5. J'accepte que, lorsque je n'ai pas d'abondance, c'est parce que quelque chose en moi bloque son flux dans ma vie.

Ô Mère cosmique, je rentre chez moi,
Je suis en phase avec le OM,

Le son des sons m'élèvera,
Et seule la lumière brille en moi.

Maraytaïe, fais résonner
Le chant qui ouvre la porte cosmique.
Ta mélodie me fait vibrer
Pour recréer mon sens du soi.

6. Je vois ce qui bloque mon abondance et j'enlève tous les blocages pour que l'abondance de Dieu coule naturellement dans ma vie.

Ô Mère cosmique, je fais partie
De la grande symphonie cosmique.
JE SUIS vraiment un instrument
Pour le son envoyé du ciel.

Maraytaïe, fais résonner
Le chant qui ouvre la porte cosmique.
Ta mélodie me fait vibrer
Pour recréer mon sens du soi.

7. Si Dieu ne m'a pas donné une vie abondante dès le début, Il m'a donné des capacités créatrices pour que je cocrée moi-même cette vie abondante. J'utilise mes capacités créatrices pour fluer avec le Fleuve de Vie.

Ô Mère cosmique, je veux entrer
Dans le hall de musique sacrée.
Je m'élève avec toute la vie
Vers le firmament étoilé.

Maraytaïe, fais résonner
Le chant qui ouvre la porte cosmique.
Ta mélodie me fait vibrer
Pour recréer mon sens du soi.

8. Je découvre et je réactive mes capacités créatrices. Je les utilise pour générer l'abondance pour tous.

Ô Mère cosmique, accorde ma voix,
Mon être entier chante avec toi.
Ta mélodie résonne en moi,
Et je célèbre l'amour cosmique.

**Maraytaïe, fais résonner
Le chant qui ouvre la porte cosmique.
Ta mélodie me fait vibrer
Pour recréer mon sens du soi.**

9. Je reçois les clés du royaume et j'accepte les conseils de mes enseignants ascensionnés.

Ô Mère cosmique, je t'aime tant,
Ton chant me garde toujours fidèle.
Ton amour sacré me remplit,
Et je ne me sens jamais seul.

**Maraytaïe, fais résonner
Le chant qui ouvre la porte cosmique.
Ta mélodie me fait vibrer
Pour recréer mon sens du soi.**

Sceau final :

Au nom de la Mère divine, je demande à Maraytaïe et à Mère Marie de me sceller, ainsi que toutes les personnes de mon cercle d'influence, dans le flux créateur de la Mère divine, le Fleuve de Vie. Je demande la multiplication de mes appels par toutes les représentantes de la Mère divine afin que nous formions le flux parfait en huit de « comme en haut, ainsi en bas ». J'accepte donc que cela soit pleinement manifesté parce que la bouche du Seigneur, la Mère divine que JE SUIS, l'a prononcé. Amen.

3. Vous libérer des images du manque

Nous avons vu que Dieu est pleinement capable de concevoir une planète qui peut offrir une vie d'abondance aux êtres humains. Nous avons vu également que cet état d'abondance n'est pas actuellement manifesté sur Terre. Nous sommes arrivés à la conclusion que la seule explication logique de ce fait observable est que quelque chose s'est passé dans la société humaine, qui empêche ou bloque la manifestation de la volonté de Dieu, c'est-à-dire que tous ses enfants aient une vie abondante.

Notre prochaine étape logique est d'examiner ce qui pourrait éventuellement bloquer la vie abondante sur Terre. Pour comprendre cela, il vous sera nécessaire d'avoir une meilleure connaissance de qui vous êtes, et de ce pour quoi vous avez été conçu, avant d'être envoyé sur une planète qui est comme un grain de poussière dans un univers sans fin. Qui êtes-vous et pourquoi êtes-vous ici sur Terre ?

Pour répondre à ces questions, je vais devoir aller au-delà de ce que vous ont enseigné les deux religions qui dominent la société occidentale, à savoir le christianisme et la science matérialiste. Ces deux systèmes de croyance prétendent détenir la vérité ultime sur l'existence de Dieu et l'origine de l'univers. Si vous préférez croire en l'un de ces systèmes, alors je ne pourrai pas vous enseigner les clés de la vie abondante. Vous ne pouvez pas trouver les clés essentielles dans les limites de l'un ou l'autre de ces deux systèmes de croyance.

Vous vous demandez peut-être pourquoi il en est ainsi, et la réponse est que, si le christianisme ou la science matérialiste pouvaient fournir aux êtres humains les clés de la vie abondante, alors sûrement cette vie abondante aurait dû se manifester sur Terre depuis longtemps. Seuls ceux qui sont prêts à regarder au-delà des boîtes mentales créées par ces deux systèmes de croyance trouveront les vraies clés pour hériter l'abondance du royaume de leur Père.

Afin de comprendre la clé suivante, nous devons prendre du recul par rapport à la situation actuelle sur Terre. En fait, nous devons nous élever au-dessus de l'univers matériel. Jésus a dit que la maison de son Père a de nombreuses demeures et, comme je l'ai déjà expliqué, il y a d'autres dimensions et d'autres niveaux dans l'univers de Dieu. C'est ce que les religieux ont traditionnellement appelé le monde céleste ou le royaume spirituel. Il existe un certain nombre de ces niveaux dans le monde céleste, et compte tenu de vos connaissances scientifiques actuelles relatives au fait que tout est énergie, il est facile de comprendre ce qui distingue ces niveaux les uns des autres.

Vos scientifiques savent que l'univers matériel n'est pas, comme vous le disent vos sens, composé de deux éléments, à savoir la matière et l'énergie. L'univers matériel n'est pas vraiment fait de matière ; il est plutôt fait d'énergie parce que la matière est simplement une forme d'énergie. L'importance de ce fait est que l'univers matériel tout entier est créé à partir de la même substance que celle qui a créé le royaume spirituel, le monde céleste. C'est ce que les scientifiques appellent l'énergie ou ce que la Bible appelle la lumière. La Genèse vous raconte comment la création de l'univers a commencé. Elle a commencé par un ordre émis par Dieu lorsqu'Il a dit : « *Que la lumière soit !* », et parce que Dieu est Tout-puissant, « *la lumière fut.* » (Genèse 1.3)

Pourquoi Dieu a-t-il commencé le processus créateur en créant la lumière ? La lumière, ou l'énergie, est une substance qui n'a pas de forme en soi, mais qui a le potentiel de prendre n'importe quelle forme. Même la science est d'accord avec cela. La théorie scientifique actuelle, en particulier la célèbre équation d'Einstein, $E = mc^2$, stipule que la matière est simplement de l'énergie qui a pris une forme visible. L'énergie est considérée comme une forme de vibration, et la science a détecté de nombreux types d'énergie qui peuvent être mis sur une échelle allant des fréquences les plus basses aux plus élevées.

Il n'est pas difficile de penser que les formes d'énergie les plus grossières, qui ont pris l'apparence de la matière physique, vibrent dans un spectre de fréquences plus basses que les énergies plus fines, telles que les rayons X (qui peuvent pénétrer la matière *solide*) ou même des énergies encore plus fines telles que les pensées. La conclusion de ces observations scientifiques est que l'univers a été créé à partir d'éléments invisibles, une énergie plus fine ou plus fondamentale qui a été abaissée en vibration jusqu'à ce qu'elle prenne l'apparence d'énergie physique et de matière physique. Les scientifiques ne peuvent pas actuellement expliquer comment cela se produit, mais il ne faudra pas longtemps avant qu'une explication scientifique soit découverte.

La différence entre le ciel et la Terre est une différence de vibration. La planète Terre et tout l'univers matériel sont constitués d'une substance de base qui a la capacité de prendre une variété infinie de formes et de caractéristiques différentes. Cette énergie, ou lumière, peut avoir de nombreux niveaux de vibration différents, vous pouvez donc définir une échelle de vibrations, allant de la plus lente à la plus rapide, de la plus dense à la plus pure. Au fur et à mesure que vous passez des vibrations inférieures aux vibrations supérieures, vous finirez par atteindre un point où il y a une ligne de séparation invisible.

Une fois que vous franchissez cette ligne, vous passez de l'univers matériel au royaume spirituel. Au fur et à mesure que vous passez du royaume spirituel inférieur à des vibrations de plus en plus élevées, vous rencontrez les niveaux supérieurs du royaume spirituel. Si vous continuez jusqu'à la vibration la plus élevée possible dans tout le monde de forme, vous atteignez la pure lumière de Dieu au-delà de laquelle se trouve le Créateur lui-même. Ce Créateur est un Être conscient qui a lancé le processus de création dont vous faites partie.

Le Créateur n'est pas le seul ni l'ultime aspect de ce que les êtres humains appellent Dieu. Si vous prenez vraiment du recul par rapport au monde de forme – le monde qui a été créé en moulant la lumière sans forme dans la forme –, vous pouvez commencer à considérer le véritable Être de Dieu. Il y a des religions dans ce monde qui disent que Dieu, au sens ultime, est inconnaissable. Il y a des religions qui décrivent le Dieu ultime comme le « vide » parce qu'Il n'a aucune forme ni aucune caractéristique qui puisse être décrite par des images ou des mots de cet univers. Vous remarquerez que le premier des dix commandements déclare : « *Tu n'auras point d'autres dieux devant ma face* » (Exode 20.3). La vraie signification est que vous ne pouvez jamais prendre une forme particulière, une image taillée particulière, et prétendre que cette image est une représentation complète de Dieu.

Dans le sens ultime, Dieu est au-delà du monde de forme qu'Il a créé, le Créateur est au-delà de la création. Comme l'a dit Jésus : « *Le serviteur n'est pas plus grand que son Seigneur* » (Jean 13.16). Vous ne pouvez pas utiliser des mots et des images de ce monde et les projeter sur le Dieu ultime et prétendre que vous avez maintenant fait une description précise ou complète de Dieu. C'est le culte des idoles et, comme nous le verrons plus tard, c'est l'un des problèmes majeurs qui empêche la vie abondante de se manifester sur Terre. Il est toujours important d'ouvrir grand l'esprit et de considérer l'Être de Dieu.

Ce que nous pouvons dire, sur la base de notre discussion précédente, est qu'il doit y avoir deux aspects de Dieu. Au sens ultime, Dieu est tout ce qui est : « *Rien de ce qui a été fait n'a été fait sans Lui* » (Jean 1.3), ce qui signifie qu'avant que toute chose ne soit créée il n'existait que Dieu. Ce Dieu doit être un Être complet et se suffire à Lui-même. Dieu n'a pas besoin de créer un univers. Si Dieu est le Tout, pourquoi Dieu aurait-Il besoin de créer un univers dans lequel il y a des êtres conscients qui peuvent connaître l'existence de Dieu ? Au sens ultime, Dieu n'a pas besoin d'être connu ni adoré par les êtres humains parce que Dieu est le Tout et qu'Il est donc complet et complètement autosuffisant.

Par le simple fait que vous existez et que vous vivez dans un monde qui a une forme – et qui est donc différent du Tout dans lequel il n'y a pas de forme –, nous pouvons voir que le Dieu ultime, autosuffisant et sans forme, ne peut pas être le seul aspect de Dieu. Il doit y avoir un autre aspect que j'ai appelé le Créateur. C'est un aspect de Dieu qui désire créer, qui désire être plus que le vide sans forme. C'est l'aspect de Dieu qui a créé l'univers dans lequel vous vivez.

***

Comment ce Dieu a-t-il créé l'univers ? Le Créateur a tout créé à partir de son propre Être, car il n'y avait rien d'autre que Dieu à partir duquel créer. Le Créateur est différent du Dieu sans forme du fait qu'il grandit constamment, s'étend constamment, se transcende constamment alors que le Dieu sans forme est immuable. Lorsque Moïse a demandé à Dieu son nom, la réponse a été : « YOD HE VAV HE », ce qui est couramment traduit en français par : « *JE SUIS CE QUE JE SUIS* » (Exode 3.14). En réalité, comme le savent certains érudits de la Bible, une traduction plus précise est : « JE SERAI CE QUE JE SERAI. »

Cette traduction fixe le fait que Dieu est fidèle à ses propres commandements. Il n'a pas réellement donné de nom à Moïse parce qu'Il ne voulait pas que les êtres humains utilisent ne serait-ce qu'un nom pour créer une image taillée, une image statique de Dieu. Au lieu de cela, le Dieu sur la montagne communiquait le fait que Dieu change constamment, et qu'ainsi Dieu sera ce qu'Il sera à tout moment. Pour connaître Dieu, vous ne pouvez pas vous accrocher à une image particulière, vous devez fluer avec l'auto-transcendance de Dieu, vous devez entrer dans le Fleuve de Vie qui est le Tout de l'Être de Dieu, y compris – mais sans s'y limiter – le monde dans lequel vous vivez.

Dans l'Être pur de Dieu, dans le Dieu sans forme, il n'y a pas de changement. Comment pourrait-il y avoir changement dans l'informe ? Comment pourrait-il y avoir progression dans ce qui est complet en soi ? Dans l'aspect Créateur de Dieu, il y a un mouvement constant parce que cet aspect de Dieu existe dans le but de créer et de devenir plus. Qu'est-ce que le Créateur ?

C'est un Être conscient de soi qui a trois capacités. La première capacité est la conscience de soi, la capacité de savoir qu'Il existe. La deuxième capacité est l'imagination, la capacité d'imaginer une forme qui n'est encore manifestée dans aucun univers. S'il n'y avait pas d'imagination chez le Créateur, comment Dieu pourrait-il créer quelque chose de nouveau ? La troisième capacité dont jouit le Créateur est la capacité de choisir.

Lorsque le Créateur a créé l'univers dans lequel vous vivez, il a dû faire des choix. Vous regardez le monde dans lequel vous vivez et vous tenez tant de choses pour acquises. Pourquoi la couleur du ciel est-elle bleue et pas une autre ? Pourquoi la Terre est-elle ronde et pas dans une autre forme ? Vos scientifiques trouvent continuellement des exemples de la façon dont l'univers est conçu de manière complexe et subtile. Si les forces qui maintiennent ensemble le noyau de l'atome étaient légèrement différentes en magnitude, les atomes ne pourraient pas tenir ensemble et la matière n'existerait pas. Si les forces gravitationnelles étaient légèrement différentes, les planètes et les soleils ne pourraient pas rester sur leur orbite. Pourquoi toutes ces choses sont-elles ainsi ? Parce que, lorsque Dieu a conçu cet univers, votre Créateur a fait certains choix.

L'un des choix faits par votre Créateur était que votre Dieu ne voulait pas créer tout seul un univers entier. Votre Créateur a décidé de créer des êtres conscients de soi comme des extensions de lui-même et de doter ces êtres de pouvoirs créateurs, de conscience de soi, d'imagination et de libre arbitre. C'est pourquoi la Bible dit que Dieu a créé l'homme à son image et selon sa ressemblance. Dieu a créé un certain nombre d'êtres conscients de soi et ces êtres ont été conçus pour servir d'extensions du Créateur. Ils sont conçus pour voyager dans la création commencée par le Créateur lui-même et pour servir de cocréateurs qui peuvent s'appuyer sur les fondations établies par le Créateur.

On pourrait dire que le Créateur crée de l'extérieur et que les cocréateurs créent de l'intérieur. Vous pouvez raisonner sur la raison pour laquelle le Créateur a fait cela, et il y a de nombreuses bonnes raisons. Le fait fondamental est que votre existence prouve que le Créateur a fait ce choix. Dieu a choisi de vous créer en tant qu'être conscient de soi. Vous pouvez savoir que vous existez, que vous avez l'imagination qui vous permet de vous poser des questions sur qui vous êtes, d'où vous venez et pourquoi vous êtes ici.

Ces questions prouvent que vous n'êtes pas simplement le produit d'un jeu de hasard ou d'un processus d'évolution aléatoire.

Le fait même que vous puissiez poser ces questions prouve que vous êtes la progéniture d'un être conscient de soi. C'est pourquoi vous avez la capacité d'imaginer ce qui ne peut pas être perçu par vos sens. Vous avez également la capacité de formuler un concept ou un plan dans votre esprit, puis d'utiliser votre corps physique pour construire une maison qui représente parfaitement votre idée mentale. Vous avez la possibilité de choisir comment concevoir votre maison. Aucune de ces capacités ne se trouve dans le règne animal à partir duquel certains scientifiques prétendent que vous avez évolué.

C'est pourquoi vous valez plus que beaucoup d'oiseaux et c'est pourquoi Dieu a conçu un univers parfaitement capable de vous donner la vie abondante qui est son véritable désir. Parce que le Créateur vous a donné l'imagination et le libre arbitre, parce que Dieu vous a conçu pour être un cocréateur avec lui, la vie abondante ne vous sera pas simplement donnée par une source extérieure. Vous devez utiliser votre propre imagination et votre libre arbitre pour manifester cette vie abondante dans votre sphère d'influence. Vous devez décider de dominer la « Terre », c'est-à-dire votre propre esprit et le royaume matériel.

Dieu a créé un univers qui est capable de vous donner la vie abondante, mais Il n'a pas créé un univers qui vous donnera *automatiquement* cette vie abondante. Dieu ne vous a pas créé pour être un robot stupide, mais pour être un être conscient de soi avec la capacité de savoir qui vous êtes, d'où vous venez et où vous avez le potentiel d'aller. J'expliquerai plus tard exactement où vous avez le potentiel d'aller, mais pour l'instant, il suffit de dire que vous avez le potentiel de faire le choix entre manifester la vie abondante ou manifester une vie de limitation, de manque et de souffrance.

Vous avez la capacité de choisir et vous avez la capacité d'imaginer et, à travers ces deux facultés, vous créez votre propre expérience. Vous créez ce que de nombreuses personnes sur Terre appellent à tort la « réalité », mais qui n'est en fait qu'un simple mirage projeté sur l'écran de la vie par l'esprit d'êtres humains qui ont oublié leur véritable potentiel créateur.

Avant de pouvoir hériter du royaume de votre Père, vous devez comprendre que vous êtes véritablement créé à l'image et selon la ressemblance de votre Créateur. Cela ne signifie pas que le Créateur a un corps physique et ressemble à un être humain. Cela ne signifie pas que le Créateur parle comme Charlton Heston [dans le film *Les dix commandements*]. Cela signifie que vous êtes créé avec la capacité d'imaginer ce qui n'est pas encore manifesté et la capacité de décider laquelle de vos images mentales vous apporterez dans la manifestation physique, c'est-à-dire les mêmes capacités qui ont été utilisées par votre Créateur pour vous créer et créer l'univers dans lequel vous vivez.

***

Maintenant, nous obtenons potentiellement une réponse à la question de savoir ce qui a mal tourné de votre côté, ce qui a mal tourné sur la planète Terre, ce qui a empêché le désir de Dieu d'une vie abondante pour tous de devenir une réalité manifestée. La réponse est si simple, et c'est mon grand désir que tous les êtres humains puissent comprendre ce fait. La réponse est que la vie abondante ne se manifeste pas sur Terre parce que la plupart des êtres humains n'ont pas utilisé leur imagination et leur libre arbitre ni leurs capacités créatrices selon leur potentiel le plus élevé. Au lieu d'utiliser leurs pouvoirs créateurs pour manifester une vie d'abondance et augmenter continuellement cette abondance, les êtres humains ont utilisé leur imagination pour envisager un monde avec une abondance limitée, un monde dans lequel il y a le manque. Ils ont choisi d'accepter cela comme la seule réalité possible sur la planète Terre et, en l'acceptant, ils en ont fait une réalité temporaire mais cependant illusoire.

Vous voyez maintenant que, parce que Dieu vous a donné l'imagination et le libre arbitre et parce qu'Il n'a pas limité ses propres dons, Il permet à ses enfants de créer une réalité temporaire qui est bien inférieure à la vie abondante qu'il avait envisagée avant d'envoyer ces enfants dans le monde matériel. Dans un sens, même cela est conforme à la volonté supérieure de Dieu parce que cette volonté supérieure est que vous voyagez dans le monde de forme et que vous acquériez de l'expérience sur la façon d'utiliser vos capacités créatrices d'une manière qui soit la meilleure pour vous-même et la meilleure pour l'ensemble dont vous faites partie.

S'il est nécessaire, dans le cadre du processus d'apprentissage, que vous souffriez pendant un certain temps dans un état de manque et de limitation, alors Dieu permet que cela se produise. Mais Dieu ne veut pas que vous soyez dans un état de limitation et que vous restiez dans un état de souffrance pendant une période de temps indéfinie. C'est toujours l'espoir de Dieu de vous voir arriver à prendre la décision de ne plus accepter la souffrance et le manque comme des conséquences inévitables de la vie sur Terre. C'est toujours l'espoir de Dieu que certains, d'abord, et finalement tous les êtres humains s'éveillent à la réalité que la vie n'a pas à être souffrance, qu'il existe une alternative à la prison humaine. L'alternative est de transcender l'état de conscience qui a créé les conditions actuelles de vie sur Terre.

Transcender cet état de conscience limité est précisément le but de toute vraie religion et de tout véritable enseignement spirituel. À votre avis, pourquoi Jésus a-t-il été envoyé sur Terre ? C'était pour vous montrer que vous n'êtes pas limité par les conditions humaines. Vous pouvez les transcender, vous pouvez transformer l'eau de la conscience humaine en vin d'un état supérieur de conscience. Vous pouvez multiplier les pains et les poissons et augmenter ainsi votre abondance matérielle grâce au pouvoir de votre esprit. Vous pouvez même échapper à la mort physique et être ressuscité dans un état de conscience supérieur, une forme de vie supérieure, dans un royaume supérieur.

La réponse simple à la question de savoir ce qui a mal tourné, ce qui a empêché l'abondance de Dieu de se manifester sur Terre, est que les êtres humains ont mal utilisé leurs capacités créatrices. Ils ont perdu la vision claire de la vie abondante de Dieu. Au lieu de cela, la plupart des êtres humains ont concentré leur imagination sur le faux concept que l'abondance de Dieu est limitée et qu'elle ne pourra pas être partagée par tout le monde. Seules quelques personnes peuvent avoir l'abondance, mais la majorité de la population doit vivre dans la pauvreté. L'humanité a été manipulée pour utiliser son libre arbitre en vue d'accepter cette fausse image comme inévitable. C'est pourquoi la fausse image est devenue une réalité temporaire qui, pour beaucoup d'êtres humains, semble être une réalité permanente.

***

La clé dont vous avez besoin pour expérimenter la vie abondante est la prise de conscience que vous n'avez pas à accepter personnellement cette fausse image, cette pseudo-réalité. Vous pouvez choisir de vous défaire de cette fausse image, vous pouvez vous en séparer en conscience. En transcendant votre état de conscience actuel, vous pouvez vous élever et libérer votre imagination et votre volonté afin de pouvoir enfin accepter la vie abondante plutôt que la vie limitée.

La clé essentielle pour hériter du royaume de votre Père est de réaliser que vous devez utiliser votre libre arbitre pour purifier votre imagination, afin que vous puissiez créer la vie abondante au lieu de continuer à créer une vie de limitation et de souffrance. C'est le bon plaisir du Père de vous donner le royaume, mais son plan est de vous donner des pouvoirs créateurs afin que vous puissiez manifester ce royaume depuis l'intérieur de vous-même. Si vous voulez la véritable abondance, vous devez méditer et assimiler la déclaration de Jésus selon laquelle : « *Le royaume de Dieu est en vous* » (Luc 17.21). Vous ne pouvez pas chercher un Dieu extérieur pour vous donner le royaume.

Lorsque vous réalisez que vous avez en vous la capacité de recréer votre expérience de vie sur Terre, que vous avez la capacité de recréer chaque aspect de votre expérience de vie sur Terre, vous avez franchi le pas essentiel sur le chemin du retour au royaume de votre Père. Je sais très bien que vous avez été programmé pour croire que ce que vous voyez autour de vous est une réalité incontournable et que vous n'avez pas en vous la capacité de vous libérer de cette supposée réalité. Jésus est venu dans un seul but, à savoir vous montrer que cette illusion est un mensonge et que vous avez le royaume de Dieu en vous. La raison en est que Dieu vous a conçu à son image et à sa ressemblance. Dieu vous a donné l'imagination et le libre arbitre. La seule raison pour laquelle vous rencontrez actuellement des limitations, des manques et des souffrances est que vous, et un grand nombre de personnes sur cette planète, avez utilisé votre imagination et votre libre arbitre pour cocréer cette limitation et cette souffrance.

Lorsque vous commencez à libérer votre imagination et à utiliser votre libre arbitre d'une manière conforme aux principes créateurs de Dieu, vous pouvez recréer votre expérience de vie. Lorsque suffisamment de personnes le font, elles peuvent recréer l'expérience collective sur cette planète. Vous pouvez littéralement cocréer une réalité qui reflète le véritable désir de Dieu pour cette planète, une planète qui permet à des milliards de personnes d'avoir la vie abondante.

À travers vos expériences de vie et votre éducation sur cette planète, vous avez été programmé pour penser que les limitations actuelles sur Terre sont réelles et inévitables. Peut-être qu'un miracle de Dieu peut changer les choses, mais un tel miracle ne viendra évidemment pas. Vous avez été programmé à penser que vous n'avez pas les pouvoirs créateurs en vous pour recréer votre expérience de vie, et que vous êtes donc esclave de circonstances extérieures qui échappent à votre contrôle. Ce sont des illusions, ce sont des mensonges, qui n'ont rien à voir avec la réalité de Dieu.

La réalité est que le Créateur vous a donné ses propres capacités créatrices. Dieu vous a créé à son image et selon sa ressemblance afin que vous ayez en vous le pouvoir de cocréer la vie abondante autour de vous. Collectivement, même un petit nombre d'êtres humains peut recréer la vie abondante sur Terre. C'est la vérité que Jésus est venu apporter, c'est la vérité que le Bouddha est venu apporter, c'est la vérité que tous les vrais maîtres spirituels, prophètes et représentants de Dieu sont venus apporter. Lorsque vous réalisez cette seule vérité, vous pouvez commencer à suivre un chemin systématique et logique qui vous mène pas à pas jusqu'au point de recréer votre vie en alignement avec la vision d'abondance et le concept immaculé gardé dans l'esprit de Dieu.

Le reste de ce cours visera à vous donner la compréhension et les étapes pratiques dont vous avez besoin pour vous libérer de toutes les fausses images de Dieu, de toutes les fausses images de vous-même et de toutes les fausses images de l'univers dans lequel vous vivez. Je vais vous aider à être ce que vous avez été conçu pour être. Je vous aiderai à exercer votre imagination et votre libre arbitre d'une manière qui vous donnera la vie abondante que vous désirez et qui entraînera simultanément la vie abondante pour toutes les autres formes de vie sur cette planète.

***

C'est vraiment le bon plaisir du Père de vous donner le royaume. Le Créateur veut que vous sentiez que vous apportez ce royaume par vos propres pouvoirs créateurs et que vous manifestiez le royaume par la capacité donnée par Dieu d'être un cocréateur avec Lui. C'est le désir de Dieu. C'est pourquoi Dieu a envoyé les êtres humains sur Terre avec l'ordre de « *multiplier* » et de « *dominer* » (Genèse 1.28). Il voulait que vous multipliiez vos capacités créatrices et que vous utilisiez votre esprit pour dominer l'univers matériel afin que vous puissiez apporter dans cet univers matériel l'abondance de Dieu. Lorsque vous prenez cette domination, la domination de l'esprit sur la matière, cet univers de matière peut représenter la perfection de Dieu, et donc vraiment devenir le royaume de Dieu.

Dieu a la capacité de créer une planète qui a en permanence la vie abondante. Dieu n'a pas voulu faire cela pour vous soustraire à la possibilité d'apprendre en vivant sur une telle planète. Vous auriez été réduit à devenir un être adaptatif, un animal, plutôt qu'un cocréateur conscient de soi. Dieu a créé une planète qui avait le potentiel de manifester la vie abondante, mais qui n'avait pas encore la vie abondante en pleine manifestation physique. Il a ensuite envoyé ses fils et ses filles dans ce monde, et ils avaient tout ce dont ils avaient besoin – ils avaient les capacités créatrices, l'imagination et le libre arbitre – pour dominer cette planète et amener l'abondance de Dieu dans la manifestation physique. Ils pouvaient construire sur les fondations établies par Dieu afin que, grâce à leurs propres capacités innées, données par Dieu, les fils et les filles de Dieu puissent construire le royaume de Dieu sur la planète Terre.

C'est le plan originel de Dieu, c'est le désir originel de Dieu, c'est le concept originel de Dieu. Rien n'a altéré le plan de Dieu, rien n'a altéré le potentiel de la planète Terre à manifester la perfection de Dieu. Sur une base temporaire, les fils et filles de Dieu ont choisi d'utiliser leurs capacités créatrices pour créer la souffrance et le manque plutôt que l'abondance. Cela s'est produit uniquement parce qu'ils sont tombés dans un état d'ignorance de sorte qu'ils ne reconnaissent pas leurs pleines capacités créatrices. Ils ne comprennent pas l'importance et la puissance de leur libre arbitre, ils ne comprennent pas l'immensité et le potentiel de leur imagination, ils ne comprennent pas qu'ils ne doivent pas être limités par des images imparfaites, mais qu'ils peuvent recréer même la réalité physique grâce au pouvoir de leur esprit.

La réalité physique et l'état de manque que vous vivez sur cette planète n'ont pas été créés par Dieu – ils ont été créés par la conscience collective de l'humanité. Cela a été fait par le pouvoir de l'esprit, à savoir par des personnes imaginant un état de manque et utilisant, ensuite, leur volonté pour le rendre inévitable et permanent. Mon cœur bien-aimé, veuillez comparer ces concepts à l'une des déclarations les plus importantes faites par Jésus : *« Nul serviteur ne peut servir deux maîtres. Car, ou il haïra l'un et aimera l'autre ; ou il s'attachera à l'un et méprisera l'autre. Vous ne pouvez servir Dieu et Mammon »* (Luc 16.13).

L'interprétation la plus spirituelle de cette déclaration est que Mammon est un symbole de l'état de conscience humaine, l'état d'acceptation du manque et de la limitation comme inévitables. Cela amène les êtres humains à passer leur vie entière à accumuler les choses de ce monde – Mammon – au lieu de produire l'abondance directement à partir de la source infinie de Dieu.

Jésus disait que vous devez choisir quel maître vous servirez, la fausse image du manque créée par la conscience collective ou la réalité de la vie abondante de Dieu. Jésus disait que vous ne pouvez pas servir ces deux maîtres en même temps, ce qui signifie vraiment que vous ne pouvez pas être dans deux états de conscience mutuellement exclusifs en même temps. Vous ne pouvez pas rester fidèle à la réalité abondante de Dieu et, en même temps, accepter les images faites par l'homme du manque et de la souffrance. Vous devez concentrer votre esprit sur une réalité ou sur l'autre, et, quelle que soit l'image sur laquelle vous vous concentrez, c'est ce que vous apporterez dans votre expérience physique.

La substance matérielle elle-même prendra les formes que vous maintenez dans votre esprit. Vos pouvoirs créateurs provoqueront, dans votre expérience physique, ce que vous gardez dans votre esprit. Si vous voulez l'abondance de Dieu, vous devez servir le vrai maître de la réalité de Dieu, et vous devez cesser de servir le faux maître des illusions humaines. Vous devez faire le travail de libérer votre imagination de toutes les fausses images et croyances. Vous devez utiliser votre libre arbitre pour choisir de vous réaligner sur les principes créateurs que Dieu a utilisés pour définir cet univers.

Ce n'est qu'en passant par cette transformation de la conscience que vous pourrez vous libérer du faux maître qui vous a actuellement emprisonné dans une boîte de limitations et de souffrance, une boîte qui n'existe vraiment que dans votre esprit et dans la conscience collective. L'état de conscience que la plupart des gens acceptent actuellement comme leur réalité est l'état que Jésus a appelé la « *mort* », c'est-à-dire la mort spirituelle. Si vous voulez échapper à la prison humaine, vous devez choisir l'état de conscience supérieur : la conscience de vie.

Considérez ce verset de l'Ancien Testament : « *J'en prends aujourd'hui à témoin contre vous le ciel et la terre; j'ai mis devant toi la vie et la mort, la bénédiction et la malédiction. Choisis la vie, afin que tu vives, toi et ta postérité* » (Deutéronome 30.19). Dieu vous a donné l'imagination qui vous permet d'accepter soit une image vraie, soit une image fausse. Dieu vous a donné le libre arbitre de choisir quelle image vous apporterez à la manifestation dans cet univers. En ce moment, vous avez même le potentiel de vous libérer des chaînes de la conscience de mort et d'entrer dans la conscience de vie, qui est la seule porte qui mène au royaume de votre Père. Cet état de conscience est l'Esprit universel du Christ, et Jésus l'a décrit lorsqu'il a dit : « *Je suis le chemin, la vérité, et la vie. Nul ne vient au Père que par moi* » (Jean 14.6).

Êtes-vous prêt à me suivre dans un voyage qui vous aidera à redécouvrir vos véritables capacités créatrices et qui vous aidera à vous libérer des chaînes de la mortalité et des limitations qui vous ont été imposées ? Êtes-vous prêt à vous élever et à devenir le vrai fils ou la vraie fille que vous avez été conçu pour être lorsque votre Créateur vous a créé à son image et selon sa propre ressemblance ? Si vous êtes prêt, alors prenez ma main et je vais vous donner plus de clés pour la vie abondante.

4. J'invoque une nouvelle expérience de vie

Au nom de JE SUIS CE QUE JE SUIS, de Jésus-Christ, j'appelle Nada, Mère Marie et toutes les représentantes de la Mère divine. Aidez-moi à accepter pleinement que Dieu ne me donnera pas l'abondance à partir d'une source extérieure et apprenez-moi à manifester l'abondance depuis l'intérieur de moi-même. Aidez-moi à transcender tout ce qui bloque ma capacité à manifester l'abondance.

Aidez-moi aussi... *(ajouter vos demandes personnelles).*

I. Je choisis l'abondance

1. Ce n'est pas Dieu qui a créé l'état de manque que nous vivons sur cette planète. C'est notre conscience collective qui a créé cette *réalité* physique.

Ô Nada, toute ta grâce cosmique
Remplit mon espace intérieur.
Ton chant est comme un baume sacré,
Et mon mental est apaisé.

Nada, ta mélodie secrète
Libère mon mental pour toujours.
En dirigeant ta symphonie,
Je décrète la paix éternelle.

2. En imaginant un état de manque et en utilisant ensuite leur volonté, les êtres humains l'ont rendu inévitable et permanent.

Ô Nada, ton esprit bouddhique
Me procure la paix intérieure.
En faisant résonner ton chant,
J'assimile pleinement ton amour.

Nada, ta mélodie secrète
Libère mon mental pour toujours.
En dirigeant ta symphonie,
Je décrète la paix éternelle.

3. Je ne peux pas servir Dieu et Mammon. Je ne peux pas être dans l'état de conscience humaine qui accepte le manque et la limitation comme inévitables, et en même temps avoir la vie abondante.

Ô Nada, beauté si sublime,
Je te suis au-delà du temps.
C'est avec le son silencieux
Que nous recréons l'univers.

Nada, ta mélodie secrète
Libère mon mental pour toujours.
En dirigeant ta symphonie,
Je décrète la paix éternelle.

4. J'ai la capacité d'imaginer ce qui ne peut pas être perçu par mes sens, la capacité de formuler un concept ou un plan dans mon esprit, puis de le projeter sur la lumière, substance de base, qui prendra la forme de mon idée mentale.

Ô Nada, dans un futur proche,
Rien ne peut résister au Christ.
C'est avec l'esprit du Bouddha
Que nous concevons l'avenir.

Nada, ta mélodie secrète
Libère mon mental pour toujours.
En dirigeant ta symphonie,
Je décrète la paix éternelle.

5. Parce que mon Créateur m'a donné l'imagination et le libre arbitre, Il ne me donnera pas la vie abondante à partir d'une source extérieure.

Ô Nada, nous voulons un monde
Où la force n'est plus justifiée.

L'esprit du Christ règne en maître,
Et nous voyons le Christ en tout.

Nada, ta mélodie secrète
Libère mon mental pour toujours.
En dirigeant ta symphonie,
Je décrète la paix éternelle.

6. J'utilise ma propre imagination et mon libre arbitre pour manifester la vie abondante dans ma sphère d'influence. Je prends la domination sur mon propre esprit et sur le royaume matériel.

Ô Nada, la paix est la norme,
Et mon esprit est enfin libre.
Je ne m'adapte plus à la forme,
Et j'exploite tout mon potentiel.

Nada, ta mélodie secrète
Libère mon mental pour toujours.
En dirigeant ta symphonie,
Je décrète la paix éternelle.

7. Je fais le choix de manifester la vie abondante.

Ô Nada, quelle joie débordante !
Je peux vraiment vivre ma vie.
J'ai tout le droit de m'amuser,
Et de briller comme un soleil.

Nada, ta mélodie secrète
Libère mon mental pour toujours.
En dirigeant ta symphonie,
Je décrète la paix éternelle.

8. J'ai la capacité d'imaginer ce qui n'est pas encore manifesté et la capacité de décider laquelle de mes images mentales je veux manifester sur le plan physique.

Ô Nada, servir est la clé
Pour vivre dans la réalité.

Je vois que toute la vie est une,
Je commence mon plus grand service.

Nada, ta mélodie secrète
Libère mon mental pour toujours.
En dirigeant ta symphonie,
Je décrète la paix éternelle.

9. Je crée ma propre expérience parce que j'ai exactement les mêmes capacités que celles que mon Créateur a utilisées pour me créer et créer l'univers dans lequel je vis.

Ô Nada, nous décrétons que
La vie sur Terre soit abondante,
Et nous faisons manifester
Le royaume de Dieu sur la Terre.

Nada, ta mélodie secrète
Libère mon mental pour toujours.
En dirigeant ta symphonie,
Je décrète la paix éternelle.

II. Je m'élève au-dessus de la souffrance

1. Dieu ne veut pas que je reste dans un état de souffrance pendant une période de temps indéfinie.

Ô Nada, toute ta grâce cosmique
Remplit mon espace intérieur.
Ton chant est comme un baume sacré,
Et mon mental est apaisé.

Nada, ta mélodie secrète
Libère mon mental pour toujours.
En dirigeant ta symphonie,
Je décrète la paix éternelle.

2. La vie n'a pas à être souffrance et je transcende l'état de conscience qui a créé les conditions actuelles sur Terre.

Ô Nada, ton esprit bouddhique
Me procure la paix intérieure.
En faisant résonner ton chant,
J'assimile pleinement ton amour.

**Nada, ta mélodie secrète
Libère mon mental pour toujours.
En dirigeant ta symphonie,
Je décrète la paix éternelle.**

3. Je transcende toutes les conditions humaines et je transforme l'eau de la conscience humaine en vin d'un état de conscience supérieur.

Ô Nada, beauté si sublime,
Je te suis au-delà du temps.
C'est avec le son silencieux
Que nous recréons l'univers.

**Nada, ta mélodie secrète
Libère mon mental pour toujours.
En dirigeant ta symphonie,
Je décrète la paix éternelle.**

4. Je transcende la mort physique et je ressuscite dans un état de conscience supérieur, une forme de vie supérieure.

Ô Nada, dans un futur proche,
Rien ne peut résister au Christ.
C'est avec l'esprit du Bouddha
Que nous concevons l'avenir.

**Nada, ta mélodie secrète
Libère mon mental pour toujours.
En dirigeant ta symphonie,
Je décrète la paix éternelle.**

5. Je transcende la fausse image du manque, je me défais de cette fausse image et je m'en sépare en conscience.

Ô Nada, nous voulons un monde
Où la force n'est plus justifiée.
L'esprit du Christ règne en maître,
Et nous voyons le Christ en tout.

**Nada, ta mélodie secrète
Libère mon mental pour toujours.
En dirigeant ta symphonie,
Je décrète la paix éternelle.**

6. Je transcende mon état de conscience actuel, je libère mon imagination et ma volonté, et j'accepte la vie abondante plutôt que la vie limitée.

Ô Nada, la paix est la norme,
Et mon esprit est enfin libre.
Je ne m'adapte plus à la forme,
Et j'exploite tout mon potentiel.

**Nada, ta mélodie secrète
Libère mon mental pour toujours.
En dirigeant ta symphonie,
Je décrète la paix éternelle.**

7. Je décide consciemment d'utiliser mon libre arbitre pour purifier mon imagination et je crée la vie abondante au lieu de continuer à créer une vie de limitation et de souffrance.

Ô Nada, quelle joie débordante !
Je peux vraiment vivre ma vie.
J'ai tout le droit de m'amuser,
Et de briller comme un soleil.

**Nada, ta mélodie secrète
Libère mon mental pour toujours.
En dirigeant ta symphonie,
Je décrète la paix éternelle.**

8. Dieu veut que j'aie l'abondance, et le plan de Dieu est de me donner des pouvoirs créateurs. Je vais manifester l'abondance depuis l'intérieur de moi-même.

Ô Nada, servir est la clé
Pour vivre dans la réalité.
Je vois que toute la vie est une,
Je commence mon plus grand service.

Nada, ta mélodie secrète
Libère mon mental pour toujours.
En dirigeant ta symphonie,
Je décrète la paix éternelle.

9. Je reconnais la réalité de la parole de Jésus selon laquelle le royaume de Dieu est en moi et je ne chercherai plus un Dieu extérieur pour me donner l'abondance.

Ô Nada, nous décrétons que
La vie sur Terre soit abondante,
Et nous faisons manifester
Le royaume de Dieu sur la Terre.

Nada, ta mélodie secrète
Libère mon mental pour toujours.
En dirigeant ta symphonie,
Je décrète la paix éternelle.

III. Je recrée mon expérience de vie

1. J'ai la capacité en moi de recréer mon expérience de vie et je recrée chaque aspect de mon expérience de vie.

Ô Nada, toute ta grâce cosmique
Remplit mon espace intérieur.
Ton chant est comme un baume sacré,
Et mon mental est apaisé.

Nada, ta mélodie secrète
Libère mon mental pour toujours.

En dirigeant ta symphonie,
Je décrète la paix éternelle.

2. Ce que je vois autour de moi n'est pas une réalité incontournable et je me libère des conditions temporaires sur Terre.

Ô Nada, ton esprit bouddhique
Me procure la paix intérieure.
En faisant résonner ton chant,
J'assimile pleinement ton amour.

Nada, ta mélodie secrète
Libère mon mental pour toujours.
En dirigeant ta symphonie,
Je décrète la paix éternelle.

3. J'aide à cocréer une réalité qui reflète le vrai désir de Dieu pour cette planète, une planète qui permet à des milliards de personnes d'avoir une vie abondante.

Ô Nada, beauté si sublime,
Je te suis au-delà du temps.
C'est avec le son silencieux
Que nous recréons l'univers.

Nada, ta mélodie secrète
Libère mon mental pour toujours.
En dirigeant ta symphonie,
Je décrète la paix éternelle.

4. J'ai les pouvoirs créateurs en moi pour recréer mon expérience de vie parce que le Créateur m'a donné ses propres capacités créatrices.

Ô Nada, dans un futur proche,
Rien ne peut résister au Christ.
C'est avec l'esprit du Bouddha
Que nous concevons l'avenir.

Nada, ta mélodie secrète
Libère mon mental pour toujours.
En dirigeant ta symphonie,
Je décrète la paix éternelle.

5. Je marche sur un chemin systématique et logique qui me conduit pas à pas au point de recréer ma vie en alignement avec la vision d'abondance et le concept immaculé gardés dans l'esprit de Dieu.

Ô Nada, nous voulons un monde
Où la force n'est plus justifiée.
L'esprit du Christ règne en maître,
Et nous voyons le Christ en tout.

Nada, ta mélodie secrète
Libère mon mental pour toujours.
En dirigeant ta symphonie,
Je décrète la paix éternelle.

6. Je me libère de toutes les fausses images de Dieu, de toutes les fausses images de moi-même et de toutes les fausses images de l'univers dans lequel je vis.

Ô Nada, la paix est la norme,
Et mon esprit est enfin libre.
Je ne m'adapte plus à la forme,
Et j'exploite tout mon potentiel.

Nada, ta mélodie secrète
Libère mon mental pour toujours.
En dirigeant ta symphonie,
Je décrète la paix éternelle.

7. J'ai été conçu pour exercer mon imagination et mon libre arbitre d'une manière qui me donne la vie abondante et qui engendre la vie abondante pour toutes les autres formes de vie sur cette planète.

Ô Nada, quelle joie débordante !
Je peux vraiment vivre ma vie.
J'ai tout le droit de m'amuser,
Et de briller comme un soleil.

Nada, ta mélodie secrète
Libère mon mental pour toujours.
En dirigeant ta symphonie,
Je décrète la paix éternelle.

8. Mon Créateur veut que je ressente que je manifeste la vie abondante par mes propres pouvoirs créateurs et que je la manifeste en étant cocréateur avec Dieu.

Ô Nada, servir est la clé
Pour vivre dans la réalité.
Je vois que toute la vie est une,
Je commence mon plus grand service.

Nada, ta mélodie secrète
Libère mon mental pour toujours.
En dirigeant ta symphonie,
Je décrète la paix éternelle.

9. Je multiplie mes capacités créatrices, j'utilise mon mental pour dominer l'univers matériel lui-même et je manifeste l'abondance de Dieu.

Ô Nada, nous décrétons que
La vie sur Terre soit abondante,
Et nous faisons manifester
Le royaume de Dieu sur la Terre.

Nada, ta mélodie secrète
Libère mon mental pour toujours.
En dirigeant ta symphonie,
Je décrète la paix éternelle.

IV. Je choisis la vie

1. Je ne passerai pas ma vie à accumuler les choses de ce monde et je manifeste l'abondance directement à partir de la source infinie de Dieu.

Ô Nada, toute ta grâce cosmique
Remplit mon espace intérieur.
Ton chant est comme un baume sacré,
Et mon mental est apaisé.

Nada, ta mélodie secrète
Libère mon mental pour toujours.
En dirigeant ta symphonie,
Je décrète la paix éternelle.

2. Je choisis à présent quel maître je servirai. Je ne sers plus la fausse image du manque créée par la conscience collective. Je sers la réalité de la vie abondante de Dieu.

Ô Nada, ton esprit bouddhique
Me procure la paix intérieure.
En faisant résonner ton chant,
J'assimile pleinement ton amour.

Nada, ta mélodie secrète
Libère mon mental pour toujours.
En dirigeant ta symphonie,
Je décrète la paix éternelle.

3. Je ne peux pas être dans deux états de conscience mutuellement exclusifs en même temps. Je choisis donc d'arrêter de servir le faux maître des illusions humaines. Je sers le vrai maître de la réalité de Dieu.

Ô Nada, beauté si sublime,
Je te suis au-delà du temps.
C'est avec le son silencieux
Que nous recréons l'univers.

Nada, ta mélodie secrète
Libère mon mental pour toujours.
En dirigeant ta symphonie,
Je décrète la paix éternelle.

4. La substance matérielle elle-même prendra les formes que j'imagine avec mon mental. Mes pouvoirs créateurs engendreront, dans mon expérience physique, ce que je visualise dans mon mental.

Ô Nada, dans un futur proche,
Rien ne peut résister au Christ.
C'est avec l'esprit du Bouddha
Que nous concevons l'avenir.

Nada, ta mélodie secrète
Libère mon mental pour toujours.
En dirigeant ta symphonie,
Je décrète la paix éternelle.

5. Je libère mon imagination de toutes les fausses images et croyances. Je choisis de me réaligner avec les principes créateurs que Dieu a utilisés pour concevoir cet univers.

Ô Nada, nous voulons un monde
Où la force n'est plus justifiée.
L'esprit du Christ règne en maître,
Et nous voyons le Christ en tout.

Nada, ta mélodie secrète
Libère mon mental pour toujours.
En dirigeant ta symphonie,
Je décrète la paix éternelle.

6. Je me libère du faux maître qui m'a actuellement emprisonné dans une boîte de limitations et de souffrances, une boîte qui n'existe vraiment que dans mon mental et dans la conscience collective.

Ô Nada, la paix est la norme,
Et mon esprit est enfin libre.
Je ne m'adapte plus à la forme,
Et j'exploite tout mon potentiel.

Nada, ta mélodie secrète
Libère mon mental pour toujours.
En dirigeant ta symphonie,
Je décrète la paix éternelle.

7. L'état de conscience que la plupart des êtres humains acceptent actuellement comme leur réalité est un état que Jésus a appelé « la mort », c'est-à-dire la mort spirituelle.

Ô Nada, quelle joie débordante !
Je peux vraiment vivre ma vie.
J'ai tout le droit de m'amuser,
Et de briller comme un soleil.

Nada, ta mélodie secrète
Libère mon mental pour toujours.
En dirigeant ta symphonie,
Je décrète la paix éternelle.

8. Je choisis en ce moment même de me libérer des chaînes de la conscience de mort. J'entre dans la conscience de vie, qui est la seule porte qui mène au royaume de mon Père.

Ô Nada, servir est la clé
Pour vivre dans la réalité.
Je vois que toute la vie est une,
Je commence mon plus grand service.

Nada, ta mélodie secrète
Libère mon mental pour toujours.
En dirigeant ta symphonie,
Je décrète la paix éternelle.

9. En accord avec l'Esprit universel du Christ, je dis avec Jésus :
« *Je suis le chemin, la vérité et la vie. Nul ne vient au Père que par moi.* »

Ô Nada, nous décrétons que
La vie sur Terre soit abondante,
Et nous faisons manifester
Le royaume de Dieu sur la Terre.

Nada, ta mélodie secrète
Libère mon mental pour toujours.
En dirigeant ta symphonie,
Je décrète la paix éternelle.

Sceau final :

Au nom de la Mère divine, je demande à Nada et à Mère Marie de me sceller, ainsi que toutes les personnes de mon cercle d'influence, dans le flux créateur de la Mère divine, le Fleuve de Vie. Je demande la multiplication de mes appels par toutes les représentantes de la Mère divine afin que nous formions le flux parfait en huit de « comme en haut, ainsi en bas ». J'accepte donc que cela soit pleinement manifesté parce que la bouche du Seigneur, la Mère divine que JE SUIS, l'a prononcé. Amen.

5. Recevoir activement l'abondance

Je suis bien consciente que ce que je vous ai dit dans ces premières clés va bien au-delà de ce qu'on vous a enseigné à l'école. Cela va bien au-delà de ce que vous auriez appris dans n'importe quelle religion sur cette planète. Je suis également consciente que ceux qui sont ouverts à ce cours ont déjà commencé à réaliser, au plus profond de leur cœur, qu'il y a plus dans la vie que ce qu'ils ont appris à l'école ou à l'église. Ils sont prêts à regarder au-delà des boîtes mentales traditionnelles afin de trouver des réponses à leurs questions sur la vie. Néanmoins, nous devons aborder le simple fait que tant de religions dans ce monde promeuvent une image de Dieu qui le montre comme étant en dehors de vous-même, comme étant une entité éloignée dans le ciel. Et, malheureusement, certaines religions, en particulier en Occident, présentent ce Dieu comme un être en colère et jugeant.

Certaines autorités religieuses pensent qu'elles ont le droit de juger quiconque ne se conforme pas à ce qu'elles croient être le seul véritable enseignement sur Dieu. Beaucoup de ces gens sont prompts à juger, et ils prétendent que quiconque exprime des idées qui ne correspondent pas à leur interprétation de la Bible blasphème ou est un représentant de l'antéchrist. Ils diront même cela des véritables enseignants spirituels de l'humanité, les êtres mêmes qui ont consacré leur vie à libérer l'humanité de l'esclavage de toutes les images taillées.

Au cœur de tout type de blasphème se trouve le déni de Dieu. L'image de Dieu véhiculée par de nombreuses religions repose sur un déni très subtil de Dieu. Toute religion qui promeut l'image d'un Dieu extérieur et qui prétend que c'est tout ce qu'il y a à savoir sur Dieu, ou que c'est la seule vraie image de Dieu, fait en réalité la promotion d'une philosophie qui exprime la déni de Dieu. Il est très regrettable que de nombreuses Églises chrétiennes soutien-nent effectivement cette image du Dieu extérieur et du Dieu en colère dans le ciel.

Si les chrétiens lisaient plus attentivement leur Bible, avec un esprit et un cœur ouverts, ils verraient que Jésus lui-même enseignait un Dieu qui n'est pas extérieur. Jésus a parlé d'un Dieu qui peut être connu personnellement, et il a utilisé le mot « Père » pour ce Dieu. Il a également cité l'Ancien Testament : « *Vous êtes des dieux* » (Jean 10.34), et il a déclaré que les êtres humains ne devraient pas chercher le royaume de Dieu en dehors d'eux-mêmes parce que le royaume de Dieu est en eux (Luc 17.21). Lorsque vous ajoutez à cela le fait que l'Évangile de Jean déclare clairement que rien de ce qui a été fait n'a été fait sans Dieu (Jean 1.3), vous voyez qu'il y a une plus grande compréhension de Dieu qui vous attend derrière l'image d'un Dieu dans le ciel. Seuls ceux qui sont prêts à abandonner leurs idoles d'un dieu extérieur pourront connaître le vrai Dieu.

Dieu ne peut pas être connu par les sens extérieurs ni par l'intellect humain. Dieu ne peut être connu qu'à travers le sens intérieur de votre intuition – l'innocence –, qui est la clé de toute expérience spirituelle ou mystique. Grâce à une telle expérience, vous pouvez connaître la réalité de Dieu, vous pouvez connaître la Présence de Dieu en vous, comme Jésus l'a clairement promis. La vérité que Jésus a prêchée, une vérité qui a été obscurcie par la doctrine chrétienne, c'est que vous êtes la progéniture de Dieu, vous êtes un fils ou une fille de Dieu, vous êtes une individualisation de Dieu. Vous avez été créé à l'image et selon la ressemblance de Dieu, et la clé pour trouver votre véritable identité est d'aller à l'intérieur et de vous reconnecter à votre soi supérieur, à votre soi spirituel ou à ce que nous appelons la « *Présence JE SUIS* ». J'aime ce nom parce que c'est vraiment cette Présence qui vous donne la conscience de soi et qui vous permet de connaître ce « JE SUIS ».

Avant de pouvoir accepter pleinement qui vous êtes et pourquoi vous êtes ici sur Terre, vous devez être prêt à abandonner l'image du Dieu extérieur. Dieu est le Créateur tout-puissant du ciel et de la Terre et Dieu est un Être conscient de soi. L'image que ce Dieu est un Être avec une forme particulière, résidant dans un monde supérieur, est une image taillée qui limite la réalité de votre

Créateur. Votre Créateur ne peut pas être confiné à un être particulier résidant dans ce royaume supérieur, et la raison est simple. Comme le dit l'Évangile de Jean : « *rien de ce qui a été fait n'a été fait sans lui* », ce qui signifie que le Créateur a tout créé à partir de sa propre substance et de son Être. Le Créateur est dans tout ce qu'il a créé. Pour que vous remplissiez votre rôle légitime de cocréateur, vous devez surmonter la conscience de séparation qui nie Dieu là où vous êtes – et cela est donc vraiment la conscience de l'antéchrist, la source de tout blasphème.

***

Pendant des milliers d'années, les êtres humains ont été programmés pour adorer un Dieu qui existe quelque part au ciel mais qui n'est pas présent sur Terre. Ils ont été élevés avec une vision dualiste de Dieu, qui dit qu'ils sont *ici* et que Dieu est *ailleurs*. Ainsi, ils sont séparés de Dieu par une barrière impénétrable, et la seule façon pour eux d'être sauvés et de retourner dans le royaume de Dieu est de suivre les préceptes d'une religion extérieure qui les ramènera à la maison.

Le but principal de Jésus était de briser cette image du Dieu extérieur. Il est venu aider les gens à arrêter le culte des idoles et à surmonter l'illusion qu'ils sont séparés de leur Dieu et qu'ils ont besoin de quelque chose ou de quelqu'un d'extérieur à eux-mêmes pour se reconnecter à leur Dieu et être sauvés. Que pensez-vous que cela signifie vraiment lorsque Jésus a dit que le royaume de Dieu est en vous ? Cela signifie que vous n'avez pas besoin d'une Église extérieure pour atteindre le royaume de Dieu. Vous n'avez pas besoin d'une élite sacerdotale qui prétend que vous ne pouvez être sauvé qu'en suivant leur doctrine. Ce sont ces mêmes prêtres qui se sont opposés à tout ce que Jésus a fait, et ce sont ces prêtres, ces faux prédicateurs, qui ont tué mon fils et votre frère spirituel.

À chaque époque, il y a eu une petite élite d'êtres humains qui sont complètement convaincus qu'ils connaissent la vérité absolue sur Dieu. Ce qu'ils considèrent comme la vérité absolue est en fait une illusion sur le Dieu extérieur qui est séparé de sa création. C'est, en effet, le problème central que nous avons sur la planète

Terre, qui est à l'origine de la souffrance, de la douleur et des limitations. Chaque limitation connue des êtres humains commence par la croyance qu'on peut diviser la création de Dieu en sphères séparées et que, dans notre sphère, l'univers matériel, Dieu n'est pas présent.

Cette croyance même est vraiment la racine de tout mal parce qu'elle permet aux êtres conscients de soi, qui sont conçus pour être cocréateurs avec Dieu, de mettre de côté leur véritable identité et de commencer à penser qu'ils peuvent faire ce qu'ils veulent dans cet univers et s'en sortir comme cela. C'est la conscience de la séparation – séparation du Tout de la création de Dieu et ainsi séparation des autres êtres humains –, qui donne lieu à l'inhumanité de l'homme envers l'homme. Cette conscience même a permis aux êtres humains d'utiliser leurs capacités créatrices – les capacités que Dieu leur a données – pour créer une vision du monde entièrement basée sur une illusion.

L'humanité a collectivement utilisé l'imagination et le libre arbitre donnés par Dieu pour créer l'illusion que le monde matériel est si dense que Dieu est absent de celui-ci. Cela a permis à certains de croire que les lois de Dieu ne fonctionnent pas dans ce monde et qu'ils sont séparés des lois de Dieu. Ces derniers ont donc créé leurs propres lois – ils sont devenus une loi en soi. Ils pensent qu'ils ont créé leur propre réalité où ils peuvent définir les lois en leur faveur afin de pouvoir faire ce qu'ils veulent sans en récolter les conséquences, sans récolter ce qu'ils ont semé.

Tout cet état d'esprit obscurcit la réalité de Dieu du point de vue des êtres humains. La réalité est qu'on ne se moque pas de Dieu (Galates 6.7) et que ses lois ne sont pas affectées par les croyances des êtres humains. Il n'y a pas si longtemps, l'Église catholique a promu la croyance que la Terre était le centre de l'univers et que toutes les étoiles du ciel tournaient autour d'elle. Comme vous le savez aujourd'hui, ce n'est pas le cas, et ce n'était pas le cas non plus quand tout le monde croyait que c'était vrai. Quand tout le monde croyait que la Terre était plate, elle n'était pas plate pour autant. La raison en est qu'une croyance ne peut pas changer la réalité si elle est en conflit avec la réalité de Dieu.

Une croyance peut obscurcir temporairement la réalité de Dieu dans l'esprit de ceux qui vénèrent la croyance comme un fait, ceux qui vénèrent une image taillée.

La réalité est que, lorsque Dieu a créé l'univers matériel et a créé des extensions de Lui-même en tant qu'êtres conscients de soi qui ont l'imagination et le libre arbitre, Il était bien conscient que c'était possible qu'ils puissent utiliser ces facultés d'une manière destructrice pour eux-mêmes et pour d'autres parties de la création de Dieu. De nombreux êtres humains sont actuellement piégés dans un état de conscience dans lequel ils sont tellement concentrés sur eux-mêmes, sur ce qu'ils considèrent comme leur propre identité, qu'ils sont littéralement incapables de considérer toute autre partie de la vie. Ils ne veulent aucunement considérer comment leurs actions affectent les autres.

Il n'est pas difficile pour vous de regarder les gros titres d'aujourd'hui et de trouver des exemples d'égoïsme extrême, des individus qui agissent comme si les autres n'avaient pas d'importance et comme s'ils pouvaient faire ce qu'ils voulaient parce qu'ils avaient le pouvoir ou l'argent. Quand Dieu vous a créé, Il ne vous a pas créé seul, Il n'a pas créé l'univers entier exclusivement pour *votre* plaisir. Dieu a créé de nombreux êtres conscients de soi et ils sont tous créés à partir de l'Être et de la substance de Dieu. Ils font tous partie de ce que nous appelons au ciel le Corps de Dieu.

Le « *Corps de Dieu* » est un concept que vous pourriez garder à l'esprit parce que vous savez très bien que, même si votre petit orteil est une partie relativement insignifiante de votre corps, si vous blessez ce petit orteil, cela affectera votre bien-être général. Une douleur aiguë dans votre petit orteil peut rendre tout votre être très inconfortable, et donc lorsque vous blessez d'autres personnes, cela affectera inévitablement votre expérience de vie.

Quand Dieu a créé cet univers, Il ne l'a pas conçu exclusivement pour *vous*. Il l'a conçu de manière à ce que tous ses fils et filles aient une chance égale d'apprendre en utilisant leurs capacités créatrices. Ce faisant, Dieu savait qu'Il devrait construire un mécanisme de sécurité dans la conception même de l'univers. Si quelques-uns de ses fils et filles oubliaient qu'ils faisaient partie du Corps de Dieu et commençaient à agir comme s'ils étaient les seuls qui comptaient, alors ils ne pourraient pas détruire tous leurs frères et sœurs ou détruire l'univers entier.

Si une société n'avait pas de lois qui tiendraient les gens responsables de leurs actes, une telle société se détériorerait dans le désordre et l'anarchie. Ceux qui sont les plus agressifs, les plus impitoyables et ceux qui ne considèrent pas les autres auraient un avantage injuste sur les personnes honnêtes et bienveillantes. Croyez-vous sérieusement que Dieu a conçu l'univers entier pour donner un avantage aux êtres sans amour, malhonnêtes et égoïstes ? Ou a-t-Il conçu l'univers avec un mécanisme de sécurité intégré qui garantirait que ceux qui deviennent égoïstes ne peuvent pas détruire l'univers entier et ne peuvent finalement pas détruire ou contrôler leurs frères et sœurs ?

***

Permettez-moi maintenant d'expliquer l'un des mécanismes de sécurité que Dieu a construit dans la conception fondamentale de l'univers dans lequel vous vivez. Le Créateur de votre univers est une force d'expansion, un Être en expansion. C'est ce que nous pourrions appeler l'aspect Père de Dieu. C'est l'impulsion de devenir plus, l'impulsion de se transcender, car, sans cette impulsion, rien n'aurait été créé à partir du Tout de Dieu – aucune forme n'aurait émergé du Dieu sans forme et autosuffisant.

Votre Créateur, votre Dieu, est un feu dévorant qui consume tout ce qui ne lui ressemble pas dans un cycle d'auto-transcendance en constante expansion. Une force d'expansion ne peut pas créer une forme qui soit durable même pour une seconde. Si l'univers n'avait que la force d'expansion, rien ne serait durable ; tout serait une grande explosion sans aucune forme.

Vos scientifiques privilégient actuellement la théorie du Big Bang, qui dit que l'univers entier a commencé dans une explosion géante. S'il n'y avait en effet que la force d'expansion du Père, alors l'univers serait une explosion continue où aucune forme ne pourrait être soutenue parce qu'elle serait instantanément détruite par la force d'expansion. Afin de créer des formes durables, Dieu a dû créer une force qui équilibrera la force d'expansion du Père. Cette force est la force de contraction de la Mère, et c'est cette force qui a été amenée à l'existence lorsque Dieu a dit : « *Que la lumière soit !* » (Genèse 1.3) La lumière est la substance qui peut être moulée dans une forme et, une fois qu'elle est moulée dans une forme particulière, elle conservera cette forme pendant un certain temps.

La lumière est une expression de la force de contraction de la Mère, et l'univers entier dans lequel vous vivez est créé par une interaction harmonieuse et équilibrée entre ces deux forces fondamentales. La force d'expansion du Père complète la force de contraction de la Mère, la force d'expansion du Père agit sur la lumière substance de la Mère et la fait passer de son état de base à une forme particulière. Lorsque seule la force d'expansion du Père agit sur la lumière Mère, la forme créée directement par le Père est durable indéfiniment. Lorsque Dieu a créé des extensions de Lui-même avec la conscience de soi, Il savait très bien que ces êtres étaient inexpérimentés lorsqu'il s'agissait d'utiliser leurs pouvoirs créateurs.

C'était tout à fait possible qu'ils puissent utiliser leur imagination pour imaginer des formes qui n'étaient bénéfiques ni pour eux ni pour l'ensemble. Il savait également que, si certains pouvaient créer des formes imparfaites sans se rendre compte de ce qu'ils faisaient, d'autres pourraient en fait abuser de leur libre arbitre pour se rebeller délibérément contre le dessein de Dieu pour cet univers. Dieu savait qu'il était nécessaire que ses fils et ses filles traversent une période d'apprentissage au cours de laquelle ils pourraient approfondir leur compréhension de qui ils sont et du fonctionnement du monde. Après avoir appris cela, ils pourraient utiliser leurs capacités créatrices pour magnifier l'ensemble au lieu de détruire l'ensemble et eux-mêmes.

Encore une fois, Dieu veut que l'univers entier ne serve pas seulement un être individuel, mais qu'il serve tout le Corps de Dieu. Dieu devait s'assurer qu'un être individuel ne pouvait pas abuser de ses pouvoirs créateurs au point de détruire l'univers ou une partie de celui-ci, et donc de détruire la plate-forme de croissance pour les autres fils et filles de Dieu. Pour accomplir cela, Dieu a construit une intelligence dans la lumière Mère. La tendance naturelle de la lumière Mère est d'être toujours dans un état de base dans lequel aucune forme n'est exprimée.

La lumière Mère ne peut pas créer par elle-même. Elle a besoin de la force d'un être conscient de soi qui agit sur la lumière Mère en dirigeant la force d'expansion du Père. Alors la lumière Mère prend la forme imaginée dans l'esprit de l'être conscient de soi, le cocréateur. La lumière Mère a tendance à toujours revenir à son état de base dans lequel elle n'a pas de forme manifestée. C'est le mécanisme de sécurité qui garantit qu'aucun cocréateur individuel ne puisse abuser de ses capacités créateurs au point de détruire l'ensemble de la création de Dieu.

***

Ce que je vais vous expliquer ensuite est un principe subtil que l'intellect humain trouvera difficile à saisir. Si vous pensez avec votre cœur et utilisez votre intuition, vous arriverez à comprendre ce que je vais maintenant vous expliquer. Je vous ai dit que la lumière Mère a une force intrinsèque qui la fait maintenir son état de base dans lequel la lumière existe, mais elle n'a pas de forme distincte ; elle est indifférenciée.

Que faut-il pour donner forme à la lumière Mère ? Il faut un esprit conscient qui possède les capacités créatrices de Dieu, à savoir l'imagination et le libre arbitre. Cet esprit conscient doit être capable d'imaginer une forme, même si elle n'est pas encore manifestée. L'esprit doit avoir le pouvoir de la volonté d'imposer cette forme à la lumière Mère et ainsi de faire sortir cette lumière de son état de base. La lumière Mère donne naissance à une forme exprimée qui peut être distinguée de l'état de base.

Au début, seul Dieu le Créateur avait ce pouvoir créateur. Dieu a utilisé ses pouvoirs créateurs pour imaginer un univers, un monde de forme, qui deviendrait une plate-forme de croissance pour ses fils et ses filles. Afin de créer tout ce qui a une forme, Dieu a dû faire certains choix. Dieu peut imaginer de nombreux types d'univers différents, mais lorsqu'il s'agit de manifester un univers particulier, Dieu doit choisir comment cet univers sera conçu. Les scientifiques découvrent continuellement de nouvelles facettes de la nature délicate des forces qui maintiennent cet univers ensemble, et cela vous montre que Dieu a fait certains choix lorsqu'Il a conçu cet univers. Si ces forces devaient être perturbées, même légèrement, l'univers entier pourrait s'effondrer en un instant.

Votre Créateur a créé cet univers avec un amour inconditionnel pour vous et avec un pur désir de créer un monde qui serait la meilleure plate-forme possible pour votre croissance. Je me rends compte que la vie sur Terre peut être très difficile et douloureuse et que beaucoup d'hommes et de femmes ont été élevés avec une colère cachée ou reconnue contre Dieu. Ils ont été élevés pour voir Dieu comme le Dieu extérieur, le Dieu en colère dans le ciel, qui leur a injustement imposé sa volonté et les a fait souffrir. Certaines personnes ont même tellement souffert qu'elles en sont arrivées au point où elles sont en colère contre Dieu pour le simple fait qu'elles existent.

Aucune des imperfections que vous voyez sur Terre n'a été créée par Dieu et elles ne faisaient pas partie du concept originel de Dieu pour cet univers. À l'origine, Dieu envisageait un univers dans lequel tous ses fils et filles vivraient dans une abondance constante, une abondance qu'ils pourraient augmenter grâce à leurs propres pouvoirs créateurs. Dieu n'a pas envisagé, même pour un instant, les conditions actuelles sur Terre. La souffrance et la douleur que vous voyez partout sur cette planète dépassent tout simplement l'imagination de Dieu. Il n'a jamais imaginé que de telles conditions existeraient dans son monde parce que, comme le dit la Bible, ses yeux ne peuvent pas regarder l'iniquité (Habakuk 1.13). Pourtant, Il savait aussi qu'en donnant l'imagination et le libre arbitre à ses cocréateurs, ils pouvaient en effet créer des conditions qui n'étaient pas conformes à sa vision.

Je vous demande de méditer dans votre cœur la réalité même que Dieu n'avait que les meilleures intentions les plus aimantes pour la conception de cet univers. Il ne l'a pas conçu pour vous faire souffrir, Il ne l'a pas conçu pour vous faire sentir comme un misérable pécheur, Il ne l'a pas conçu pour vous faire penser que vous êtes un être humain mortel qui ira en enfer à moins que vous ne suiviez les préceptes d'une Église extérieure ou d'une divinité extérieure.

Dieu a conçu l'univers pour qu'il serve de meilleure plate-forme possible à l'expansion de vos capacités créatrices afin que vous puissiez vous transcender et devenir un être libre en Dieu. Vous avez alors la pleine conscience de qui vous êtes et de la façon dont vos actions affectent l'ensemble dont vous faites partie. Vous n'êtes pas séparé du Tout, vous *êtes* le Tout mais une expression particulière de celui-ci.

Lorsque Dieu a conçu cet univers particulier, il a fait certains choix. Ces choix ont défini les forces fondamentales qui maintiennent la cohésion de l'univers. Derrière ces choix se cachent certains principes créateurs, et le plus fondamental de ces principes n'a même pas été décidé par votre Créateur. C'est le principe qui est intégré à la création elle-même parce que toute création, toute forme manifestée, jaillit de la volonté de Dieu d'être plus.

Le principe universel de toute création est que la création ne s'arrête jamais, qu'il s'agit d'un processus continu. La loi fondamentale de la création et de la vie est que vous ne pouvez pas rester immobile, qu'aucune forme ne peut jamais être permanente et que tout être conscient de soi doit continuellement se transcender et devenir plus en élargissant sa conscience de ses pouvoirs créateurs, de son véritable identité et de son unité avec l'ensemble de la création de Dieu.

C'est le moteur de toute création sans lequel rien ne serait créé. Même si vous avez reçu une imagination et un libre arbitre illimités, vous ne pouvez pas utiliser ces capacités créatrices pour créer un sentiment d'identité particulier pour vous-même et ensuite rester dans ce sentiment d'identité pour toujours. Dieu vous a donné le libre arbitre, donc Dieu vous a donné le droit de créer le sentiment d'identité que vous êtes un misérable pécheur, vivant sur une planète dominée par la souffrance, et que vous irez en enfer, à moins que vous ne croyiez aux préceptes d'une Église extérieure créée par d'autres misérables pécheurs.

La force de vie elle-même exige que vous ne puissiez pas rester éternellement dans ce sentiment limité d'identité. Si vous essayez de vous accrocher à ce sentiment limité d'identité, alors la force de contraction de la Mère agira comme un mécanisme de sécurité qui brisera votre sentiment limité, votre création déséquilibrée – comme elle a détruit la tour de Babel (Genèse 11.9).

Cela se produira parce que, lorsque vous créez un sentiment limité d'identité, la force de contraction commencera instantanément à briser cette identité et même les formes matérielles qui jaillissent de votre sentiment d'identité. Après un certain temps, la force de contraction de la Mère l'emportera inévitablement et votre sentiment d'identité sera mis à l'épreuve. Vous serez alors contraint d'affronter le choix décrit dans la Bible : « *Choisissez aujourd'hui qui vous voulez servir* » (Josué 24.15).

La question est : « Serez-vous au service de la vie, ce qui signifie croissance, ou servirez-vous la mort, ce qui signifie immobilité qui mène finalement à l'auto-annihilation ? » Vous devez choisir entre l'auto-transcendance ou l'auto-annihilation. C'est pourquoi Moïse a dit : « *Choisis la vie* » (Deutéronome 30.19). Choisissez de grandir et d'élargir votre sentiment limité d'identité.

***

Je sais que ces enseignements peuvent sembler abstraits, alors laissez-moi essayer de les rendre plus pratiques en les comparant à quelque chose de votre expérience quotidienne. Vous savez très bien que les ingénieurs qui ont conçu une voiture l'ont fait en utilisant certaines lois de la nature et certains principes de conception. Afin de concevoir une voiture qui fait ce qu'ils veulent qu'elle fasse, ils doivent respecter certaines lois.

La conséquence de cela est que, pour maintenir votre voiture à un niveau de fonctionnement, vous devez suivre certaines procédures d'entretien. Votre voiture roule car le moteur est constitué de pièces métalliques capables de supporter la pression générée par les explosions dans les cylindres.

Ces pièces métalliques s'useront si elles ne sont pas protégées par un film d'huile. L'huile finit par s'user et devient sale, vous devez donc la changer à intervalles réguliers. Si vous achetez une nouvelle voiture et que vous ne changez jamais l'huile, un jour, le moteur cessera tout simplement de fonctionner. Vous ne pouvez pas blâmer les ingénieurs qui ont conçu votre voiture, car ils l'ont simplement conçue selon les lois de la nature. La conséquence inévitable est que vous devez changer l'huile afin de maintenir la capacité du moteur à fonctionner. Vous changez régulièrement l'huile de votre voiture sans avoir l'impression qu'il s'agit d'une restriction de votre liberté fondamentale d'utiliser votre voiture.

Les principes de conception de base utilisés par votre Créateur ne sont pas une restriction de votre liberté créatrice et de vos pouvoirs créateurs. Votre voiture est conçue pour vous offrir une liberté maximale de déplacement, et vous pouvez aller où vous voulez. Tant que vous suivez des principes d'entretien simples, votre voiture continue de vous offrir cette liberté pendant longtemps. Si vous ignorez délibérément ou inconsciemment ces principes, votre voiture cessera de fonctionner et vous perdrez la liberté de mouvement que votre voiture vous a donnée.

De même, l'univers dans lequel vous vivez fonctionne selon certains principes. Tant que vous suivez ces principes, tant que vous utilisez vos pouvoirs créateurs dans les paramètres que Dieu a utilisés pour concevoir l'univers, vous pouvez continuer à cocréer plus d'abondance pour vous-même. Si vous allez contre les principes mêmes que votre Créateur a utilisés pour concevoir l'univers, vous créerez progressivement des problèmes pour vous-même et vous générerez des conséquences qui limiteront vos pouvoirs créateurs.

C'est en effet la seule explication des nombreux types de souffrance et de limitation que vous voyez sur Terre. Cette souffrance n'est pas la vengeance d'un Dieu en colère dans le ciel. C'est la conséquence naturelle du fait que la plupart des êtres humains ont abusé, sur cette Terre, de leurs pouvoirs créateurs. Ils ont utilisé leur imagination pour construire une fausse image qui montre que cette Terre est un monde limité dans lequel il n'y a pas assez d'abondance pour tous. Ils ont utilisé leur libre arbitre pour accepter cette image comme la seule vérité possible. Ils acceptent que leurs limitations, leurs douleurs et leurs souffrances soient en effet inévitables et qu'ils ne puissent rien faire pour les surmonter.

Si vous voulez vraiment avoir une vie abondante, vous devez adopter la bonne approche pour obtenir cette abondance. Vous ne pouvez pas adopter une approche passive et dire que vous êtes une victime, une victime impuissante de forces indépendantes de votre volonté. Vous ne pouvez pas considérer que c'est au Dieu du ciel de vous donner l'abondance ni que votre abondance dépend d'autres personnes de ce monde. Vous devez adopter l'approche selon laquelle, si vous voulez avoir l'abondance, vous devez la manifester en utilisant les pouvoirs créateurs qui vous ont été donnés par Dieu.

La clé de ces pouvoirs se trouve dans votre imagination et votre libre arbitre. Vous devez être prêt à vous réaligner, à réaligner votre compréhension et vos choix, avec les principes de base que Dieu a utilisés pour créer cet univers. Lorsque vous connaissez ces principes, vous pouvez utiliser votre imagination dans les paramètres des lois de Dieu. Et ce faisant, vous apporterez l'abondance dans votre vie d'une manière qui est durable et qui peut en fait s'accélérer indéfiniment.

C'est le bon plaisir du Père de vous donner le royaume, et il a conçu cet univers pour que tous ses fils et filles puissent avoir la vie abondante. Cela signifie qu'ils ne sont pas limités à une certaine quantité d'abondance, mais que leur abondance ne cesse de croître. Lorsque chacun augmente son abondance individuelle, l'abondance de l'ensemble est également augmentée. Quand tout le monde augmente continuellement son abondance, il n'y a pas de contradiction ou de conflit entre l'individu et l'ensemble.

✳✳✳

La conception essentielle de l'univers de Dieu crée un état d'être très remarquable. Tous les êtres ont été créés à partir de la Présence de votre Créateur. Ils sont tous des extensions de Dieu, des individualisations de Dieu, des fils et des filles de Dieu. Les gens que vous voyez sur Terre sont des extensions du même Dieu et font donc tous partie du Tout de Dieu, du Corps de Dieu. Dans la conception et la vision originelles de Dieu pour cet univers, tous ses fils et filles connaîtraient, de l'intérieur d'eux-mêmes, les principes créateurs que Dieu a utilisés pour concevoir cet univers.

Ceci est expliqué dans la Bible par la déclaration que Dieu a mis ses lois dans leurs cœurs (Jérémie 31.33). Dieu a codé les principes créateurs dans le tissu même de votre être, le tissu même de votre soi spirituel. Tant que vous êtes en contact avec votre Présence JE SUIS, vous savez instinctivement ou intuitivement comment exprimer votre imagination et votre libre arbitre d'une manière conforme aux principes créateurs de Dieu. Lorsque vous exprimez, en tant qu'être individuel, votre créativité en alignement avec les principes de Dieu, vos actions ne profiteront pas seulement à vous-même, mais aussi à toutes les autres parties de la vie. En augmentant votre propre abondance, vous augmentez l'abondance de l'ensemble.

Vous vivez dans cet univers et vous n'êtes pas seul, vous n'êtes pas la seule personne sur Terre. Ce que vous voyez sur Terre aujourd'hui, ce sont des conflits intenses entre individus et entre groupes de personnes. Ce n'est pas la vision de Dieu dans le concept originel. Dans la vision de Dieu, il n'y a pas de conflit entre les individus ni entre les groupes parce qu'il n'y a pas de séparation entre l'individu et l'ensemble. Cet état d'innocence, cet état de grâce et cet état de paradis ne peuvent être maintenus que tant que les êtres individuels usent de leurs pouvoirs créateurs dans le cadre des principes définis par leur Créateur.

Tant qu'une masse critique d'individus sur Terre utiliseront leur créativité en harmonie avec les lois de Dieu, plus d'abondance sera apportée dans ce monde et donc l'humanité augmentera continuellement son abondance. Lorsqu'il en est ainsi, il n'y a pas de conflit entre l'individu et l'ensemble parce que chacun reçoit constamment plus d'abondance et il n'y a pas de sentiment de manque. Lorsque ce sentiment de quantité limitée de richesses n'existe pas, vous n'avez plus besoin de prendre aux autres. Pourquoi prendre aux autres alors que vous pouvez librement recevoir plus directement de Dieu ?

Imaginez un instant que vous êtes le propriétaire de la lampe magique mentionnée dans le conte d'Aladin. Considérez que vous n'avez besoin de rien d'extérieur à vous-même pour manifester tout ce que vous désirez. Vous frottez simplement la lampe, et, lorsque le génie sort de la bouteille, vous lui exprimez votre désir et il vous le manifeste instantanément. Si vous aviez cette lampe magique, envisageriez-vous d'utiliser la force, la ruse ou d'autres moyens pour prendre quelque chose à d'autres personnes ?

Si vous saviez que le génie vous donnerait tout ce que vous désiriez juste en le lui demandant, pourquoi courriez-vous le risque ou vous donneriez-vous la peine de le prendre aux autres. Pourquoi chercheriez-vous à conserver et à thésauriser ce que vous avez ? Bien sûr, vous ne feriez jamais cela ; vous utiliseriez simplement votre lampe magique pour obtenir ce que vous désirez. Imaginez maintenant que tous vos voisins possèdent aussi leur propre lampe magique. Y aurait-il des conflits dans votre communauté ? Serait-il nécessaire d'exploiter d'autres personnes ? Serait-il nécessaire de voler d'autres personnes ? Bien sûr que non ! Chacun frotterait simplement sa lampe qui manifesterait ce qu'il désire.

Vous possédez en fait une lampe magique, mais le génie dans la bouteille n'est pas une entité extérieure. Le génie dans la bouteille est votre propre soi spirituel, votre Présence JE SUIS. C'est à travers ce soi supérieur que le Père, votre Créateur, manifeste son désir de vous donner son royaume. Votre Présence JE SUIS est le dépositaire des lois de Dieu, c'est là que Dieu a déposé ses lois dans votre être intérieur.

Lorsque vous, c'est-à-dire le Soi conscient, vous alignez vos désirs, votre imagination et vos choix de libre arbitre avec votre Présence JE SUIS – qui n'est pas une entité extérieure mais qui est le vrai vous –, l'abondance de Dieu se manifeste dans votre vie à travers cette Présence JE SUIS. Vous n'avez pas besoin de la prendre à d'autres personnes ou à Mère Nature, vous n'avez pas besoin d'utiliser la force pour prendre l'abondance de Dieu. Cela se fait sans effort et de l'intérieur.

En fait, je ne dis pas que vous n'avez pas besoin d'interagir avec d'autres personnes. C'est vraiment le désir de Dieu que les hommes et les femmes travaillent ensemble pour créer l'abondance. Lorsque les êtres humains travaillent ensemble, leurs pouvoirs créateurs se multiplient et ils peuvent ainsi accomplir plus en travaillant à l'unisson que chacun ne pourrait le faire seul.

Je ne brosse pas le tableau d'une société dans laquelle chaque personne est un individu isolé et crée sa propre abondance sans interagir avec les autres. Je donne l'image d'une société dans laquelle tous les humains sont en alignement avec les principes créateurs utilisés par Dieu. Ils peuvent ainsi mettre en commun leurs pouvoirs créateurs pour produire une abondance plus grande que ce qui n'a jamais été vu sur Terre, une plus grande abondance que la plupart des gens ne peuvent même pas imaginer dans leur état de conscience actuel.

Cette abondance est le vrai potentiel sur Terre. Il n'y a pas de limites intégrées dans la conception de base de Dieu pour cette planète. Les seules limitations sont celles qui existent dans l'esprit des cocréateurs de Dieu, à savoir les êtres conscients de soi à qui Dieu a donné la domination sur la Terre. Dieu vous a donné le droit de cocréer cette planète de la manière que vous jugez appropriée. Dieu vous a donné le droit de créer l'état actuel de limitation et de souffrance, d'exploitation, de conflit et de guerre.

Si c'est bien l'expérience que les humains veulent, alors Dieu les laisse créer cette expérience, au moins pour un certain temps. La conception de base de l'univers exige que vous ne puissiez pas maintenir indéfiniment un état limité. En créant cet état limité, vous activez la force de contraction de la Mère pour briser progressivement les limitations que vous avez créées. En réalité, c'est un mécanisme de sécurité pour que vous – un être spirituel illimité avec un potentiel infini – ne puissiez pas rester pour toujours piégé dans un état de limitation.

***

Lorsque vous créez quelque chose qui est en alignement avec les principes créateurs de Dieu, votre création est durable. Ce qui est construit en alignement avec les lois de Dieu ne contient pas en lui-même des forces contradictoires qui la détruisent. Lorsque vous créez quelque chose en dehors des lois de Dieu, vous avez des contradictions intrinsèques, vous avez des forces opposées qui mènent au conflit. Lorsqu'un certain nombre de personnes abusent de leurs pouvoirs créateurs en allant à l'encontre des lois de Dieu, vous constatez que cela provoque des conflits dans la société. Soudain, des groupes de personnes peuvent se regrouper en factions et définir leurs identités en opposition les unes aux autres. C'est le triste résultat que vous voyez quand deux communautés s'entretuent au nom du même Dieu.

Vos scientifiques ont découvert ce principe comme étant la deuxième loi de la thermodynamique, qui stipule que, dans un système fermé, l'entropie augmentera. Entropie signifie désordre, et vos scientifiques ont découvert que la nature elle-même a une force intégrée qui ramènera toute structure et toute forme organisée à son niveau d'énergie le plus bas possible. Cela signifie que toute structure est décomposée en poussière, mais en réalité des particules subatomiques pures. C'est la découverte scientifique du principe de base intégré à la lumière Mère, à savoir, comme je l'ai dit plus haut, que la lumière Mère a une force interne qui cherche à ramener toute forme à son état de base.

Vos scientifiques n'ont pas la pleine compréhension de cette loi parce qu'ils sont encore trop concentrés sur le côté matériel de la vie. Il est très vrai que la lumière Mater cherche à ramener toute forme à son état de base ; pourtant, la force de contraction de la Mère ne travaille pas seule. Lorsque la force d'expansion du Père remplit sa place légitime en tant que chef de famille dans un sens spirituel, la création ne sera pas détruite par la force de contraction de la Mère. Une forme particulière peut exister indéfiniment, ce qui n'est pas la même chose que pour toujours.

Si vous créez quelque chose qui n'est pas aligné avec les lois de Dieu, la forme que vous créez sera progressivement détruite par la force de contraction de la Mère. Si ce que vous créez est en parfaite harmonie avec les principes créateurs de Dieu, votre forme ne sera pas détruite ; elle sera durable et elle existera pour une période de temps indéfinie. Je ne dis pas qu'elle existera pour toujours parce que la force d'expansion du Père exige que toute forme se transcende et devienne plus.

Il y a une grande différence entre créer une forme déséquilibrée qui sera décomposée en poussière et créer une forme équilibrée qui sera élargie et deviendra plus. Lorsque vous créez des formes imparfaites, vous êtes engagé dans une bataille difficile, et c'est ce qui conduit au sentiment de manque, de lutte et de souffrance. Vous êtes toujours incomplet, sentant que vous n'en avez jamais assez et que toutes les forces de ce monde sont là pour vous enlever ce que vous avez. En revanche, lorsque vous êtes en harmonie avec Dieu, vous ne perdrez jamais ce que vous avez, vous l'utiliserez comme une fondation pour construire plus d'abondance.

C'est le principe illustré par Jésus dans la parabole des talents (Matthieu 25.14). Lorsque Dieu a conçu la planète Terre, il a construit les fondations. C'est aux êtres humains de construire un château sur ces fondations, c'est aux serviteurs de multiplier leurs talents. Les talents que Dieu a donnés aux êtres humains sont leurs pouvoirs créateurs, leur imagination et leur libre arbitre. Si vous enfouissez ces talents dans le sol en allant à l'encontre des principes créateurs de Dieu, alors la force de contraction finira par détruire même les fondations construites par Dieu.

Une planète peut devenir stérile de manière à ne plus soutenir la vie. Il est possible que l'humanité, que ce soit par la pollution ou la guerre nucléaire, puisse détruire toute vie sur cette planète et la transformer en une planète stérile. Lorsque les êtres humains multiplieront leurs talents, ils maintiendront les fondations construites par Dieu. Ils peuvent construire dessus et produire quelque chose qui a plus d'abondance que ce que Dieu a créé. C'est le véritable désir de Dieu.

Dieu ne veut pas que vous enterriez vos talents dans le sol ; il désire que vous utilisiez ces talents pour magnifier votre propre vie et magnifier ainsi la vie de tous les autres habitants de cette planète, magnifiant finalement votre Créateur. Après tout, votre Créateur a intégré une partie de lui-même en vous, donc lorsque vous magnifiez cette partie, vous magnifiez le Tout, vous magnifiez le Créateur. Lorsque *vous* devenez plus, *Dieu* devient plus à travers vous et c'est la force motrice de toute la création.

Il y a une distinction entre ce qui est en alignement avec les principes créateurs de Dieu et ce qui n'est pas en alignement avec ces principes. La loi de Dieu stipule que rien ne peut rester statique. Toute chose doit bouger de l'une de ces deux façons :

- Soit accélérer, c'est-à-dire qu'elle s'auto-transcende à travers la force d'expansion ;
- Soit décélérer, ce qui signifie qu'elle s'autodétruit à travers la force de contraction.

J'espère que vous voyez maintenant la nécessité de vous réaligner sur le principe de croissance perpétuelle afin que vous puissiez utiliser vos pouvoirs créateurs dans le cadre sûr des lois de Dieu. J'espère que vous pouvez voir l'avantage qu'il y a à créer quelque chose qui soit durable et qui puisse continuer à croître et à vous donner plus d'abondance, et également à donner plus d'abondance à tous les autres habitants de cette planète.

Si vous comprenez l'importance de cela et si vous êtes prêt à vous mettre en harmonie avec votre Dieu, alors le chapitre suivant vous montrera comment commencer ce processus, ce voyage de retour au cœur de votre Créateur, ce retour à l'unité avec votre Source.

6. J'invoque la liberté de créer

Au nom de JE SUIS CE QUE JE SUIS, de Jésus-Christ, j'appelle Kuan Yin, Mère Marie et toutes les représentantes de la Mère divine. Aidez-moi à m'accorder avec les principes créateurs utilisés par Dieu. Aidez-moi à transcender tout ce qui bloque ma capacité à manifester l'abondance.

Aidez-moi aussi... *(ajouter vos demandes personnelles).*

I. Je revendique mon innocence

1. Je transcende l'état d'esprit serpentin, qui dit que, parce que Dieu n'est pas présent dans l'univers matériel, nous, les êtres humains, pouvons définir nos propres lois.

Ô Kuan Yin, ton nom est sacré
Comme ta flamme de miséricorde.
Je me libère en faisant grâce,
La clé est de tout pardonner.

Kuan Yin, dans ta douce mélodie,
Je suis libre d'être ce que JE SUIS.
Avec ta grande vitalité,
Je retrouve l'immortalité.

2. Je récupère mon sens intérieur, mon innocence et j'expérimente la Présence de Dieu en moi. Ma véritable identité est ma Présence JE SUIS.

Ô Kuan Yin, j'abandonne enfin
Tous mes attachements ici-bas,
Et mes sentiments refoulés
Pour guérir émotionnellement.

Kuan Yin, dans ta douce mélodie,
Je suis libre d'être ce que JE SUIS.
Avec ta grande vitalité,
Je retrouve l'immortalité.

3. Les lois de Dieu ne sont pas affectées par les croyances des êtres humains.

Ô Kuan Yin, je ne ressens plus
Que ma vie est une lutte sans fin.
En abandonnant mes attentes,
Mon mental devient une coupe vide.

Kuan Yin, dans ta douce mélodie,
Je suis libre d'être ce que JE SUIS.
Avec ta grande vitalité,
Je retrouve l'immortalité.

4. Dieu a créé de nombreux êtres conscients de soi, et ils sont tous créés à partir de l'Être et de la substance de Dieu. Nous faisons tous partie du Corps de Dieu.

Ô Kuan Yin, je vais transcender
Tout ressentiment du passé.
Je n'attends plus rien du futur,
Je suis dans l'éternel présent.

Kuan Yin, dans ta douce mélodie,
Je suis libre d'être ce que JE SUIS.
Avec ta grande vitalité,
Je retrouve l'immortalité.

5. Tout dans le monde de forme est créé à partir d'une interaction harmonieuse et équilibrée entre la force d'expansion du Père et la force de contraction de la Mère.

Ô Kuan Yin, aide-moi à sortir
De cette mer de Samsara.
Prends-moi dans ton bateau Prajna,
Je vois que la rive est tout proche.

Kuan Yin, dans ta douce mélodie,
Je suis libre d'être ce que JE SUIS.
Avec ta grande vitalité,
Je retrouve l'immortalité.

6. Lorsque je cocrée à partir de l'état d'esprit de séparation, la force de contraction de la Mère finira par détruire ma création, ramenant la lumière Mater à son état de base.

Ô Kuan Yin, par ton alchimie
Et des miracles, tu me libères.
Le pardon me libère vraiment,
Et je ne me sens plus coupable.

Kuan Yin, dans ta douce mélodie,
Je suis libre d'être ce que JE SUIS.
Avec ta grande vitalité,
Je retrouve l'immortalité.

7. J'élargis ma compréhension du fonctionnement du monde. J'utilise mes capacités de cocréation pour magnifier l'ensemble.

Ô Kuan Yin, je vis sans souci
Sans avoir à faire ou défaire.
J'abandonne le moi séparé
Pour rester uni avec toi.

Kuan Yin, dans ta douce mélodie,
Je suis libre d'être ce que JE SUIS.
Avec ta grande vitalité,
Je retrouve l'immortalité.

8. Mon Créateur a créé cet univers avec un amour inconditionnel pour moi et un pur désir de créer un monde qui soit la meilleure plate-forme possible pour ma croissance.

Ô Kuan Yin, ta grande sainteté
Me libère de la vanité.
Plus rien n'a vraiment d'importance
Lorsque je lâche prise et te suis.

Kuan Yin, dans ta douce mélodie,
Je suis libre d'être ce que JE SUIS.
Avec ta grande vitalité,
Je retrouve l'immortalité.

9. Je transcende toute colère cachée ou reconnue envers Dieu. Aucune des imperfections sur Terre n'a été créée par Dieu. Dieu a imaginé à l'origine un univers dans lequel j'augmenterais mon abondance grâce à mes pouvoirs créateurs.

Ô Kuan Yin, comme est doux le son
Qui émane de la sainte Terre !
En abandonnant mon ego,
J'atteins un rivage plus lointain.

Kuan Yin, dans ta douce mélodie,
Je suis libre d'être ce que JE SUIS.
Avec ta grande vitalité,
Je retrouve l'immortalité.

II. Je connais les principes créateurs

1. Dieu a conçu l'univers pour servir de meilleure plate-forme possible pour le développement de mes capacités créatrices. Je me transcende et je deviens un être libre en Dieu conscient de la façon dont mes actions affectent l'ensemble dont je fais partie.

Ô Kuan Yin, ton nom est sacré
Comme ta flamme de miséricorde.
Je me libère en faisant grâce,
La clé est de tout pardonner.

Kuan Yin, dans ta douce mélodie,
Je suis libre d'être ce que JE SUIS.
Avec ta grande vitalité,
Je retrouve l'immortalité.

2. L'univers est conçu sur la base de certains principes créateurs. Le plus fondamental de ces principes est l'impulsion d'être plus.

Ô Kuan Yin, j'abandonne enfin
Tous mes attachements ici-bas,
Et mes sentiments refoulés
Pour guérir émotionnellement.

Kuan Yin, dans ta douce mélodie,
Je suis libre d'être ce que JE SUIS.
Avec ta grande vitalité,
Je retrouve l'immortalité.

3. Le principe universel de toute création est que la création ne s'arrête jamais, que je ne peux pas rester statique. Je me transcende continuellement et je deviens plus en élargissant ma conscience.

Ô Kuan Yin, je ne ressens plus
Que ma vie est une lutte sans fin.
En abandonnant mes attentes,
Mon mental devient une coupe vide.

Kuan Yin, dans ta douce mélodie,
Je suis libre d'être ce que JE SUIS.
Avec ta grande vitalité,
Je retrouve l'immortalité.

4. Je transcende la tendance de mon ego à utiliser mes capacités créatrices pour créer un sentiment particulier d'identité pour moi-même et, ensuite, rester dans ce sentiment d'identité.

Ô Kuan Yin, je vais transcender
Tout ressentiment du passé.
Je n'attends plus rien du futur,
Je suis dans l'éternel présent.

Kuan Yin, dans ta douce mélodie,
Je suis libre d'être ce que JE SUIS.
Avec ta grande vitalité,
Je retrouve l'immortalité.

5. Si j'essaie de m'accrocher à un sentiment limité d'identité, la force de contraction de la Mère agira comme le mécanisme de sécurité qui décompose ma création afin de me libérer.

Ô Kuan Yin, aide-moi à sortir
De cette mer de Samsara.

Prends-moi dans ton bateau Prajna,
Je vois que la rive est tout proche.

Kuan Yin, dans ta douce mélodie,
Je suis libre d'être ce que JE SUIS.
Avec ta grande vitalité,
Je retrouve l'immortalité.

6. Je transcende la conscience de mort. J'embrasse la conscience de vie et je transcende constamment mon sens actuel du soi.

Ô Kuan Yin, par ton alchimie
Et des miracles, tu me libères.
Le pardon me libère vraiment,
Et je ne me sens plus coupable.

Kuan Yin, dans ta douce mélodie,
Je suis libre d'être ce que JE SUIS.
Avec ta grande vitalité,
Je retrouve l'immortalité.

7. L'univers fonctionne selon certains principes. J'utilise mes pouvoirs créateurs en tenant compte des paramètres que Dieu a utilisés pour concevoir l'univers, et je cocrée plus d'abondance pour moi-même.

Ô Kuan Yin, je vis sans souci
Sans avoir à faire ou défaire.
J'abandonne le moi séparé
Pour rester uni avec toi.

Kuan Yin, dans ta douce mélodie,
Je suis libre d'être ce que JE SUIS.
Avec ta grande vitalité,
Je retrouve l'immortalité.

8. La souffrance sur Terre n'est pas la vengeance d'un Dieu en colère dans le ciel. C'est la conséquence naturelle du fait que la plupart des êtres humains sur cette Terre ont mal utilisé leurs pouvoirs créateurs.

Ô Kuan Yin, ta grande sainteté
Me libère de la vanité.
Plus rien n'a vraiment d'importance
Lorsque je lâche prise et te suis.

Kuan Yin, dans ta douce mélodie,
Je suis libre d'être ce que JE SUIS.
Avec ta grande vitalité,
Je retrouve l'immortalité.

9. Je transcende l'approche passive de l'abondance et de l'illusion que je suis victime de forces indépendantes de ma volonté. J'utilise mes capacités cocréatrices pour manifester l'abondance dans ma vie.

Ô Kuan Yin, comme est doux le son
Qui émane de la sainte Terre !
En abandonnant mon ego,
J'atteins un rivage plus lointain.

Kuan Yin, dans ta douce mélodie,
Je suis libre d'être ce que JE SUIS.
Avec ta grande vitalité,
Je retrouve l'immortalité.

III. Je prends le contrôle de mes pouvoirs créateurs

1. La clé de mes pouvoirs créateurs se trouve dans mon imagination et mon libre arbitre. Je réaligne ma compréhension et mes choix avec les principes de base que Dieu a utilisés pour créer cet univers.

Ô Kuan Yin, ton nom est sacré
Comme ta flamme de miséricorde.
Je me libère en faisant grâce,
La clé est de tout pardonner.

Kuan Yin, dans ta douce mélodie,
Je suis libre d'être ce que JE SUIS.
Avec ta grande vitalité,
Je retrouve l'immortalité.

2. Tous les êtres créés par Dieu ont été créés à partir de la Présence de mon Créateur. Nous sommes tous des extensions de Dieu, des individualisations de Dieu, des fils et des filles de Dieu.

Ô Kuan Yin, j'abandonne enfin
Tous mes attachements ici-bas,
Et mes sentiments refoulés
Pour guérir émotionnellement.

**Kuan Yin, dans ta douce mélodie,
Je suis libre d'être ce que JE SUIS.
Avec ta grande vitalité,
Je retrouve l'immortalité.**

3. Dieu a codé les principes créateurs dans le cœur même de mon être, dans ma Présence JE SUIS.

Ô Kuan Yin, je ne ressens plus
Que ma vie est une lutte sans fin.
En abandonnant mes attentes,
Mon mental devient une coupe vide.

**Kuan Yin, dans ta douce mélodie,
Je suis libre d'être ce que JE SUIS.
Avec ta grande vitalité,
Je retrouve l'immortalité.**

4. Je sais instinctivement et intuitivement comment exprimer mon imagination et mon libre arbitre d'une manière conforme aux principes créateurs de Dieu.

Ô Kuan Yin, je vais transcender
Tout ressentiment du passé.
Je n'attends plus rien du futur,
Je suis dans l'éternel présent.

**Kuan Yin, dans ta douce mélodie,
Je suis libre d'être ce que JE SUIS.
Avec ta grande vitalité,
Je retrouve l'immortalité.**

5. Je transcende tous les conflits entre moi et les autres cocréateurs.

Ô Kuan Yin, aide-moi à sortir
De cette mer de Samsara.
Prends-moi dans ton bateau Prajna,
Je vois que la rive est tout proche.

**Kuan Yin, dans ta douce mélodie,
Je suis libre d'être ce que JE SUIS.
Avec ta grande vitalité,
Je retrouve l'immortalité.**

6. Je suis dans un état d'innocence, dans un état de grâce, dans un état de paradis en utilisant mes pouvoirs créateurs dans le cadre des principes créateurs définis par mon Créateur.

Ô Kuan Yin, par ton alchimie
Et des miracles, tu me libères.
Le pardon me libère vraiment,
Et je ne me sens plus coupable.

**Kuan Yin, dans ta douce mélodie,
Je suis libre d'être ce que JE SUIS.
Avec ta grande vitalité,
Je retrouve l'immortalité.**

7. Je transcende le sentiment que la quantité de richesses est limitée, et qu'en conséquence j'ai besoin de prendre aux autres. Pourquoi prendre aux autres alors que je peux recevoir plus directement et librement de Dieu ?

Ô Kuan Yin, je vis sans souci
Sans avoir à faire ou défaire.
J'abandonne le moi séparé
Pour rester uni avec toi.

**Kuan Yin, dans ta douce mélodie,
Je suis libre d'être ce que JE SUIS.
Avec ta grande vitalité,
Je retrouve l'immortalité.**

8. Je reconnais que j'ai une lampe magique. Le génie dans la bouteille n'est pas une entité extérieure et il est ma Présence JE SUIS. C'est à travers ma Présence que mon Créateur manifestera son désir de me donner son royaume.

Ô Kuan Yin, ta grande sainteté
Me libère de la vanité.
Plus rien n'a vraiment d'importance
Lorsque je lâche prise et te suis.

Kuan Yin, dans ta douce mélodie,
Je suis libre d'être ce que JE SUIS.
Avec ta grande vitalité,
Je retrouve l'immortalité.

9. Ma Présence JE SUIS est le dépositaire des lois de Dieu. J'aligne mes désirs, mon imagination et mon libre arbitre avec ma Présence JE SUIS. L'abondance de Dieu se manifeste dans ma vie sans effort de ma part à travers cette Présence JE SUIS.

Ô Kuan Yin, comme est doux le son
Qui émane de la sainte Terre !
En abandonnant mon ego,
J'atteins un rivage plus lointain.

Kuan Yin, dans ta douce mélodie,
Je suis libre d'être ce que JE SUIS.
Avec ta grande vitalité,
Je retrouve l'immortalité.

IV. Je multiplie mes talents

1. Je travaille avec d'autres personnes pour créer l'abondance. En multipliant nos pouvoirs créateurs et en travaillant à l'unisson, nous accomplissons plus que ce que chaque personne ne pourrait accomplir seule.

Ô Kuan Yin, ton nom est sacré
Comme ta flamme de miséricorde.
Je me libère en faisant grâce,
La clé est de tout pardonner.

Kuan Yin, dans ta douce mélodie,
Je suis libre d'être ce que JE SUIS.
Avec ta grande vitalité,
Je retrouve l'immortalité.

2. Nous mettons en commun nos pouvoirs créateurs pour produire une plus grande abondance jamais vue sur Terre, une abondance plus grande que ce que la plupart des êtres humains peuvent imaginer dans leur état de conscience actuel.

Ô Kuan Yin, j'abandonne enfin
Tous mes attachements ici-bas,
Et mes sentiments refoulés
Pour guérir émotionnellement.

Kuan Yin, dans ta douce mélodie,
Je suis libre d'être ce que JE SUIS.
Avec ta grande vitalité,
Je retrouve l'immortalité.

3. Il n'y a pas de limites intégrées dans la conception de base de Dieu pour cette planète. Les seules limites sont celles qui existent dans le mental des cocréateurs de Dieu, les êtres conscients de soi à qui Dieu a donné la domination sur la Terre.

Ô Kuan Yin, je ne ressens plus
Que ma vie est une lutte sans fin.
En abandonnant mes attentes,
Mon mental devient une coupe vide.

Kuan Yin, dans ta douce mélodie,
Je suis libre d'être ce que JE SUIS.
Avec ta grande vitalité,
Je retrouve l'immortalité.

4. Je m'aligne sur les principes créateurs de Dieu, et donc ma création est durable. Je transcende mon entropie interne et je suis libéré de la deuxième loi de la thermodynamique.

Ô Kuan Yin, je vais transcender
Tout ressentiment du passé.

Je n'attends plus rien du futur,
Je suis dans l'éternel présent.

Kuan Yin, dans ta douce mélodie,
Je suis libre d'être ce que JE SUIS.
Avec ta grande vitalité,
Je retrouve l'immortalité.

5. La lumière Mater cherche à ramener toute forme à son état de base, mais, lorsque la force d'expansion du Père remplit son rôle légitime, ma création est durable.

Ô Kuan Yin, aide-moi à sortir
De cette mer de Samsara.
Prends-moi dans ton bateau Prajna,
Je vois que la rive est tout proche.

Kuan Yin, dans ta douce mélodie,
Je suis libre d'être ce que JE SUIS.
Avec ta grande vitalité,
Je retrouve l'immortalité.

6. Lorsque je crée des formes imparfaites, je m'engage dans une bataille difficile. C'est ce qui conduit au sentiment de manque, de lutte et de souffrance. Je suis en harmonie avec Dieu, et j'utilise ce que j'ai comme des fondations pour construire plus d'abondance.

Ô Kuan Yin, par ton alchimie
Et des miracles, tu me libères.
Le pardon me libère vraiment,
Et je ne me sens plus coupable.

Kuan Yin, dans ta douce mélodie,
Je suis libre d'être ce que JE SUIS.
Avec ta grande vitalité,
Je retrouve l'immortalité.

7. Je transcende l'état d'esprit basé sur l'ego qui me pousse à enfouir mes talents dans le sol. Je magnifie ma propre vie et la vie de toutes les autres personnes sur cette planète, magnifiant finalement mon Créateur.

Ô Kuan Yin, je vis sans souci
Sans avoir à faire ou défaire.
J'abandonne le moi séparé
Pour rester uni avec toi.

Kuan Yin, dans ta douce mélodie,
Je suis libre d'être ce que JE SUIS.
Avec ta grande vitalité,
Je retrouve l'immortalité.

8. Quand je deviens plus, Dieu devient plus à travers moi, et c'est la force de vie derrière toute la création. Tout doit soit s'auto-transcender par la force d'expansion, soit s'autodétruire par la force de contraction.

Ô Kuan Yin, ta grande sainteté
Me libère de la vanité.
Plus rien n'a vraiment d'importance
Lorsque je lâche prise et te suis.

Kuan Yin, dans ta douce mélodie,
Je suis libre d'être ce que JE SUIS.
Avec ta grande vitalité,
Je retrouve l'immortalité.

9. Je me réaligne sur le principe de croissance perpétuelle. J'utilise mes pouvoirs créateurs dans le cadre des lois de Dieu. Ce que je cocrée est durable et donne plus d'abondance à toute vie sur cette planète.

Ô Kuan Yin, comme est doux le son
Qui émane de la sainte Terre !
En abandonnant mon ego,
J'atteins un rivage plus lointain.

Kuan Yin, dans ta douce mélodie,
Je suis libre d'être ce que JE SUIS.
Avec ta grande vitalité,
Je retrouve l'immortalité.

Sceau final :

Au nom de la Mère divine, je demande à Kuan Yin et à Mère Marie de me sceller, ainsi que toutes les personnes de mon cercle d'influence, dans le flux créateur de la Mère divine, le Fleuve de Vie. Je demande la multiplication de mes appels par toutes les représentantes de la Mère divine afin que nous formions le flux parfait en huit de « comme en haut, ainsi en bas ». J'accepte donc que cela soit pleinement manifesté parce que la bouche du Seigneur, la Mère divine que JE SUIS, l'a prononcé. Amen.

7. Créer l'harmonie au lieu de créer le manque

Dieu a conçu un univers capable de produire une quantité infinie d'abondance, même sur cette petite planète que vous appelez la Terre. Lorsque Dieu a créé la Terre, Il a simplement créé les fondations. Ensuite, il vous a envoyé, ainsi que de nombreux autres cocréateurs, dans ce monde avec l'ordre de multiplier vos capacités créatrices. Vous êtes ici pour dominer la Terre afin de pouvoir construire sur les fondations de Dieu et apporter autant d'abondance dans ce monde que vous pouvez en imaginer et en accepter.

Lorsque les êtres humains utilisent leurs capacités créatrices en alignement avec les principes de base que Dieu a utilisés pour concevoir l'univers, ils créent une abondance durable. Ils le font d'une manière qui ne prend pas l'abondance à d'autres parties de la vie, mais qui amplifie la quantité totale d'abondance sur Terre. L'ensemble du Corps de Dieu sur Terre est magnifié dans ce processus. Quand les êtres humains utilisent leurs capacités créatrices correctement, il n'y a pas de conflit entre l'individu et l'ensemble parce que l'univers de Dieu a été conçu pour fournir suffisamment d'abondance à tous.

La question centrale à laquelle nous sommes maintenant confrontés est de savoir comment vous, un être humain sur la planète Terre, pouvez apprendre à utiliser vos capacités créatrices en harmonie avec les principes créateurs que Dieu a utilisés pour concevoir la totalité de cet univers. La difficulté à laquelle nous sommes confrontés est que la planète Terre n'exprime pas actuellement le concept original. Au lieu de construire sur les fondations posées par Dieu, l'humanité a enfoui ses talents dans le sol au cours de nombreux millénaires, et la force de contraction de la Mère a commencé à briser même les fondations posées par Dieu. Je sais que cela peut être difficile à accepter pour les personnes qui ont grandi dans une société moderne.

Certaines personnes ont été amenées par une interprétation littérale de la Bible à croire que la Terre n'a que quelques milliers d'années, que tout a été créé par Dieu, que Dieu ne peut créer que la perfection, et donc tout *doit* être parfait. D'autres personnes ont été élevées avec la théorie scientifique de l'évolution, qui stipule que l'évolution ne peut aller que dans un seul sens, des formes de vie simples aux formes de plus en plus complexes.

En raison de la loi du libre arbitre, il est tout à fait possible qu'une civilisation humaine puisse atteindre un point culminant puis se détériorer progressivement vers un état inférieur. De nombreux aspects de la vie sur Terre ont été affectés par l'état de conscience de l'humanité. Cela est vrai non seulement pour la société humaine, mais pour Mère Nature elle-même. Croyez-vous vraiment qu'un Dieu aimant, qui a une imagination et un libre arbitre illimités, choisirait de créer des virus, des bactéries, des parasites, des insectes venimeux ou des produits chimiques toxiques qui détruisent votre corps ? Croyez-vous vraiment que Dieu a créé les nombreuses maladies présentes sur Terre ? Si Dieu ne les a pas créés, qui les a créés ? La réponse est : l'humanité ! L'humanité a collectivement créé toutes les conditions imparfaites actuellement observées sur Terre, même les déséquilibres de la nature.

Tout a été créé à partir de l'énergie de Dieu, de la lumière Mère. La lumière Mère ne prend forme qu'en étant sollicitée par un esprit, un être conscient de soi qui possède les capacités créatrices de Dieu, à savoir l'imagination et le libre arbitre. Lorsque vous acceptez ce fait, vous vous rendez compte que tout sur Terre est le produit d'esprits conscients. Le concept originel de la Terre a été créé par un groupe de représentants de Dieu, appelés les Elohim. Ces êtres ont créé une belle planète, et la beauté qui s'exprime dans la nature n'est qu'un faible reflet de la beauté originelle créée par les Elohim.

La planète qu'ils ont créée avait un équilibre naturel parfait, et donc il n'y avait pas de maladie, il n'y avait pas de tremblements de terre ni de violentes tempêtes. Depuis cette création originelle, les générations successives d'humains, les civilisations successives ont influencé cette planète et l'ont amenée à un état inférieur au concept originel. Les humains ont mal utilisé leur pouvoir de l'esprit pour imposer à la lumière Mater des images imparfaites qui ne sont pas alignées avec les principes créateurs utilisés par Dieu.

Les êtres humains sont descendus, ou sont tombés, dans un état de conscience dans lequel ils n'ont plus aucune connaissance ni conscience intuitive des lois de Dieu, les lois que Dieu a mises dans leur être intérieur. C'est ce qui est illustré dans le récit biblique de la chute par laquelle Adam et Ève furent chassés du Jardin d'Éden. Le fruit de la connaissance du bien et du mal était le fruit de la connaissance du bien et du mal *relatifs*. Lorsque vous perdez le contact avec la réalité de Dieu, avec les lois de Dieu, vous devenez une loi en soi dans le sens où vous n'avez plus de guide pour ce qui est absolument vrai et ce qui n'est pas vrai.

***

Tout ce qui est en harmonie avec les lois de Dieu est durable et bénéfique pour l'ensemble, et on peut appeler cela bon ou bien. Tout ce qui est fait en dehors de ces lois est autodestructeur et préjudiciable pour l'ensemble, et par conséquent on peut appeler cela mauvais ou mal. Lorsque les êtres humains perdent cette ligne directrice absolue, ils définissent leurs propres concepts du bien et du mal.

Ces concepts ne sont pas basés sur la ligne directrice absolue de la loi de Dieu. Ils sont basés sur ce que les êtres humains veulent croire et sur ce que certains individus veulent considérer comme bon afin de pouvoir réaliser leurs propres désirs égocentriques sans aucune considération pour l'ensemble. Parce que des individus ont défini le bien et le mal en fonction de leurs fins, ils se sentent parfaitement justifiés de satisfaire leurs désirs égoïstes.

Lorsqu'il n'y a pas de guide absolu, les êtres humains définissent le bien et le mal selon leurs objectifs, leurs objectifs égoïstes. Diverses civilisations ont eu des définitions différentes du bien et du mal. Dans la plupart des cas, ce qui n'était pas conforme aux lois créées par la minorité dirigeante était automatiquement qualifié de mal. Seul ce qui était conforme aux préceptes de l'élite dirigeante était qualifié de bon ou d'acceptable.

Dans de nombreux cas, la minorité dirigeante était complètement désalignée avec la réalité de Dieu et les principes créateurs de Dieu. Ce qu'ils appelaient bon n'était pas bon dans un sens absolu. Ce n'était que *relativement* bon parce que cela n'était bon que selon leur définition égocentrique, une définition qui non seulement ignorait les principes créateurs de Dieu mais ignorait également la réalité que seul ce qui est bon pour l'ensemble est vraiment bon pour l'individu.

Il est important pour vous de méditer – dans votre cœur – l'origine de ce concept. L'histoire du Jardin d'Éden illustre qu'il est arrivé un moment où Adam et Ève ont réalisé qu'ils avaient fait quelque chose qui était contraire aux lois de Dieu. Au lieu de revenir vers Dieu, de confesser leurs actions et de demander pardon, ils ont décidé de se cacher de Dieu (Genèse 2.8). Dieu vous a donné le libre arbitre, vous avez donc le droit de vous cacher de Dieu si vous le désirez. Parce que Dieu respecte sa propre loi, et respecte donc vos choix liés au libre arbitre, Il ne vous forcera pas à surmonter ce sentiment de séparation.

Si vous tournez le dos à Dieu, Il vous permet de le faire et ne vous force en aucune façon. Une fois que vous avez tourné le dos à Dieu, vous pouvez continuer à vous éloigner de plus en plus de Lui dans votre conscience. Dieu ne vous forcera pas, Dieu ne vous confrontera pas, Dieu vous laissera marcher aussi loin que vous le désirez. C'est pourquoi l'humanité a pu descendre dans un état de conscience aussi incroyablement bas que celui que vous voyez chez l'homme des cavernes, qui était à peine au-dessus du niveau animal.

L'homme des cavernes n'était pas le début de l'humanité. Il y a eu de nombreuses civilisations précédentes qui avaient atteint un haut niveau de sophistication. Certaines de ces civilisations étaient beaucoup plus avancées technologiquement et culturellement que même la civilisation occidentale actuelle. Par le mauvais usage de leurs pouvoirs créateurs, les humains sont progressivement descendus dans des états de conscience et dans des conditions d'existence extérieure de plus en plus bas.

Si vous avez déjà étudié certains mythes, ou ce que les scientifiques appellent des mythes, sur les civilisations passées, vous savez de quoi je parle. Bien que les récits relatifs à ces mythes soient devenus obscurs au fil du temps, il est vrai que des civilisations ont existé avant l'homme des cavernes et que ce dernier ne représente pas le début de l'humanité mais seulement un niveau très bas auquel l'humanité est descendue.

Si vous désirez personnellement changer votre vie afin d'avoir la vie abondante que Dieu vous offre librement, vous ne pouvez pas adopter une approche passive et vous attendre à ce que Dieu fasse tout pour vous. Vous ne pouvez même pas opter pour la solution de prier Dieu pour vous donner la vie abondante. Dieu a mis en place un univers dans lequel vous avez les pouvoirs créateurs pour manifester la vie abondante en utilisant ces pouvoirs.

Dieu ne créera pas la vie abondante pour vous ; Dieu veut que vous cocréiez la vie abondante pour vous-même. Dieu veut que vous sachiez que vous l'avez fait grâce à vos propres pouvoirs intérieurs – le pouvoir de Dieu en vous – et que vous l'avez fait en vous alignant sur les principes créateurs divins. La raison pour laquelle vous n'avez actuellement pas la vie abondante est que vous êtes descendu dans un état de conscience – nous pourrions l'appeler un état d'ignorance – où vous avez perdu le contact avec les principes créateurs utilisés par Dieu. La seule façon d'échapper à votre sentiment actuel de manque et d'atteindre la vie abondante est de changer votre état de conscience.

***

Mon cœur bien-aimé, j'aimerais que vous preniez un moment pour examiner les nombreux programmes pour « devenir riche rapidement » que l'on trouve dans la société occidentale d'aujourd'hui. De nombreux gourous vous promettent que si vous lisez leur livre ou suivez leur système simple, vous allez générer la richesse ultime et gagner tellement d'argent que cela défie le bon sens. Je suis sûre que, si vous avez désiré plus d'abondance dans votre vie, vous avez essayé certains de ces programmes ou les avez envisagés. Si vous les avez essayés, vous avez peut-être constaté qu'ils ne fonctionnent tout simplement pas.

Je vous ai maintenant expliqué pourquoi aucun programme pour « devenir riche rapidement » ne peut jamais fonctionner à long terme. La simple réalité est que votre état actuel de manque et de souffrance est une représentation – dans la matière physique – de ce qui se passe dans votre conscience. Si vous voulez changer votre réalité *extérieure* – la réalité qui est formée par la lumière Mater – vous devez d'abord changer votre réalité *intérieure*, la réalité de votre conscience, les images mentales que vous projetez sur la lumière Mater. Ce n'est que lorsque vous passerez par le processus de changement fondamental et profond de votre état de conscience que vous verrez une amélioration réelle, véritable et durable de votre situation extérieure.

C'est un principe profond que vous devez comprendre si vous voulez manifester la vraie vie abondante que Dieu vous offre. La raison pour laquelle vous n'avez pas la vie abondante physique-ment est que vous êtes descendu dans un état de conscience inférieur dans lequel vous n'utilisez pas les principes créateurs de Dieu ou vous n'êtes pas capable de les utiliser. Ce que les pro-grammes pour « devenir riche rapidement » vous promettent, c'est une sorte de raccourci pour vous donner les richesses physiques que vous désirez sans avoir à vraiment changer votre conscience. Certains d'entre eux parlent de changer votre conscience, mais c'est à un niveau très superficiel. Ils prétendent qu'en suivant quelques étapes simples ou qu'en récitant quelques affirmations simples, la richesse commencera instantanément à couler vers vous.

Si vous n'êtes pas déjà fatigué de suivre de telles promesses vides, je ne suis pas celle qui vous empêchera de vivre cette expérience si vous en sentez le besoin. Je suis la Mère aimante, la représentante de Dieu la Mère. Je désire pour vous la véritable abondance qui ne peut pas être achetée avec de l'argent et qui ne peut pas être obtenue par des raccourcis. J'aime aussi Dieu le Père et sa loi du libre arbitre. La loi du libre arbitre stipule essentielle-ment que, si vous vous séparez de Dieu, Il ne peut pas vous guider et, par conséquent, les conséquences de vos actions deviennent votre enseignant. Vous apprenez à travers vos propres expériences.

La loi du libre arbitre stipule que, si vous ressentez le besoin d'un certain type d'expérience, Dieu vous permet de créer cette expérience pour vous-même. Si vous avez encore besoin de faire l'expérience de la pauvreté, des limitations, du manque, de la douleur et de la souffrance, qui suis-je pour outrepasser la loi de Dieu et chercher à vous forcer à accepter l'abondance de Dieu ?

Si vous désirez l'abondance, mais que vous n'êtes pas prêt à vraiment faire ce qu'il faut pour manifester la véritable abondance de Dieu, qui suis-je pour vous empêcher de courir après les faux gourous qui vous offrent des raccourcis ? Si vous avez besoin de faire l'expérience de suivre un faux gourou – jusqu'à ce que vous soyez complètement déçu pour décider finalement de renoncer au rêve d'un raccourci et de dire : « Il doit y avoir un meilleur moyen » –, qui suis-je pour vous empêcher de vivre cette expérience ?

Si vous en êtes arrivé au point où vous avez décidé que vous ne voulez plus ces rêves vides ni ces raccourcis et que vous ne voulez plus continuer à ressentir de la douleur, du manque et de la souffrance, alors j'ai quelque chose à vous offrir. Ce que je vous propose est un véritable chemin par lequel vous pouvez changer la totalité de votre conscience. Vous pouvez aligner votre conscience sur les principes créateurs utilisés par Dieu.

Ce faisant, vous mettrez votre courant de vie individuel en harmonie avec l'ensemble du Corps de Dieu au ciel et sur Terre. L'univers de matière tout entier, la lumière Mater elle-même se réjouiront de combler vos véritables désirs. Vous verrez alors que l'abondance se produira non pas par une sorte de magie ni par une sorte de force extérieure à vous-même, mais à travers le bon usage, équilibré et harmonieux, des pouvoirs créateurs que Dieu vous a conférés lorsqu'Il vous a créé.

***

Le chemin que je vous propose est le vrai chemin vers l'abondance réelle, pas une sorte de raccourci, pas le chemin qui semble droit à l'homme, mais dont l'issue est la voie de la mort (Proverbes 14.12). La clé pour suivre le vrai chemin est de réaliser que ce n'est pas le but du chemin d'apporter quelques richesses temporaires ici, sur Terre.

Le but du chemin est un changement permanent, un changement permanent de conscience, par lequel vous réalignez votre conscience avec le concept originel qui était dans l'esprit de Dieu lorsque votre courant de vie a été créé. C'est le dessein d'un vrai fils ou d'une vraie fille de Dieu, conçus à l'image et selon la ressemblance de Dieu et utilisant ses pouvoirs créateurs en parfaite harmonie avec le Tout. Vous magnifiez non seulement votre propre courant de vie, mais également toute vie sur Terre et, en fait, la vie dans tout l'univers.

C'est l'état de conscience dont parlait Jésus quand il a dit qu'à moins que vous ne preniez la chair et le sang du Fils unique du Père vous n'avez pas de vie en vous (Jean 6.53). Le sens profond de cette parole est que, lorsque vous utilisez vos pouvoirs créateurs en harmonie avec les lois de Dieu, vous êtes en parfait alignement avec le but de la vie et avec les principes directeurs de la vie. Vous êtes immergé dans le Fleuve de Vie, vous faites partie du Fleuve de Vie qui coule toujours, qui ne cesse de croître et qui englobe tout ce que le Créateur a créé. Vous avancez constamment avec ce Fleuve de Vie, vous vous transcendez constamment, multipliant vos talents et devenant plus, apportant ainsi plus d'abondance dans votre vie. C'est la vraie définition de la vie.

La définition spirituelle de la vie n'est pas de savoir si votre corps physique respire ou ne respire pas. C'est une définition mortelle et humaine de la vie. La véritable définition spirituelle de la vie est que vous vous transcendez et devenez plus. En devenant plus, vous faites l'expérience de la vie abondante, vous faites partie du flux d'abondance toujours en mouvement de Dieu, le Fleuve de Vie. Ce n'est que lorsque vous êtes dans ce fleuve que vous avez une vraie vie spirituelle. Lorsque vous sortez de ce fleuve – parce que vous vous séparez de votre propre être supérieur, de votre source, oubliant les lois de votre Créateur –, vous descendez dans un état de conscience qui, d'un point de vue spirituel, est la conscience de mort. Vous êtes mort dans un sens spirituel, et c'est le sens profond de la parole de Jésus.

Comment pouvez-vous, une fois que vous êtes descendu dans un état de conscience inférieur, remonter et vous réaligner avec les principes créateurs de Dieu ? Qu'est-ce qui vous permet de réclamer votre véritable héritage, votre véritable identité en tant que fils ou fille de Dieu, et de vous reconnecter à la partie supérieure de votre être, la Présence JE SUIS, cette partie intérieure de votre courant de vie (dans laquelle Dieu a mis ses lois) ? L'intermédiaire qui vous permet de remonter de la mort à la vie éternelle est le Fils unique engendré du Père. C'est triste de devoir reconnaître le fait que la plupart des Églises chrétiennes ont mal compris la véritable signification spirituelle de bon nombre des paroles les plus profondes de Jésus.

Parce qu'elles sont piégées dans la conscience de dualité et le sentiment de séparation et parce qu'elles ne sont pas disposées à surmonter cet état de conscience, elles ont pensé que Jésus parlait de lui-même, de sa personne extérieure. Elles ont estimé que *la personne de Jésus-Christ* est le chemin, la vérité et la vie, et donc la seule clé du salut (Jean 14.6). Mais Jésus ne parlait pas d'un être particulier, il parlait du vrai Fils engendré du Père, qui n'est pas un individu particulier mais un état de conscience universel, à savoir la conscience universelle du Christ. C'est l'état de conscience que l'Évangile de Jean appelle la Parole. *« Au commencement était la Parole, et la Parole était Dieu... et rien de ce qui a été fait n'a été fait sans elle. »* (Jean 1.1-3)

***

Mon cœur bien-aimé, nous avons maintenant atteint le stade où je peux vous expliquer la véritable signification intérieure de la conscience du Christ, le Fils unique, la Parole. En tant que premier acte de création, votre Créateur a créé la Lumière. La lumière est une substance qui n'a pas de forme, mais elle a le potentiel de prendre *n'importe quelle* forme. Elle prendra forme non pas par ses propres pouvoirs internes, mais seulement lorsqu'elle sera sollicitée par une force extérieure, un être conscient de soi doté de pouvoirs créateurs.

Au début, Dieu le Créateur était la seule force agissant sur la lumière Mater. Naturellement, tout ce que le Créateur a créé était en parfaite harmonie avec les principes de base que le Créateur avait conçus pour assurer la pérennité de sa création. Il n'y avait pas lieu de s'inquiéter de la possibilité que le Créateur puisse créer quelque chose qui violerait ses propres principes et ses propres lois. Lorsque le Créateur a mis au point le concept de base de l'univers, Il a décidé de créer un certain nombre d'êtres conscients de soi qui étaient des extensions de Lui-même mais qui n'avaient pas encore pleinement les pouvoirs créateurs d'un dieu. L'idée derrière cela est qu'en créant des extensions de Lui-même, le Créateur devient plus. Lorsque vous vous transcendez et développez votre conscience et vos pouvoirs créateurs, vous magnifiez l'ensemble de la création de Dieu.

Le concept originel était que ces êtres conscients de soi commenceraient avec des pouvoirs créateurs limités. Au fur et à mesure qu'ils multipliaient leurs talents en cocréant en harmonie avec les lois de Dieu, Il les récompenserait. Comme Jésus l'a dit : *« C'est bien, bon et fidèle serviteur ; tu as été fidèle en peu de choses, je te confierai beaucoup »* (Matthieu 25.21). La signification intérieure est que, si vous montrez votre volonté de multiplier vos talents en cocréant en harmonie avec les lois de Dieu, il vous donnera de plus grands pouvoirs créateurs. Vous pouvez vous élever en conscience et en pouvoir créateur jusqu'à ce que vous arriviez à la pleine réalisation dont Jésus a parlé lorsqu'il a dit : *« Vous êtes des dieux »* (Jean 10.34).

Vous avez été créé avec des pouvoirs créateurs limités et une conscience limitée de l'ensemble de la création de Dieu parce que vous étiez censé voyager dans le monde de forme et utiliser vos pouvoirs créateurs juste sur une petite planète comme la Terre. Vous élèverez progressivement votre capacité créatrice et votre conscience jusqu'à ce que vous puissiez ascensionner définitivement de l'univers matériel pour devenir un être immortel dans le royaume spirituel. À partir de là, vous pouvez vous développer encore plus et, vraiment, cette croissance peut se poursuivre indéfiniment.

Lorsque Dieu a créé des êtres conscients de soi, dotés d'imagination et de libre arbitre, il est devenu possible que ces êtres puissent, soit par oubli, soit même par désobéissance délibérée, aller à l'encontre des principes créateurs de Dieu. Après tout, s'ils ne pouvaient pas aller à l'encontre des lois de Dieu, ils n'auraient pas vraiment eu le libre arbitre. Il est maintenant devenu possible qu'un être puisse créer quelque chose qui ne soit pas aligné avec les lois de Dieu et qui conduise donc non seulement à la destruction de ce courant de vie particulier, mais potentiellement à la destruction d'autres personnes, selon les pouvoirs créateurs de ce courant de vie. Afin d'éviter cela, Dieu a construit un autre mécanisme de sécurité dans la conception même de l'univers. Ce mécanisme de sécurité est ce que la Bible appelle la Parole ou le Fils unique du Père, mais que je préfère appeler *la conscience universelle du Christ*.

Ce mécanisme de sécurité fonctionne de la manière suivante. Votre courant de vie est conçu pour être un cocréateur avec Dieu. Vous n'avez pas tous les pouvoirs créateurs de votre Créateur, vous avez des pouvoirs créateurs limités. Ils sont essentiellement les mêmes en qualité – mais pas en quantité – que les pouvoirs créateurs de votre Créateur. Il y a une différence dans le sens où votre Créateur est le Tout et crée donc à partir de Lui-même. Vous, en revanche, êtes un individu, et donc vous n'êtes pas le Tout, du moins pas encore. Vous créez depuis l'intérieur de la création déjà créée par Dieu. Le mécanisme de sécurité conçu par Dieu exige qu'un cocréateur puisse créer quelque chose qui n'est durable que par l'intermédiaire de la conscience du Christ.

La conscience du Christ est une conscience des lois de Dieu qui ne peut jamais être compromise. La conscience du Christ est toujours une avec le Père et avec les lois du Père. Lorsque Jésus a atteint la conscience du Christ, il s'est exclamé : « *Moi et mon Père sommes un* » (Jean 10.30). Lorsque vous, en tant que courant de vie individuel, avez cette conscience du Tout et des lois de Dieu, vous réalisez que l'individu que vous êtes n'est pas le véritable acteur, ni le véritable créateur. C'est pourquoi Jésus a dit : « *Je ne puis rien faire de moi-même* » (Jean 5.30), et « *Et le Père qui demeure en moi, c'est lui qui fait les œuvres* » (Jean 14.10).

Jésus savait que ce n'était pas sa personne extérieure, la personne physique, ce n'était même pas l'esprit extérieur, la personnalité que les êtres humains considéraient comme Jésus-Christ, qui était le véritable acteur ou le véritable créateur. C'était la partie supérieure de son être, l'individualisation de Dieu, focalisé en tant que Présence JE SUIS, qui créait vraiment. Cette Présence crée uniquement en utilisant l'énergie et les lois de Dieu pour apporter la forme.

La conscience du Christ sait toujours qu'elle n'est pas une loi en soi, qu'elle est cocréatrice *avec* Dieu et qu'elle fait partie d'un plus grand Tout. Dieu a conçu un ensemble de principes qui guident la croissance de tout dans cet univers, et la conscience du Christ sait que, lorsque vous créez en harmonie avec ces principes, votre création est durable et magnifiera l'ensemble. Lorsque vous perdez conscience de ces principes, la force de contraction de la Mère entraînera l'autodestruction de votre création qui pourra potentiellement détruire d'autres parties de l'ensemble.

Si vous restez dans la conscience du Christ, vous ne pourrez jamais tomber dans l'état de conscience inférieur dans lequel vous vous séparez de votre Dieu et de ses lois, dans lequel vous oubliez les lois que Dieu a mises en vous, devenant ainsi une loi en soi. Avec la conscience du Christ, vous ne pouvez jamais croire en la connaissance du bien et du mal relatifs et ainsi définir vos propres principes et penser que vous pouvez vous en sortir en accomplissant vos désirs égoïstes sans tenir compte de la façon dont cela affecte l'ensemble. Ce mécanisme de sécurité vous évite d'oublier définitivement qui vous êtes, d'où vous venez ou d'oublier les lois définies par votre Créateur.

Cet état de conscience du Christ est l'état naturel de tout courant de vie créé par Dieu. Parce que Dieu vous a donné l'imagination et le libre arbitre, il est possible que vous puissiez oublier cet état naturel de conscience et ainsi descendre dans la conscience de dualité, l'état de séparation, où vous ne connaissez plus votre véritable origine. Vous pourriez même en venir à croire que vous êtes un être humain mortel qui est condamné par un Dieu en colère à vivre une vie de douleur et de souffrance et que vous ne pouvez rien y faire par votre propre pouvoir interne.

***

Voici la distinction capitale que Dieu a faite lorsqu'Il a décidé de créer des êtres conscients de soi. La lumière Mater, la lumière Mère, est ce que les scientifiques appellent l'énergie. L'énergie est une vibration, et vous pouvez commencer par les basses vibrations de l'univers matériel et passer à des vibrations successivement plus élevées du royaume spirituel jusqu'à ce que vous atteigniez la vibration la plus élevée de la pure lumière de Dieu elle-même. Cette lumière a une vibration si élevée qu'aucune forme n'est plus possible. Il n'y a pas de forme distincte dans la pure lumière spirituelle.

Comment naît la forme ? Cela se produit lorsqu'un esprit conscient de soi impose une image, une matrice, à la lumière pure et lui fait ainsi prendre une vibration inférieure à son état de base. Pour que cela se produise, l'être conscient de soi doit envisager une forme et, ensuite, par le pouvoir du mental, imposer cette forme à la pure lumière Mater. Voici le mécanisme de sécurité essentiel. C'est seulement par la conscience du Christ, par l'intermédiaire de la conscience du Christ, qu'un cocréateur peut imposer une image à la pure lumière Mater. Seule une image en harmonie avec les lois du Créateur affectera la pure lumière Mater.

Cela permet de s'assurer que seuls ceux qui ont la conscience du Christ puissent créer quelque chose d'équilibré et donc de durable. La lumière Mater a un autre mécanisme de sécurité intégré, à savoir qu'elle cherche toujours à revenir à son état de base. Lorsqu'une forme est créée en harmonie avec les lois définies par le Créateur, cette forme fera partie du Fleuve de Vie, ce qui signifie qu'elle fera partie du processus d'auto-transcendance constante.

Une forme n'est durable qu'à travers l'auto-transcendance parce que la croissance est la loi fondamentale de la création. Toute forme qui n'est pas en harmonie avec les lois de Dieu, qui ne se transcende pas et qui n'a pas le bon équilibre entre les forces de contraction et d'expansion, sera progressivement détruite par la force de contraction intégrée à la lumière Mater, la force qui ramène toutes les créations déséquilibrées à l'état de base.

Toute forme créée à partir d'une image taillée, une image qui ne se transcende pas, sera inévitablement brisée par la force de contraction. C'est la force de contraction qui permet de créer la forme, mais, si vous vous attachez à une forme quelconque – si vous commencez à adorer une image taillée et refusez de vous transcender –, vous sortez du Fleuve de Vie et devenez soumis à la force de contraction. Vous ne pouvez maintenir cet état déséqui-libré que pendant un certain temps car, lorsqu'une forme est exposée à la force de contraction – sans contrepoids de la force d'expansion –, elle sera inévitablement décomposée. La perver-sion de la force Mère conduira à l'auto-annihilation.

Dans les niveaux les plus élevés du royaume spirituel, il n'y a que des êtres qui ont la pleine conscience du Christ. Ils ont créé des sphères d'une telle beauté que presque personne sur Terre ne peut imaginer. Certaines personnes ont été bénies avec des visions spirituelles ou mystiques ou des expériences de mort imminente dans lesquelles elles ont vu la beauté et la perfection des royaumes spirituels ou, au moins, certains de ces royaumes. Pour quiconque a eu une telle vision, il est évident que seul un être avec un état de conscience bien supérieur à ce qui est commun sur Terre aurait pu imaginer ou envisager une telle beauté, une telle perfection.

Au ciel, dans le royaume spirituel, vous ne pouvez rester que si vous êtes dans la conscience du Christ. Dans le monde céleste, vous ne trouvez que des êtres qui sont dans la conscience du Christ. Cela ne signifie pas qu'un être dans le ciel n'a pas de liberté créatrice, car, dans le contexte des lois de Dieu, vous avez vraiment des possibilités infinies pour exercer vos pouvoirs créateurs.

Un être céleste a toujours la possibilité d'aller à l'encontre des principes créateurs définis par le Créateur de ce monde. Si un être au ciel le fait, cet être ne peut plus rester au ciel et doit alors descendre dans un royaume inférieur. C'est précisément pour cette raison que l'univers matériel a été créé. Après que Dieu et ses représentants aient créé un grand nombre de niveaux dans le monde céleste, ils ont été amenés à manifester un nouveau niveau dans la création de Dieu.

Ce niveau était composé d'énergies inférieures à toutes les énergies existant dans le royaume spirituel. Ce niveau pourrait être habité par des êtres qui avaient choisi d'aller à l'encontre des principes créateurs définis par Dieu. Ces êtres ont maintenant un endroit où ils peuvent exercer leurs pouvoirs créateurs et récolter les conséquences de leurs actions jusqu'à ce qu'ils aient expérimenté suffisamment de limitations pour décider finalement de revenir vers Dieu et de dire : « Mon Créateur, je veux revenir à la maison. »

Pour créer l'univers matériel, les représentants de Dieu ont utilisé leur conscience christique et ne pouvaient envisager qu'une création équilibrée et harmonieuse. Ils ont imposé cette vision à la lumière Mater qui prit alors une vibration inférieure à toute vibration trouvée dans le royaume spirituel. Bien que l'univers matériel fût créé par des êtres qui avaient la parfaite conscience du Christ, l'univers matériel fut conçu pour permettre à des êtres qui n'avaient pas la pleine conscience du Christ d'y exister. C'est pourquoi la lumière Mater utilisée pour créer cet univers peut facilement être moulée dans des formes qui ne sont pas alignées avec les principes créateurs de Dieu. Ces formes ne s'auto-détruiront pas instantanément comme elles le feront dans le royaume spirituel. Elles peuvent exister sur une base temporaire et ne seront décomposées qu'après un certain temps.

C'est un concept très subtil qui, je le sais, sera abstrait pour beaucoup de gens. Il est utile d'étirer votre esprit pour comprendre cela. Dans le royaume spirituel, l'intelligence intégrée à la lumière Mère rend impossible l'existence de toute forme imparfaite ou déséquilibrée même pour un certain temps. Tout ce qui n'est pas en harmonie avec les lois de Dieu s'autodétruit instantanément en raison de la force de contraction de la Mère. Dans l'univers matériel, la force de contraction de la Mère a été ajustée afin que les formes imparfaites ne s'autodétruisent pas instantanément ; elles peuvent en effet exister pendant un certain temps. Comme les scientifiques l'ont découvert et exprimé dans la deuxième loi de la thermodynamique, toutes les formes imparfaites finissent par s'effondrer.

Cet univers permet à ces êtres conscients de soi, qui sont descendus par ignorance ou délibérément dans un état de conscience inférieur, d'apprendre en expérimentant les conséquences de leurs actes. Ces êtres créeront inévitablement des choses qui ne sont pas alignées avec les lois de Dieu. Quand ils le feront, ils ne créeront pas la vie abondante que vous trouvez dans le royaume spirituel. Ils créeront un état de manque et de limitation. C'est l'espoir de Dieu que, lorsque ces êtres connaîtront les limitations, la douleur et la souffrance qu'ils ont créées, ils finiront par se lasser de cette expérience et, donc, par se réaligner volontairement sur les lois de Dieu.

Nous voyons maintenant la distinction. Si un être décide de se rebeller contre la loi de Dieu dans le royaume spirituel, tout ce qu'il crée s'autodétruira instantanément. Si l'être n'avait nulle part où aller, cet être s'anéantirait instantanément. Qu'est-ce que l'être apprendrait de cette expérience ? Si l'être était anéanti, aucun apprentissage ne serait possible. Mais Dieu a mis en place un univers dans lequel un être peut aller à l'encontre des principes créateurs divins sans se détruire instantanément.

Cet être peut continuer une existence pour développer sa prise de conscience. Il peut exister dans le royaume matériel, et, dans cet univers, il connaîtra les fruits de ses actions, il récoltera ce qu'il a semé. Ce faisant, il a le potentiel d'apprendre que, lorsqu'il suit les lois de Dieu, il magnifie à la fois sa propre vie et la vie des autres. Quand il va à l'encontre de ces lois, il limite sa propre vie et la vie des autres. La loi du libre arbitre s'accomplit en ce sens que l'être a le potentiel d'aller à l'encontre des lois de Dieu, et donc d'éprouver de la douleur, des limitations et des manques jusqu'à ce qu'il en ait assez de cette expérience et décide donc de se remettre en alignement avec les lois de Dieu et de recréer la vie abondante qui était le concept originel de Dieu.

Ici, la distinction importante est que, pour créer quelque chose qui soit durable et qui améliore à la fois votre propre vie et celle de tous les autres habitants de la Terre, vous devez créer à partir de la conscience du Christ. Lorsque vous ne créez pas à partir de la conscience du Christ, ce que vous créez limitera vos pouvoirs créateurs et vous fera expérimenter des limitations, des manques, des souffrances et des douleurs.

Les douleurs et les limitations sont provoquées parce que ce que vous créez avec l'état de conscience inférieur n'est pas auto-transcendant. Il est basé sur une image taillée, une image qui ne grandit pas. Il ne peut pas être durable – il n'aura pas la vie éternelle – et ainsi la force de contraction de la Mère commencera à briser les formes que vous avez créées. Bien que cela prenne un certain temps, il s'agit néanmoins d'un processus inévitable que vous ne pouvez pas inverser à partir de l'état de conscience inférieur. Vous ne pouvez l'inverser qu'en vous élevant à la conscience du Christ.

Dans le royaume spirituel, les concepts d'espace et de temps n'ont pas la même signification qu'ils ont ici sur Terre. Lorsque vous êtes au ciel, vous êtes dans la conscience du Christ, et, dans la conscience du Christ, vous vous voyez comme ne faisant qu'un avec le Tout. Lorsque vous êtes un avec le Tout, vous êtes, en un sens, partout dans la conscience de Dieu. Si, en tant que courant de vie individuel, vous avez le potentiel d'élargir votre conscience et d'être partout dans la conscience de Dieu, alors évidemment le concept d'espace prend une signification différente.

Sur Terre, vous vivez l'espace comme une limitation. Votre sens de la conscience de soi est centré sur votre corps physique, qui vit sur une planète appelée Terre, une planète qui est comme une goutte dans un océan infini. Tant que vous vous identifiez à ce corps, votre sentiment d'identité est limité dans l'espace. Il n'existe qu'ici centré autour de ce corps sur cette planète, et donc vous ne pouvez pas être partout en même temps.

C'est vraiment une limitation pour votre esprit plus qu'une limitation réelle et inévitable. Votre corps physique ne peut pas être partout dans l'univers physique, mais votre esprit n'est pas limité par le corps. Lorsque vous êtes dans le royaume spirituel, vous faites partie du Fleuve de Vie toujours en mouvement, qui est la totalité de la création de Dieu, l'Être de Dieu. Par ailleurs, lorsque vous vous déplacez avec ce Fleuve de Vie, le temps n'a pas la même signification que sur Terre. Sur Terre, le temps est une limitation qui vous concentre sur un moment précis. Il fixe des limites à la durée de votre vie car il y a une limite à la durée pendant laquelle votre corps physique dense peut continuer à exister. Comme Jésus tentait de le montrer à l'humanité, même la mort est une illusion et peut être vaincue par la conscience du Christ.

On pourrait dire que le temps et l'espace ne sont finalement pas réels. Ils sont produits par le fait que l'univers matériel permet aux êtres conscients de soi de créer ce qui n'est pas aligné avec les lois de Dieu. Plus vous vous écartez de l'alignement avec l'unité avec Dieu et avec les lois de Dieu, plus vous vous limitez, plus vous limitez votre conscience à un endroit particulier de l'espace. Plus vous vous écartez de la conscience que les courants de vie avaient avant la chute, plus vous vous éloignez du courant du Fleuve de Vie, plus vous vous limitez à un moment particulier du temps, plus votre sentiment d'identité devient centré autour d'un corps physique avec une durée de vie incroyablement courte. La durée de vie d'un corps est si court que même le bon sens vous dit qu'il n'est pas possible que Dieu vous ait conçu pour vivre seulement soixante-dix ans et, ensuite, cesser d'exister comme un être conscient de soi.

***

Je commence délibérément avec des concepts très difficiles et abstraits, car ce n'est qu'en posant les bonnes fondations que nous pouvons vraiment échapper à la conscience de dualité qui se dresse entre vous et la vie abondante. Afin d'échapper à cette conscience, vous devez avoir une vision plus large que celles proposées sur cette Terre par le christianisme ou la science maté-rialiste. Pour établir les fondations appropriées qui vous permet-tent de suivre le chemin que je propose, je dois vous donner une vision plus large. Je dois vous faire sortir de la forêt pour que vous puissiez voir au-delà des arbres et voir la forêt elle-même – et ainsi comprendre le but supérieur pour lequel votre monde a été créé.

Vous pouvez comprendre que votre courant de vie, votre conscience, votre sentiment d'identité ne se limitent pas à ce monde matériel avec toutes ses limitations, sa douleur et sa souffrance. Vous avez une alternative. Vous avez la possibilité de vous élever au-dessus de votre état de conscience limité actuel, de votre sentiment limité d'identité. Vous pouvez vous élever plus haut et construire un nouveau sentiment d'identité qui est en alignement avec la véritable conception de votre être.

Mon cœur bien-aimé, sentez-vous ma ferveur ? Ce que j'essaie de vous transmettre ici, c'est que l'humanité a une compréhension incroyablement limitée de son origine, une compréhension qui n'intègre pas la réalité de qui vous êtes. Ni la science ni la plupart des religions ne vous offrent actuellement une véritable compréhension de qui vous êtes, d'où vous venez et pourquoi vous êtes ici. Si vous ne savez pas qui vous êtes, comment pouvez-vous comprendre le but de votre venue sur cette Terre ? Si vous ne comprenez pas ce but, comment pouvez-vous espérer vous remettre en alignement avec vos désirs originels, les désirs qui vous ont fait venir dans cet univers ?

Je vous ai parlé de la loi du libre arbitre. Contrairement à l'image d'un Dieu en colère et punitif, que vous montrent certaines religions, Dieu n'est pas en colère et Dieu n'a jamais puni personne. Le Créateur a un amour inconditionnel pour chacun de ses fils et filles, et cet amour inconditionnel peut être vu très clairement dans la loi du libre arbitre qui vous donne la possibilité d'aller à l'encontre des principes créateurs originels et du concept originel que votre Créateur avait à l'esprit quand il a créé ce monde de forme, quand *Il vous a créé*. Seul un Dieu d'amour incon-ditionnel peut vous permettre d'aller à l'encontre de ses lois afin que vous puissiez rejeter sa vie abondante et créer un état de souffrance et de douleur bien en deçà de ce que votre Créateur avait prévu pour vous.

Si Dieu avait vraiment été un tyran en colère, il vous aurait empêché de faire cela. Si Dieu avait vraiment été un Dieu punitif, il vous aurait puni en vous anéantissant au moment où vous avez enfreint ses lois. Votre Dieu est un Dieu d'amour. L'amour originel pour vous, contenu dans le cœur de Dieu, n'a pas été diminué le moins du monde par le fait que vous avez temporairement choisi de Lui tourner le dos, de rejeter sa vie abondante et de vous créer à la place un état de limitation et de souffrance. Dieu vous aime exactement de la même manière qu'Il vous a aimé lorsqu'Il a créé votre courant de vie pour la première fois. L'amour de Dieu est inconditionnel, et, quoi que vous puissiez faire sur Terre, vous ne pourrez jamais perdre cet amour.

Parce que vous avez le libre arbitre, vous pouvez rejeter l'amour de Dieu. Parce que vous avez une imagination illimitée, vous pouvez créer une fausse image de Dieu qui Le montre comme un Dieu en colère et punitif, et vous pouvez accepter cette image comme la vérité absolue sur Dieu. Vous pouvez accepter de ne pas être digne de recevoir l'amour de Dieu et d'être condamné à rester pour toujours dans votre état actuel de limitation, de souffrance et dans l'éloignement de son amour et de son abondance. C'est votre droit, mais, au moment même où vous décidez de ne plus vous accrocher à ce sentiment limité d'identité, où vous ne rejetterez plus l'abondance divine, Dieu se tient prêt à vous ramener dans son royaume, à vous donner la vie abondante qui vous revient de droit. Vous devez seulement suivre ses principes créateurs pour manifester cette abondance dans votre expérience de vie.

Dieu vous a donné le libre arbitre. Dieu vous a donné le droit d'aller à l'encontre de ses lois si vous le désirez. Dieu a même conçu un univers entier dans lequel vous pouvez aller à l'encontre de ses lois tout en conservant une conscience et un sentiment d'indivi-dualité, dans lequel vous pouvez expérimenter les conséquences de vos actions, dans lequel vous pouvez expérimenter la réalité limitée que vous vous êtes créée. Même si Dieu le permet, Dieu garde toujours espoir qu'un jour vous déciderez d'arrêter de fuir son abondance.

Vous cesserez de vous limiter. Vous arrêterez de nier votre potentiel créateur et votre potentiel divin pour devenir un vrai dieu, un vrai cocréateur avec Dieu. Dieu espère que vous reviendrez à la maison et que vous deviendrez un cocréateur conscient avec Lui afin que vous sachiez qui vous êtes, que vous sachiez d'où vous venez. Vous exercerez consciemment vos pouvoirs créateurs dans le but de magnifier toute la création de Dieu – au lieu de chercher à satisfaire vos désirs égoïstes –, et ainsi de faire partie du Fleuve de Vie qui est vraiment si magnifique qu'il dépasse l'imagination de la plupart des êtres humains sur Terre.

Mon cœur bien-aimé, je suis ici en tant que représentante de Dieu la Mère. Dans le passé, j'ai choisi de descendre sur la planète Terre et de revêtir un corps physique dense. J'ai choisi de remonter dans le royaume spirituel afin de démontrer qu'il est possible de s'élever au-dessus de toutes les limitations humaines, et même du dernier ennemi appelé la mort. Parce que j'ai choisi de m'unir à la conscience de Dieu la Mère, je suis venue à vous comme la Mère aimante qui n'a d'autre désir que de vouloir le meilleur pour ses enfants.

C'est pourquoi je suis venue vous offrir un chemin authentique, vrai et éternel qui peut vous ramener dans le royaume de votre Père, le royaume qui, comme l'a dit Jésus, est en vous parce que le royaume est votre propre conscience. C'est vraiment dans votre conscience que vous décidez si vous ferez l'expérience de la vie abondante du royaume de Dieu ou de la vie moins abondante créée par ceux qui ont perdu la conscience du royaume de Dieu, qui ont perdu la conscience de leur véritable identité et de leurs pouvoirs créateurs. Au lieu d'être des cocréateurs conscients du royaume abondant de Dieu, ils sont devenus des cocréateurs inconscients du royaume de la misère.

Dieu vous a donné des pouvoirs créateurs illimités dans le sens où vous ne pouvez pas les désactiver. Même lorsque vous perdez conscience des lois de Dieu, vous continuez à cocréer et c'est pourquoi, comme le dit cet adage dans la plupart des pays :

« L'ignorance de la loi n'est pas une excuse. » Même si vous ne connaissez pas les principes créateurs de Dieu, vous créez toujours par les pouvoirs de votre mental. Lorsque vous utilisez votre imagination pour visualiser des images imparfaites et déséquilibrées, vous imposez ces images à la lumière Mère. La lumière Mater manifeste ces images et c'est pourquoi vous rencontrez des limitations, de la douleur et de la souffrance dans le monde physique sur Terre.

Je vous ai donné le tableau d'ensemble de la réalité de la vie sur Terre. Certes, il y a beaucoup de détails qui peuvent être ajoutés. Si vous méditez ce que je vous ai donné et ce que je vais vous transmettre dans les clés suivantes, vous verrez qu'il vous est possible de vous élever au-dessus de toutes les limitations humaines. Il vous est possible de sortir du désert des limitations humaines jusqu'à ce que vous vous teniez sur la rive du Fleuve de Vie, l'abondance intarissable de Dieu. Il vous est possible d'abandonner l'état de conscience limité basé sur la séparation et la dualité. Vous pouvez à nouveau vous plonger dans le Fleuve de Vie et devenir un avec l'ensemble de la création de Dieu.

Cela ne signifie pas que vous perdez votre individualité. Au contraire, cela signifie que vous retrouvez votre véritable individualité – au lieu de la pseudo-individualité limitée que vous avez construite pendant votre séjour sur Terre. Une fois que vous aurez récupéré votre véritable individualité, vous saurez que vous n'êtes pas un être humain limité et mortel, que vous n'êtes pas un pécheur par nature, mais que vous êtes vraiment un fils ou une fille de Dieu et que vous avez le potentiel de cocréer le royaume de Dieu ici même sur Terre.

Non seulement vous magnifierez votre propre vie, mais vous magnifierez la vie de toutes les autres personnes jusqu'à ce que cette planète soit élevée et qu'elle représente les mêmes perfection, équilibre et harmonie que l'on trouve dans le royaume spirituel. C'est le vrai sens d'amener le royaume de Dieu sur Terre.

Si vous êtes ouvert à mes paroles, il y a une très forte probabilité que vous soyez descendu sur cette Terre dans le but précis d'apporter le royaume de Dieu sur cette planète. Vous êtes venu ici non pas parce que vous vous êtes rebellé, dans un autre royaume, contre la volonté de Dieu, mais vous êtes venu ici parce que vous avez désiré amener le royaume de Dieu sur Terre. Vous êtes venu en mission de sauvetage pour servir d'exemple à ceux de vos frères et sœurs qui se sont rebellés contre les lois de Dieu et se sont donc égarés. Vous êtes venu ici avec amour parce que vous vouliez libérer la lumière Mère des images imparfaites qui lui sont imposées par les êtres déchus, afin que cette lumière puisse être libre de restituer la perfection et la beauté qui sont son véritable potentiel.

Mon cœur bien-aimé, si vous êtes venu ici par amour, vous saurez que je dis la vérité. Si vous êtes venu ici pour d'autres raisons et en avez assez d'aller à l'encontre des lois de Dieu et si vous vous reconnectez intérieurement à l'amour de Dieu, alors vous saurez, vous aussi, que je transmets la vérité. Vous le saurez si vous vous concentrez sur votre cœur et ressentez une excitation, une vibration, voire des vagues de lumière qui se précipitent sur vous et qui vous montrent que les mots que je prononce dans ce cours, les mots qui sont à l'extérieur de vous, vibrent en parfaite résonance avec quelque chose dans votre cœur.

Je vous expliquerai plus tard ce qu'est ce quelque chose, mais, pour l'instant, je vous demande de concentrer votre attention au centre de votre poitrine, à la hauteur de votre cœur physique, et de sentir si les mots que je vous ai donnés ont fait vibrer quelque chose en vous. Si vous ressentez cette vibration, alors vous saurez que vous êtes sur le point de revenir à la plénitude du cocréateur conscient, que vous avez été conçu pour être dès le commencement. Vous connaîtrez la vérité du chemin que je vous offre.

Au fur et à mesure que nous avancerons dans les chapitres suivants, vous commencerez à voir ce chemin se dérouler. Cela vous donnera un nouvel espoir, une nouvelle direction, un nouveau but et un sentiment d'amour pour votre Créateur, pour toute vie et pour votre Soi en tant que partie du Fleuve de Vie.

8. J'invoque l'harmonie spirituelle

Au nom de JE SUIS CE QUE JE SUIS, de Jésus-Christ, j'appelle Mère Marie et toutes les représentantes de la Mère divine. Aidez-moi à développer ma capacité à discerner entre ce qui est en alignement avec la réalité de Dieu et ce qui provient de la conscience de dualité. Aidez-moi à transcender tout ce qui bloque ma capacité à manifester l'abondance.

Aidez-moi aussi... *(ajouter vos demandes personnelles).*

I. Je transcende la dualité

1. Je transcende la conscience représentée par le fruit de la connaissance du bien et du mal, c'est-à-dire le bien et le mal *relatifs.*

Ô Mère Marie, ton Chant de Vie
Consume toute forme de conflit.
En harmonie avec ce chant,
Mes cellules sont en bonne santé.

Ô Mère Marie, génère le chant
Qui accélère tout mon esprit
Dans un état de paix parfaite,
Et je rayonne l'amour de Dieu.

2. Je transcende la conscience basée sur l'ego avec laquelle je définis mes propres concepts du bien et du mal, définissant ainsi ma propre *réalité.*

En écoutant le Chant de Vie,
Je me débarrasse de mes peurs.
En phase avec ta symphonie,
JE SUIS libre de toute maladie.

Ô Mère Marie, génère le chant
Qui accélère tout mon esprit

Dans un état de paix parfaite,
Et je rayonne l'amour de Dieu.

3. J'expérimente ma Présence JE SUIS qui définit ce qui est en harmonie avec les lois de Dieu, durable et bénéfique pour l'ensemble.

Ô Mère Marie, dans ton amour,
Je peux transcender toutes mes luttes.
Avec la vision de la Mère,
Je n'ai aucune imperfection.

Ô Mère Marie, génère le chant
Qui accélère tout mon esprit
Dans un état de paix parfaite,
Et je rayonne l'amour de Dieu.

4. Je décide présentement de retourner vers Dieu, de confesser mes actions et de demander pardon. Je révèle tout à Dieu.

La guérison doit commencer
En trouvant le Christ intérieur.
Avec l'œil unifié, je fais
Briller mes cellules de lumière.

Ô Mère Marie, génère le chant
Qui accélère tout mon esprit
Dans un état de paix parfaite,
Et je rayonne l'amour de Dieu.

5. Dieu ne créera pas la vie abondante *pour* moi. Dieu veut que je cocrée moi-même la vie abondante.

La musique de Mère me libère
Des mémoires du moi inférieur.
Quand ma vision est unifiée,
Toutes mes cellules se régénèrent.

Ô Mère Marie, génère le chant
Qui accélère tout mon esprit

Dans un état de paix parfaite,
Et je rayonne l'amour de Dieu.

6. Dieu veut que je sache que je crée la vie abondante grâce à mon pouvoir interne – le pouvoir de Dieu en moi – et que je le fais en m'alignant sur les principes créateurs de Dieu.

Mère Amour, ta douce mélodie
Me libère des imperfections.
Mère Marie, par le son des sons,
Ton amour abonde dans mon cœur.

Ô Mère Marie, génère le chant
Qui accélère tout mon esprit
Dans un état de paix parfaite,
Et je rayonne l'amour de Dieu.

7. Je ne veux plus de rêves vides ni de raccourcis et je ne veux plus ressentir de douleur, de manque et de souffrance. Je marche sur le vrai chemin par lequel je change la totalité de ma conscience, la mettant en alignement avec les principes créateurs de Dieu.

La beauté sublime de la Mère
Transcende l'espace et le temps.
Au sein de la Mère, mes cellules
Prospèrent au-delà de la mort.

Ô Mère Marie, génère le chant
Qui accélère tout mon esprit
Dans un état de paix parfaite,
Et je rayonne l'amour de Dieu.

8. Mon courant de vie individuel est en harmonie avec l'ensemble du Corps de Dieu au ciel et sur la Terre. L'univers tout entier, la lumière Mère elle-même, se réjouit de combler mes véritables désirs.

Le Chant de Vie résonne en moi
En harmonie avec la vie.

L'empreinte de mon état parfait
Consacre chacune de mes cellules.

**Ô Mère Marie, génère le chant
Qui accélère tout mon esprit
Dans un état de paix parfaite,
Et je rayonne l'amour de Dieu.**

9. J'accepte l'abondance qui vient à moi grâce à l'utilisation équilibrée et harmonieuse des pouvoirs créateurs dont Dieu m'a doté lorsque mon courant de vie a vu le jour.

Le diapason de chaque cellule
Vibre avec le son de la Mère.
Mon immortalité remplace
La malédiction de la mort.

**Ô Mère Marie, génère le chant
Qui accélère tout mon esprit
Dans un état de paix parfaite,
Et je rayonne l'amour de Dieu.**

II. J'embrasse la conscience du Christ

1. Mon but n'est pas d'apporter des richesses temporaires ici sur Terre. Mon but est un changement permanent de conscience. Je me réaligne avec le concept originel qui était dans l'esprit de Dieu lorsque mon courant de vie a été créé.

Ô Mère Marie, ton Chant de Vie
Consume toute forme de conflit.
En harmonie avec ce chant,
Mes cellules sont en bonne santé.

**Ô Mère Marie, génère le chant
Qui accélère tout mon esprit
Dans un état de paix parfaite,
Et je rayonne l'amour de Dieu.**

2. Je suis un vrai fils, une vraie fille de Dieu, créés à l'image et selon la ressemblance de Dieu. J'utilise mes pouvoirs créateurs en parfaite harmonie avec l'ensemble. Je magnifie mon propre courant de vie et l'expérience de toute vie sur Terre.

En écoutant le Chant de Vie,
Je me débarrasse de mes peurs.
En phase avec ta symphonie,
JE SUIS libre de toute maladie.

Ô Mère Marie, génère le chant
Qui accélère tout mon esprit
Dans un état de paix parfaite,
Et je rayonne l'amour de Dieu.

3. J'utilise mes pouvoirs créateurs en harmonie avec les lois de Dieu. Je suis en parfait alignement avec le but de la vie et avec les principes directeurs de la vie.

Ô Mère Marie, dans ton amour,
Je peux transcender toutes mes luttes.
Avec la vision de la Mère,
Je n'ai aucune imperfection.

Ô Mère Marie, génère le chant
Qui accélère tout mon esprit
Dans un état de paix parfaite,
Et je rayonne l'amour de Dieu.

4. Je suis immergé dans le Fleuve de Vie qui ne cesse de couler et de croître. Je me déplace constamment avec le Fleuve de Vie. Je me transcende constamment, multipliant mes talents et devenant plus, apportant ainsi plus d'abondance dans ma vie.

La guérison doit commencer
En trouvant le Christ intérieur.
Avec l'œil unifié, je fais
Briller mes cellules de lumière.

Ô Mère Marie, génère le chant
Qui accélère tout mon esprit
Dans un état de paix parfaite,
Et je rayonne l'amour de Dieu.

5. La définition spirituelle de la vie est que je me transcende et que je devienne plus. Je fais l'expérience de la vie abondante, je fais partie du flux d'abondance toujours en mouvement de Dieu, le Fleuve de Vie.

La musique de Mère me libère
Des mémoires du moi inférieur.
Quand ma vision est unifiée,
Toutes mes cellules se régénèrent.

Ô Mère Marie, génère le chant
Qui accélère tout mon esprit
Dans un état de paix parfaite,
Et je rayonne l'amour de Dieu.

6. J'ai été créé comme un être conscient de soi avec des pouvoirs créateurs limités. Au fur et à mesure que je multiplie mes talents en cocréant en harmonie avec les lois de Dieu, Dieu me donnera de plus grands pouvoirs créateurs.

Mère Amour, ta douce mélodie
Me libère des imperfections.
Mère Marie, par le son des sons,
Ton amour abonde dans mon cœur.

Ô Mère Marie, génère le chant
Qui accélère tout mon esprit
Dans un état de paix parfaite,
Et je rayonne l'amour de Dieu.

7. J'élève progressivement ma capacité créatrice et ma conscience jusqu'à ce que je puisse ascensionner définitivement de l'univers matériel pour devenir un être immortel dans le royaume spirituel.

La beauté sublime de la Mère
Transcende l'espace et le temps.
Au sein de la Mère, mes cellules
Prospèrent au-delà de la mort.

**Ô Mère Marie, génère le chant
Qui accélère tout mon esprit
Dans un état de paix parfaite,
Et je rayonne l'amour de Dieu.**

8. Dieu a construit un mécanisme de sécurité dans la conception de l'univers, à savoir la Parole, le Fils unique engendré du Père, la conscience universelle du Christ.

Le Chant de Vie résonne en moi
En harmonie avec la vie.
L'empreinte de mon état parfait
Consacre chacune de mes cellules.

**Ô Mère Marie, génère le chant
Qui accélère tout mon esprit
Dans un état de paix parfaite,
Et je rayonne l'amour de Dieu.**

9. Je crée depuis l'intérieur de la création déjà créée par Dieu. Je crée quelque chose de durable seulement avec la conscience du Christ.

Le diapason de chaque cellule
Vibre avec le son de la Mère.
Mon immortalité remplace
La malédiction de la mort.

**Ô Mère Marie, génère le chant
Qui accélère tout mon esprit
Dans un état de paix parfaite,
Et je rayonne l'amour de Dieu.**

III. J'accepte l'amour de Dieu pour moi

1. La conscience du Christ est une conscience des lois de Dieu qui ne peut jamais être compromise. La conscience du Christ est toujours une avec le Père et avec les lois du Père. En unité avec Jésus, je dis : « Moi et mon Père sommes un. »

Ô Mère Marie, ton Chant de Vie
Consume toute forme de conflit.
En harmonie avec ce chant,
Mes cellules sont en bonne santé.

Ô Mère Marie, génère le chant
Qui accélère tout mon esprit
Dans un état de paix parfaite,
Et je rayonne l'amour de Dieu.

2. Je ne suis pas le véritable acteur, car je ne peux rien faire de moi-même. Je cocrée par le pouvoir de Dieu en moi, et j'accède à ce pouvoir par la conscience du Christ. La conscience du Christ est l'état naturel de tout courant de vie créé par Dieu.

En écoutant le Chant de Vie,
Je me débarrasse de mes peurs.
En phase avec ta symphonie,
JE SUIS libre de toute maladie.

Ô Mère Marie, génère le chant
Qui accélère tout mon esprit
Dans un état de paix parfaite,
Et je rayonne l'amour de Dieu.

3. Le véritable acteur est la partie la plus élevée de mon être, l'individualisation de Dieu, concentrée en tant que ma Présence JE SUIS. Ma Présence crée en utilisant l'énergie et les lois de Dieu pour apporter la forme.

Ô Mère Marie, dans ton amour,
Je peux transcender toutes mes luttes.

Avec la vision de la Mère,
Je n'ai aucune imperfection.

Ô Mère Marie, génère le chant
Qui accélère tout mon esprit
Dans un état de paix parfaite,
Et je rayonne l'amour de Dieu.

4. Lorsqu'une forme est créée en harmonie avec les lois définies par le Créateur, cette forme fait partie du Fleuve de Vie, ce qui signifie qu'elle fait partie du processus d'auto-transcendance constante. Une forme n'est durable que par l'auto-transcendance car la loi fondamentale de la création est la croissance.

La guérison doit commencer
En trouvant le Christ intérieur.
Avec l'œil unifié, je fais
Briller mes cellules de lumière.

Ô Mère Marie, génère le chant
Qui accélère tout mon esprit
Dans un état de paix parfaite,
Et je rayonne l'amour de Dieu.

5. C'est la force de contraction qui permet de créer la forme. Si je m'attache à une forme quelconque, je sors du Fleuve de Vie et je deviens soumis à la force qui ramène la lumière Mater à son état de base.

La musique de Mère me libère
Des mémoires du moi inférieur.
Quand ma vision est unifiée,
Toutes mes cellules se régénèrent.

Ô Mère Marie, génère le chant
Qui accélère tout mon esprit
Dans un état de paix parfaite,
Et je rayonne l'amour de Dieu.

6. Je suis dans la conscience du Christ et je me vois comme faisant un avec le Tout. Je fais partie du Fleuve de Vie toujours en mouvement, qui est la totalité de la création de Dieu, l'Être de Dieu.

Mère Amour, ta douce mélodie
Me libère des imperfections.
Mère Marie, par le son des sons,
Ton amour abonde dans mon cœur.

Ô Mère Marie, génère le chant
Qui accélère tout mon esprit
Dans un état de paix parfaite,
Et je rayonne l'amour de Dieu.

7. Mon courant de vie, ma conscience, mon sentiment d'identité ne se limitent pas à ce monde matériel. Je m'élève au-dessus de mon sentiment limité d'identité. Je construis un nouveau sentiment d'identité qui est en alignement avec la véritable conception de mon être.

La beauté sublime de la Mère
Transcende l'espace et le temps.
Au sein de la Mère, mes cellules
Prospèrent au-delà de la mort.

Ô Mère Marie, génère le chant
Qui accélère tout mon esprit
Dans un état de paix parfaite,
Et je rayonne l'amour de Dieu.

8. Je comprends le but de ma venue sur cette Terre. Je me remets en alignement avec mes désirs originels, les désirs qui m'ont fait venir dans cet univers.

Le Chant de Vie résonne en moi
En harmonie avec la vie.
L'empreinte de mon état parfait
Consacre chacune de mes cellules.

Ô Mère Marie, génère le chant
Qui accélère tout mon esprit
Dans un état de paix parfaite,
Et je rayonne l'amour de Dieu.

9. Mon Dieu est un Dieu d'amour. L'amour originel pour moi, contenu dans le cœur de Dieu, n'a été diminué par rien de ce que j'ai fait sur Terre. Dieu m'aime exactement de la même manière que lorsqu'Il a créé mon courant de vie. J'accepte l'amour inconditionnel de Dieu pour moi.

Le diapason de chaque cellule
Vibre avec le son de la Mère.
Mon immortalité remplace
La malédiction de la mort.

Ô Mère Marie, génère le chant
Qui accélère tout mon esprit
Dans un état de paix parfaite,
Et je rayonne l'amour de Dieu.

IV. Je connais mon véritable but

1. Je renonce par la présente à mon sentiment limité d'identité. J'accepte l'abondance de Dieu. Je suis de retour dans le royaume de Dieu et je reçois la vie abondante qui m'appartient de droit. Je suis les principes créateurs de Dieu et je manifeste cette abondance dans mon expérience de vie.

Ô Mère Marie, ton Chant de Vie
Consume toute forme de conflit.
En harmonie avec ce chant,
Mes cellules sont en bonne santé.

Ô Mère Marie, génère le chant
Qui accélère tout mon esprit
Dans un état de paix parfaite,
Et je rayonne l'amour de Dieu.

2. Je suis un cocréateur conscient avec Dieu. Je sais qui je suis, je sais d'où je viens. J'exerce consciemment mes pouvoirs créateurs dans le but de magnifier l'ensemble de la création de Dieu.

En écoutant le Chant de Vie,
Je me débarrasse de mes peurs.
En phase avec ta symphonie,
JE SUIS libre de toute maladie.

Ô Mère Marie, génère le chant
Qui accélère tout mon esprit
Dans un état de paix parfaite,
Et je rayonne l'amour de Dieu.

3. Je marche sur le chemin qui me ramène au royaume de mon Père en moi. C'est dans ma conscience que je décide si je ferai l'expérience de la vie abondante du royaume de Dieu ou de la vie moins abondante créée par ceux qui sont tombés dans la séparation.

Ô Mère Marie, dans ton amour,
Je peux transcender toutes mes luttes.
Avec la vision de la Mère,
Je n'ai aucune imperfection.

Ô Mère Marie, génère le chant
Qui accélère tout mon esprit
Dans un état de paix parfaite,
Et je rayonne l'amour de Dieu.

4. Je m'élève au-dessus de toutes les limitations humaines. Je sors du désert des limitations humaines. Je me tiens sur la rive du Fleuve de Vie, l'abondance intarissable de Dieu.

La guérison doit commencer
En trouvant le Christ intérieur.
Avec l'œil unifié, je fais
Briller mes cellules de lumière.

Ô Mère Marie, génère le chant
Qui accélère tout mon esprit
Dans un état de paix parfaite,
Et je rayonne l'amour de Dieu.

5. J'abandonne l'état de conscience limité basé sur la séparation et la dualité. Je plonge dans le Fleuve de Vie et je suis un avec toute la création de Dieu.

La musique de Mère me libère
Des mémoires du moi inférieur.
Quand ma vision est unifiée,
Toutes mes cellules se régénèrent.

Ô Mère Marie, génère le chant
Qui accélère tout mon esprit
Dans un état de paix parfaite,
Et je rayonne l'amour de Dieu.

6. Je retrouve ma véritable individualité. J'abandonne la pseudo-individualité limitée que j'ai construite pendant mon séjour sur Terre. Je suis un fils, une fille de Dieu, et je cocrée le royaume de Dieu ici sur Terre.

Mère Amour, ta douce mélodie
Me libère des imperfections.
Mère Marie, par le son des sons,
Ton amour abonde dans mon cœur.

Ô Mère Marie, génère le chant
Qui accélère tout mon esprit
Dans un état de paix parfaite,
Et je rayonne l'amour de Dieu.

7. Je magnifie ma propre vie et la vie de tout le monde. Cette planète s'élève et représente les mêmes perfection, équilibre et harmonie que l'on trouve dans le royaume spirituel. C'est le vrai sens d'amener le royaume de Dieu sur Terre.

La beauté sublime de la Mère
Transcende l'espace et le temps.
Au sein de la Mère, mes cellules
Prospèrent au-delà de la mort.

**Ô Mère Marie, génère le chant
Qui accélère tout mon esprit
Dans un état de paix parfaite,
Et je rayonne l'amour de Dieu.**

8. Je suis descendu sur cette Terre dans le but précis d'apporter le royaume de Dieu sur cette planète. Je suis venu ici parce que je désirais apporter le royaume de Dieu sur Terre.

Le Chant de Vie résonne en moi
En harmonie avec la vie.
L'empreinte de mon état parfait
Consacre chacune de mes cellules.

**Ô Mère Marie, génère le chant
Qui accélère tout mon esprit
Dans un état de paix parfaite,
Et je rayonne l'amour de Dieu.**

9. Je suis venu ici avec amour pour libérer la lumière Mère des images imparfaites qui lui sont imposées par les êtres déchus. La lumière Mère est libre de représenter la perfection et la beauté qui sont son véritable potentiel.

Le diapason de chaque cellule
Vibre avec le son de la Mère.
Mon immortalité remplace
La malédiction de la mort.

**Ô Mère Marie, génère le chant
Qui accélère tout mon esprit
Dans un état de paix parfaite,
Et je rayonne l'amour de Dieu.**

Sceau final :

Au nom de la Mère divine, je demande à Mère Marie de me sceller, ainsi que toutes les personnes de mon cercle d'influence, dans le flux créateur de la Mère divine, le Fleuve de Vie. Je demande la multiplication de mes appels par toutes les représentantes de la Mère divine afin que nous formions le flux parfait en huit de « comme en haut, ainsi en bas ». J'accepte donc que cela soit pleinement manifesté parce que la bouche du Seigneur, la Mère divine que JE SUIS, l'a prononcé. Amen.

9. Apporter la lumière spirituelle dans le monde

Mon cœur bien-aimé, nous avons maintenant atteint un tournant dans cette série de dictées. Je vous ai donné un certain nombre d'idées qui pourraient sembler ésotériques et quelque peu déconnectées. Chaque idée, et même la formulation précise de chaque idée, est conçue pour activer votre mémoire intérieure afin d'augmenter petit à petit votre capacité à vous souvenir et à accepter qui vous êtes vraiment et pourquoi vous êtes ici sur Terre.

Dans ce chapitre, je vais vous expliquer le but de la création, le but de votre existence et même le but spécifique de votre venue sur cette planète. Cela vous donnera l'option de choisir entre la voie supérieure de manifester l'abondance de Dieu ou la voie inférieure de chercher à acquérir l'abondance terrestre. C'est la différence entre essayer de prendre l'abondance par la force ou permettre à Dieu de vous la donner librement.

Je vous ai expliqué que Dieu a deux aspects. L'un est le Créateur et l'autre est l'Être pur de Dieu dans lequel il n'y a pas de différenciation. Si vous allez dans votre cœur et considérez mes paroles, vous réaliserez que l'Être pur de Dieu est le Tout. L'Être pur de Dieu est complet et se suffit à lui-même. Au sein de l'Être pur de Dieu, il n'y a pas de place pour une forme qui est séparée du Tout. Dans l'Être pur de Dieu, il n'est pas possible de créer une forme distincte ou de créer quoi que ce soit qui soit séparé du Tout. Avant de pouvoir créer une forme, il faut abstraire un espace qui soit inférieur au Tout de Dieu. Dans le « vide » de cet espace, on peut ensuite créer des formes distinctes séparées du Tout. Comparez cela au soleil où la lumière est si intense que seule une lumière blanche pure peut y exister. C'est seulement à une certaine distance du soleil où il y a moins de lumière que les différentes nuances et palettes de couleurs peuvent exister.

Je vais maintenant vous donner une image de la création, mais je veux m'assurer que vous compreniez que l'image que je vous donne est adaptée à votre état de conscience actuel, dans lequel votre esprit a tendance à penser en termes linéaires. Ce que je vous donne est une image linéaire, mais je désire que vous gardiez à l'esprit que la réalité de Dieu n'est pas linéaire. Faites attention de ne pas prendre l'image que je vous donne et de la transformer en une image taillée qui, selon vous, donne une image complète de Dieu et de la création de Dieu.

Je ne donne pas cette image dans le but de piéger votre esprit dans une vision particulière de Dieu. Je vous donne cette image pour libérer votre esprit de la vision limitée de Dieu que la plupart des gens ont dans ce monde. Je vous donne cette image avec l'espoir que vous pourrez éventuellement aller au-delà de tous les besoins d'avoir une image linéaire de Dieu et ainsi expérimenter directement la conscience sphérique et englobante de l'Être de Dieu.

Dans le Tout de Dieu, il n'y a pas de formes distinctes. Les concepts du temps et de l'espace n'ont pas non plus de sens dans le Tout. Afin de démarrer le processus de création du monde de forme, le Créateur se retire et crée ce que certains enseignements spirituels ont appelé le « vide ». Lorsque le Créateur se retire, il se contracte en un seul point. C'est ce que les scientifiques appellent une singularité, et ils prétendent actuellement que la création de l'univers a commencé lorsque toute la matière a été concentrée en une singularité. Imaginez donc le Tout de Dieu dans lequel il n'y a ni espace ni formes distinctes. Le Créateur se retire ensuite en un point unique et, autour de ce point unique, Il crée un vide qui est inférieur au Tout.

Ce vide est comme un espace vide gigantesque ayant la forme d'un œuf. Certaines personnes ont eu des visions mystiques dans lesquelles elles ont vu la création de Dieu comme l'œuf cosmique. Je ne souhaite pas que vous voyiez la création comme un œuf entouré de rien. Je désire que vous compreniez que la création a commencé lorsqu'un vide en forme d'œuf a été créé, et ainsi le vide est entouré par le Tout. Le vide est lui-même un espace vide, ce qui signifie qu'il est dépourvu de toute forme et du Tout de Dieu. On pourrait dire qu'il n'y a rien en lui, ni le Tout de Dieu ni aucune forme distincte. On pourrait même dire que c'est l'obscurité, en ce sens qu'elle n'a vraiment aucune substance.

Au centre de ce vide originel se trouve un seul point qui est une concentration très élevée de cette portion du Tout de Dieu à partir de laquelle le vide a été créé. C'est le point central du deuxième aspect de Dieu, le Créateur individuel. Le Créateur a la volonté de devenir plus, et donc de combler le vide jusqu'à ce que le vide redevienne le Tout de Dieu. Ce que nous avons ici est la danse cosmique que certains ont appelée l'inspiration et l'expiration de Dieu.

Le Créateur inspire, se concentre en une singularité et crée le vide. Ensuite, le Créateur expire jusqu'à ce que l'expiration cosmique remplisse à nouveau le vide. En participant à cette danse cosmique, en comblant le vide, le Créateur grandit en conscience de soi. Cette croissance en conscience de soi est tout le but de la création. La croissance en conscience de soi ne s'applique pas seulement à l'Être originel qu'est le Créateur et j'expliquerai brièvement pourquoi.

✳✳✳

Le Créateur existe en tant que point unique, en tant que singularité, au milieu du vide – le vide qui est inférieur au Tout et qui peut donc être rempli par des formes créées par le Créateur. En tant que premier acte de création, le Créateur doit créer une substance qui peut être moulée dans n'importe quelle forme. Dieu a dit : « *Que la lumière soit ! Et la lumière fut.* » (Genèse 1.3) Comme le rapporte la Genèse, Dieu a séparé la lumière des ténèbres, ce qui signifie que Dieu a séparé la lumière, qui peut prendre une forme, des ténèbres qui occupent cette partie du vide dans laquelle il n'y a encore ni forme ni lumière. Le but général des efforts du Créateur est d'étendre la lumière jusqu'à ce qu'elle remplisse tout le vide et consume l'obscurité, l'obscurité qui n'est pas le mal mais simplement l'absence de lumière.

Cet acte de création ne se produit pas en un instant, car même si le Créateur est tout-puissant, le Créateur n'utilise pas son pouvoir pour combler le vide instantanément. Le Créateur ne remplit pas le vide uniquement pour son propre bien. Dieu comble le vide de manière progressive afin de créer une opportunité pour des êtres conscients de soi, créés par le Créateur comme des extensions de Lui-même, de servir comme cocréateurs pour L'aider à combler le vide. En ce faisant, ils grandissent eux aussi dans la conscience de soi et deviennent plus conscients de qui ils sont, d'où ils viennent et où ils ont le potentiel d'aller. Le véritable but de la création est une croissance en conscience de soi qui fait que même l'Être pur de Dieu devient plus parce que Dieu devient plus à travers la conscience de soi des Créateurs individuels et de leurs cocréateurs.

Lorsque votre Créateur a commencé l'œuvre créatrice qui a conduit à votre existence et à l'existence de l'univers matériel dans lequel vous demeurez actuellement, Dieu a commencé par créer une sphère qui a été séparée du vide. Dans cette sphère se trouvait une certaine quantité de lumière de Dieu. Cette lumière la distinguait du vide et servait de base à la création de la forme. Votre Créateur a effectivement créé certaines formes dans cette sphère de lumière, mais votre Dieu n'a pas rempli complètement cette sphère de lumière.

Votre Créateur a créé des extensions de Lui-même en tant qu'êtres conscients de soi et les a envoyés dans la première sphère avec l'ordre de se multiplier et de dominer : « Multipliez vos capacités créatrices, multipliez votre lumière, multipliez votre conscience de soi, puis dominez la sphère dans laquelle vous demeurez. Remplissez cette sphère de lumière jusqu'à ce qu'elle devienne vraiment le royaume de la lumière, le royaume de Dieu. » Que signifie qu'une sphère soit le royaume de Dieu ? Cela signifie que tout rayonne de lumière et que vous pouvez voir la pure lumière Mère derrière toutes les manifestations. Vous voyez Dieu le Créateur comme la première cause derrière toutes les apparences et ainsi vous ne pouvez jamais perdre la conscience de Dieu.

Lorsque la première sphère s'est remplie de lumière jusqu'à une intensité critique, la volonté de Dieu de devenir plus a mandatée qu'une autre sphère soit créée. Cette deuxième sphère englobait une plus grande partie du vide, mais, comme la première, elle n'était pas complètement remplie de lumière. Des êtres conscients de soi ont été envoyés de la première sphère dans la seconde sphère avec l'ordre de se multiplier et de dominer. Certains des êtres envoyés dans cette deuxième sphère ont en effet été créés directement en tant qu'extensions du Créateur, mais la plupart d'entre eux ont été créés en tant qu'extensions des êtres conscients de soi qui avaient servi de cocréateurs et avaient rempli la première sphère de lumière. Ils étaient alors les extensions des êtres de la première sphère, qui étaient eux-mêmes des extensions directes du Créateur.

Ce processus fondamental de création s'est poursuivi à travers de nombreuses sphères, de nombreux cycles. Le monde dans lequel vous vivez, l'univers matériel, est la dernière extension de ce processus créateur. C'est en effet un prolongement de tout le processus par lequel Dieu crée une nouvelle sphère qui absorbe davantage le vide, et donc la sépare des ténèbres en la remplissant d'une certaine quantité de lumière. L'univers matériel dans lequel vous vivez n'est pas – comme vos sens vous le disent, comme la science vous le dit et même comme de nombreuses religions vous le disent – séparé de Dieu ni du reste de la création de Dieu.

L'univers matériel n'est pas séparé de Dieu ou du royaume spirituel par une barrière impénétrable. Cet univers est une extension du royaume spirituel, c'est une extension de Dieu. Bien que je vous ai donné une image linéaire, la réalité de Dieu n'est pas si linéaire. Dans la pièce où vous êtes actuellement assis, il y de nombreuses ondes radio différentes qui existent dans l'air. Ces ondes ont des fréquences différentes, c'est pourquoi elles peuvent coexister dans le même espace sans s'annuler. Ainsi en est-il des sphères créées par Dieu : elles coexistent aussi dans le même espace cosmique, dans le même vide, elles ont simplement des fréquences différentes.

En ce moment même, je ne suis pas un être assis dans un ciel éloigné, vous parlant d'en haut. Je suis en effet ici avec vous. Comme je dicte ces mots à travers un messager particulier, j'ai fusionné mon être avec la conscience du messager, et même avec son corps. Parce que j'ai transcendé l'univers matériel, transcendé le temps et l'espace, je ne suis pas confinée à un espace particulier ou à un temps particulier. Si vous le souhaitez, je peux vous assurer qu'en lisant ces mots votre attention crée un pont vers mon cœur. Si vous êtes prêt à me laisser entrer dans votre être, je peux en effet traverser ce pont et fusionner mon être avec votre propre être. Je peux vous prendre par la main et vous montrer la réalité plus profonde derrière mes mots, la réalité qui ne peut pas être exprimée par des mots parce qu'ils sont beaucoup trop linéaires.

Vous n'êtes pas séparé de votre Créateur. Alors que vous êtes ici en train de lire ce cours, votre Créateur est ici avec vous. Votre Créateur est omniprésent dans sa création, et donc vous ne pouvez jamais réellement être séparé de votre Créateur. Vous ne pouvez être séparé de votre Créateur que dans votre propre esprit car c'est votre esprit qui crée le sentiment de séparation. Ce sentiment de séparation n'est rien d'autre qu'une illusion, un mirage projeté sur l'écran de la vie par une certaine partie de votre conscience, et j'expliquerai plus tard ce qu'est exactement cette partie.

***

Permettez-moi maintenant de revenir à mon image de la création. En vous disant que vous n'êtes pas séparé de votre Créateur ni des frères et sœurs qui vous ont précédé et qui ont ascensionné au ciel, mon intention est de vous faire comprendre que, lorsque Dieu a créé les premiers êtres conscients de soi, ces êtres étaient créés à partir de la conscience et de l'Être de Dieu. Les premiers êtres, que nous pourrions nommer Alpha et Oméga (Apocalypse 1.8), le commencement et la fin, ont ensuite créé d'autres êtres qui ont eux-mêmes créé d'autres êtres, et ainsi de suite dans de nombreuses couches de création et de nombreuses sphères concentriques de la création.

Chaque être qui a été créé l'a été à partir des êtres supérieurs de ses parents, qui ont été eux-mêmes créés à partir des êtres supérieurs de leurs propres parents. Si vous continuez à remonter jusqu'au début, vous voyez que tous les êtres conscients de soi ont été créés à partir de l'Être du Créateur Lui-même. Vous n'êtes pas un être déconnecté qui est soudainement apparu de nulle part. Vous êtes, en fait, une extension, une individualisation d'un être plus grand qui existe actuellement dans le royaume spirituel. Cet être supérieur fait partie d'une hiérarchie d'êtres spirituels qui forment ce que nous pourrions appeler la « chaîne de l'Être », qui remonte jusqu'au Créateur Lui-même.

Vous faites vraiment partie de cette chaîne de l'Être, vous êtes une extension du Créateur, une individualisation du Créateur, par laquelle Dieu peut entrer dans cette sphère particulière de sa création. Dieu peut achever son œuvre créatrice à partir de la création elle-même et, en même temps, faire l'expérience de cette sphère particulière de l'intérieur. Je sais qu'il vous faudra peut-être un certain temps pour l'accepter et le comprendre pleinement, mais, si vous m'invitez dans votre cœur, je vous faciliterai l'acceptation de votre véritable origine et de votre véritable identité. Lorsque vous accepterez cette identité, votre vision de la vie prendra un tournant important. Vous vous rendrez compte que la vie a un sens et qu'elle n'est pas le résultat du hasard.

La vie a en effet un but plus grand, et vous faites partie d'un grand plan qui vise à créer le royaume de Dieu ici sur Terre, transformant ainsi cette planète en un monde si beau qu'il réalisera vos rêves les plus profonds, vos désirs les plus profonds. Vous avez peut-être oublié ces désirs, mais je ne pense pas que vous ayez oublié le fait même que, lorsque vous voyez les limitations, la douleur et la souffrance sur Terre, il y a une partie de vous à l'intérieur qui crie et dit : « Ce n'est pas bien, ce n'est pas ainsi que les choses sont censées être. » Cela vous montre qu'au plus profond de vous se trouve la mémoire qu'il y a plus dans la vie, qu'il y a bien une raison d'être, une raison d'être ici sur Terre.

C'est important parce que vous voyez maintenant que la vie vaut la peine d'être vécue, que la vie a un but plus grand, et vous comprenez aussi qu'il y a un but plus grand à créer l'abondance. Vous n'êtes pas ici pour simplement satisfaire les désirs temporaires, humains ou charnels qui se concentrent autour de votre corps physique et du sentiment d'identité qui est basé sur le corps. Vous êtes plus que le corps physique, vous êtes plus que ce sentiment d'identité inférieur. Vous avez un plus grand sentiment d'identité, une partie plus grande de votre être, et vous êtes ici pour exprimer la plénitude de cette plus grande identité, cette individualité divine.

Vous êtes ici pour servir de cocréateur avec Dieu qui peut apporter la lumière de Dieu, la perfection de Dieu, l'harmonie de Dieu, les qualités de Dieu dans ce monde. Vous êtes ici pour être la lumière du monde (Matthieu 5.14) et pour faire de ce monde un royaume de lumière. Cette lumière consumera l'obscurité qui recouvre actuellement la Terre et qui génère toutes les souffrances, douleurs et manques qui, comme vous le savez, ne peuvent pas venir du plan ou de la volonté de Dieu.

***

Voyons maintenant plus précisément pourquoi vous êtes ici sur Terre. Lorsque Dieu crée une nouvelle sphère, Dieu la remplit d'une certaine quantité de lumière. Dieu, ou plutôt ses représentants, crée un certain nombre de formes. La planète Terre a été créée par sept représentants de Dieu, appelés les *Elohim*, qui ont créé cette planète comme une plate-forme capable de maintenir la vie dans un certain état d'abondance et d'équilibre.

Cela n'a jamais été le dessein de Dieu que la Terre reste dans cet état. La volonté derrière toute création est la volonté d'être plus, et Dieu a envoyé un certain nombre d'êtres conscients de soi dans ce monde avec l'ordre de se multiplier et de dominer. Que veut dire se multiplier et dominer ? En fin de compte, cela signifie multiplier votre conscience de soi afin de prendre conscience de votre capacité à servir de cocréateur avec Dieu.

Vous devenez conscient que votre conscience et votre esprit ont la capacité de servir de porte ouverte pour apporter plus de lumière de Dieu et plus de lumière spirituelle de haute fréquence dans les vibrations inférieures de l'univers matériel. Au fur et à mesure que cette lumière est amenée dans ce monde, elle consume les ténèbres, et ainsi ce monde devient plus léger et plus lumineux et commence à exprimer toute la perfection qui se trouve dans le royaume spirituel. Au fur et à mesure que les cocréateurs multiplient leurs capacités créatrices, ils parviennent à mieux diriger la lumière de Dieu à travers leur esprit, utilisant ainsi leur mental pour imposer une image parfaite, équilibrée et harmonieuse à la lumière. C'est ce processus même d'imposer une image mentale à la lumière Mater qui crée la forme.

En tant que cocréateur, vous avez un double objectif. Votre premier objectif est d'accroître la connexion avec votre Présence JE SUIS qui réside en permanence dans un royaume supérieur. Au fur et à mesure que vous augmentez cette connexion, de plus en plus de lumière peut traverser votre conscience. Vous apportez plus de lumière dans ce monde, augmentant la quantité totale de lumière disponible pour créer la forme. Cela augmente le potentiel de la Terre pour exprimer l'abondance de Dieu.

La véritable clé pour augmenter la quantité d'abondance sur Terre est d'augmenter la quantité de lumière disponible dans ce monde. Lorsque vous avez attiré la lumière de Dieu de votre Présence JE SUIS, vous pouvez alors, grâce à votre conscience de soi qui est focalisée sur ce monde, diriger cette lumière et l'utiliser pour créer des formes qui expriment davantage l'abondance de Dieu. L'abondance se manifeste comme une réalité physique qui peut même être perçue par les sens physiques grossiers du corps humain.

Ce que je viens de vous dire est la clé maîtresse de l'abondance. C'est en effet la principale pierre angulaire qui a été rejetée par les bâtisseurs (Matthieu 21.42), et qui a été négligée par la plupart des êtres humains. Elle a été négligée par la plupart des gourous qui prétendent aider les gens à augmenter leur abondance dans le monde. Pourquoi ce que je viens de vous dire est-il si important ? S'il vous plaît, laissez-moi un peu de temps pour expliquer cela parce que ce point est ce qui consacrera ou détruira vos efforts pour avoir la vie abondante. Si vous ne comprenez pas la clé que j'essaie de vous transmettre, vous n'aurez jamais la véritable abondance spirituelle. Vous pouvez avoir l'abondance matérielle, mais cette abondance matérielle ne satisfera jamais le désir intérieur de votre être.

Le point le plus important à propos de l'abondance est que tout dans ce monde matériel, tout sur la planète Terre, est créé à partir de la lumière de Dieu. Tout est créé à partir de la lumière spirituelle dont la vibration a été abaissée jusqu'à ce qu'elle vibre dans le spectre de fréquences qui composent l'univers matériel. Après avoir été abaissé en vibration, elle est alors disponible pour créer une forme dans cet univers. L'univers matériel est composé d'énergies qui vibrent dans un certain spectre de fréquences.

Vous êtes un cocréateur avec Dieu, et votre conscience de soi est concentrée sur ce spectre de fréquences. Lorsque vous cocréez, vous utilisez votre mental pour imposer une image à la lumière Mère. Avant de pouvoir faire cela, il doit y avoir une partie de la lumière qui a été abaissée dans ce monde afin qu'elle vibre maintenant dans le spectre de fréquences matérielles.

Votre mental a deux capacités lorsqu'il s'agit de travailler avec la lumière de Dieu. Votre mental peut abaisser la vibration de la lumière spirituelle jusqu'au spectre de fréquences matérielles. Une fois que la lumière est abaissée en vibration, votre mental peut lui imposer une image qui crée une certaine forme. Bien que ces deux capacités aient été conçues pour fonctionner ensemble, il vous est possible de les séparer dans votre esprit.

Par exemple, de nombreuses personnes ont oublié la capacité d'apporter de la lumière spirituelle dans ce monde, mais utilisent toujours leur esprit pour imposer des images mentales à la lumière disponible dans ce spectre de fréquences. Avant qu'une forme puisse être créée, un être conscient de soi doit atteindre le royaume spirituel, établir une connexion avec son soi spirituel et servir de porte ouverte pour amener la lumière spirituelle dans le spectre de fréquences de l'univers matériel.

Lorsque la planète Terre a été créée, une certaine quantité de lumière a été introduite dans le spectre de fréquences matérielles par les Elohim. Après que les cocréateurs aient commencé à s'incarner sur cette planète, plus aucune lumière n'a été apportée par les êtres spirituels. Il appartenait maintenant aux habitants de la Terre d'apporter plus de lumière dans le spectre matériel. La quantité totale d'abondance qui peut être créée sur Terre dépend directement de la quantité totale de lumière disponible dans le champ énergétique de cette planète.

La plupart des êtres humains ont oublié leur capacité à apporter de la lumière dans ce monde et ils ont créé des formes déséquilibrées avec la lumière qui était disponible. La force de contraction de la Mère a, en fait, réduit la quantité de lumière en dessous du niveau qui était disponible lorsque la planète a été créée. Il y a moins d'abondance sur Terre aujourd'hui que lorsque cette planète a été créée par les Elohim.

***

S'il vous plaît, faites un effort pour entrer dans votre cœur et permettez-moi de vous donner la compréhension qui ne peut pas être exprimée par des mots, mais qui peut être déclenchée par les mots que je vous donne. Au cours de votre éducation, votre esprit a été programmé pour croire qu'il n'y a qu'une certaine quantité d'abondance dans ce monde. Vous avez été programmé pour croire que vous vivez dans un monde défini par le manque et les limitations. Par exemple, on vous a dit qu'il n'y a qu'une quantité limitée de ressources naturelles disponibles sur la planète Terre, et qu'il est donc possible que l'humanité puisse consommer toutes ces ressources et qu'il ne reste plus rien.

De nombreuses sources ont en effet cherché à vous faire croire qu'il s'agit d'un scénario inévitable, et qu'ainsi vous devriez accepter certaines limitations pour votre vie et même pour l'humanité dans son ensemble. Ce concept n'est ni vrai inconditionnellement ni faux complètement. Je suis sûre qu'on vous a dit qu'il n'y a qu'une certaine quantité de pétrole disponible sur cette planète. Lorsque l'humanité consommera tout le pétrole, il ne restera plus rien et vous ne pourrez plus conduire votre voiture ni voler en avion.

Certains ont tenté de donner l'image d'un jour apocalyptique imminent quand l'humanité aura consommé toutes les ressources de cette planète et que celle-ci deviendra un désert aride qui ne pourra plus soutenir la vie. Mon cœur bien-aimé, ce scénario apocalyptique est en effet une possibilité, mais ce n'est pas la certitude que certains décrivent.

Vous savez très bien que de nouvelles réserves de pétrole sont constamment découvertes. Vous savez aussi qu'il fut un temps où il n'y avait pas de pétrole sur cette planète. Le pétrole a été produit parce que la matière organique morte a été enfouie par les mouvements de la terre et soumise à une pression qui l'a transformée en pétrole. Les diamants sont créés lorsque le charbon ordinaire subit une immense pression dans la croûte terrestre. Puisqu'il y a une très grande quantité de charbon sur cette planète, il y a vraiment un potentiel pour qu'une énorme quantité de diamants puisse être créée.

Je sais que certains diront qu'il faudra des millions d'années pour créer plus de pétrole, et donc l'humanité manquera de pétrole avant que les approvisionnements actuels en pétrole puissent être remplacés par ce processus naturel. Certes, c'est vrai, mais je vous rappelle que le pétrole était connu des êtres humains depuis des milliers d'années. Pourtant, il était considéré comme une ressource naturelle insignifiante, et la raison en était que l'humanité ne savait pas comment utiliser le pétrole. Les êtres humains n'avaient pas inventé les moteurs à combustion ni aucun des autres dispositifs mécaniques qui utilisent des combustibles fossiles pour produire des biens ou permettre aux gens de voyager.

Il n'est tout simplement pas vrai que cette planète possède une quantité finie de ressources naturelles, et donc une quantité limitée d'abondance. Il y a seulement quelques siècles, le pétrole était une substance sans aucune valeur et il n'est devenu précieux que parce que l'humanité a accru ses connaissances, sa conscience, sa compréhension et qu'elle a donc été en mesure de créer une technologie qui utilise le pétrole, le transformant d'une substance sans valeur en une ressource précieuse.

D'où viennent ces connaissances et cette compréhension ? Croyez-vous sérieusement qu'elles sont sorties de nulle part ? Ou êtes-vous ouvert à l'idée que certains êtres humains ont cherché au-delà de l'univers matériel, ont établi une connexion avec leur soi spirituel et que, grâce à cette connexion, ils ont pu faire émerger les idées et la compréhension qui ont donné naissance à de nouvelles inventions et à de nouvelles technologies ? Certes, il y a des ressources sur cette planète dont la quantité est limitée. Certes, il est possible que l'humanité puisse manquer de pétrole, et donc perdre la capacité d'utiliser une technologie basée sur la combustion du pétrole.

Avant que le pétrole ne devienne une ressource, l'humanité disposait d'une technologie plus primitive qui utilisait d'autres ressources naturelles, telles que le bois et le charbon, qui étaient converties en vapeur. Vous savez très bien qu'il existe déjà une technologie qui divise l'atome et convertit l'uranium en une ressource plus puissante que le pétrole. Bien que je ne considère pas l'énergie nucléaire comme une technologie sans problème, il est tout à fait possible qu'il existe sur cette terre des substances qui sont actuellement considérées comme sans valeur mais qui, moyennant une connaissance et une compréhension appropriées, pourraient devenir la base de nouveaux types de technologie beaucoup plus puissante que la technologie basée sur les combustibles fossiles.

Il est tout à fait possible que l'humanité puisse augmenter la quantité d'abondance actuellement trouvée sur Terre. En multipliant leurs talents créateurs, en multipliant leur compréhension des lois de Dieu, les lois que Dieu a utilisées pour concevoir cet univers, les êtres humains peuvent transcender leur niveau de conscience actuel et devenir véritablement des cocréateurs avec Dieu et créer l'abondance à partir de ce qui semble aujourd'hui n'avoir aucune valeur.

Considérez comment le sable, qui était inutile, a été transformé en silicium et est devenu la base de toute l'industrie informatique qui a apporté une immense abondance dans de nombreux aspects de la vie. Considérez comment les gens recherchent déjà comment utiliser l'hydrogène, la substance la plus prolifique de l'univers, comme carburant pour faire fonctionner la technologie.

Je vous encourage à considérer ces idées et à réaliser que le scénario promu par les prophètes apocalyptiques – scénario d'une planète devenant un désert aride – n'est possible que si l'humanité arrête tous ses efforts pour développer sa créativité. Si les êtres humains cessent de multiplier leurs talents et leurs pouvoirs créateurs, alors la société humaine finira par consommer les ressources disponibles selon la compréhension actuelle des lois de la nature par les gens, et cette planète sera un jour transformée en un désert qui ne pourra plus supporter la vie. Cela se produira si les gens choisissent de fermer leurs capacités créatrices, s'ils refusent de multiplier leurs talents et les enterrent dans le sol comme symbole de leur niveau de conscience actuel.

***

Tout ce que vous voyez autour de vous, même la matière physique qui pourrait sembler n'avoir aucun lien avec le monde spirituel, est fait de lumière spirituelle. Même vos scientifiques ont reconnu que la matière solide est faite d'énergie vibrante. Cette énergie vibrante est simplement la lumière de Dieu, la lumière spirituelle, dont la vibration a été abaissée. La quantité de ressources et d'abondance que l'on trouve actuellement sur la planète Terre n'est pas déterminée par une mesure arbitraire, ni par une quantité fixe qui a été déterminée lors de la création de la Terre. La quantité de ressources et d'abondance trouvée sur Terre est directement proportionnelle à la quantité de lumière spirituelle qui a été apportée dans le spectre de fréquences matérielles par les êtres conscients de soi vivant sur la planète Terre.

La matière n'est pas apparue de nulle part. Elle a été produite à partir de la lumière Mère abaissée en vibration jusqu'à ce qu'elle atteigne le spectre physique de fréquences matérielles. Contrairement à ce que vous avez été amené à croire, il n'y a pas de quantité fixe de matière. Les cocréateurs de Dieu peuvent littéralement apporter plus de lumière dans le spectre de fréquences matérielles et augmenter la quantité de ressources naturelles sur cette planète.

L'abondance n'est pas une quantité fixe. Il est tout à fait possible pour les êtres humains de produire plus d'abondance en utilisant plus efficacement les ressources naturelles actuellement disponibles sur cette planète. Il est même possible que les êtres humains puissent apporter plus de lumière spirituelle dans le royaume matériel et ainsi augmenter la quantité de ressources et l'abondance disponibles sur Terre.

Cela ouvre des perspectives entièrement nouvelles pour la possibilité d'atteindre la vie abondante. Vous avez, en vous-même, en votre propre conscience, la capacité d'atteindre le royaume spirituel, de vous connecter à votre Présence JE SUIS et d'apporter la lumière spirituelle dans le monde matériel. Lorsque vous faites cela, vous augmenterez la quantité d'abondance qui se manifeste dans votre vie et vous le ferez sans prendre aucune abondance aux autres parties de la vie.

S'il vous plaît, prenez un peu de recul et réfléchissez vraiment à ce que je dis. Ce que je dis ici, c'est que, lorsqu'il s'agit d'atteindre une plus grande abondance dans votre vie, vous pouvez adopter trois approches différentes :

- L'approche la plus basse et la plus primitive consiste à raisonner qu'il n'y a qu'une quantité fixe d'abondance disponible dans ce monde. Étant donné que tous les êtres humains ne sont pas riches, il est évident que la quantité d'abondance disponible dans ce monde n'est pas suffisante pour tout le monde. Si vous voulez devenir riche, vous devez prendre l'abondance de quelqu'un d'autre afin qu'il devienne pauvre. Tout au long de la majeure partie de l'histoire connue, une petite élite a souscrit à cette vision d'une quantité fixe d'abondance. Ces individus ont utilisé des moyens agressifs pour se constituer en élite du pouvoir avec un monopole sur la richesse et le contrôle des ressources. Ils l'ont fait en asservissant essentiellement la majorité de la population pour qu'elle serve d'abeilles ouvrières pour extraire les maigres ressources naturelles de la planète pour l'usage de l'élite du pouvoir. C'est une approche incroyablement primitive de l'abondance. C'est une approche entièrement basée sur la force, entièrement basée sur la nécessité de se battre avec d'autres pour un approvisionnement fixe et insuffisant d'abondance. C'est une approche qui s'appuie sur la philosophie du manque, la philosophie qui oblige à prendre l'abondance par la force et à priver ainsi inévitablement les autres êtres humains de leur abondance afin de concentrer la richesse entre les mains de quelques privilégiés. Cette approche nécessite un recours continu à la force car l'élite ne peut pas conserver sa richesse sans la défendre continuellement, non seulement contre les autres, mais même contre les forces de la nature qui cherchent à leur enlever ce qu'elles cherchent à posséder. Cette approche de l'abondance est une bataille difficile, une lutte sans fin ;

• Une approche beaucoup plus élevée de l'abondance consiste à penser qu'il est possible de créer plus d'abondance en augmentant votre compréhension des lois de la nature. En proposant de nouvelles inventions et de nouvelles technologies, vous pouvez créer de la richesse en transformant des substances sans valeur en ressources précieuses ou en transformant le savoir-faire en technologie précieuse. Il s'agit d'une approche beaucoup plus élevée de l'abondance, mais elle ne tient toujours pas compte du fait qu'il n'y a actuellement qu'une certaine quantité d'énergie disponible pour les êtres humains sur Terre. Il a aussi un certain facteur de limitation, et vous le voyez actuellement dans la société. Nombreux sont ceux qui savent que les jours de l'utilisation des combustibles fossiles pour faire fonctionner la technologie de l'humanité sont comptés. Ils savent que des guerres ont déjà eu lieu pour le pétrole et qu'il existe un potentiel de guerres encore plus dévastatrices pour le pétrole ou d'autres ressources. Malgré le fait que beaucoup d'humains voient la nécessité de proposer de nouvelles technologies, cette nouvelle technologie n'est actuellement pas disponible. Cela vous montre que même l'approche consistant à chercher à créer plus d'abondance en utilisant les ressources déjà disponibles a une limite. Cette limite est que la véritable clé pour produire plus d'abondance est d'apporter plus d'énergie spirituelle dans le spectre de fréquences matérielles. Comme le disent les scientifiques : « Tout est énergie. » La quantité totale d'abondance disponible sur la planète Terre est directement proportionnelle à la quantité totale d'énergie disponible dans le système énergétique de cette planète. La seule façon d'augmenter véritablement l'abondance est d'augmenter la quantité d'énergie disponible sur Terre ;

- La troisième approche de l'abondance consiste à combiner la deuxième approche qui consiste à rechercher une plus grande compréhension avec l'approche spirituelle qui consiste à atteindre un royaume supérieur pour apporter plus d'énergie dans le spectre de fréquences matérielles. Le but de ce cours est de vous apprendre à utiliser cette approche de l'abondance.

***

Vous vous tenez sur une ligne de démarcation entre une approche de l'abondance mortelle, humaine, basée sur la force et une approche de l'abondance spirituelle, immortelle, basée sur l'amour. Vous avez un choix à faire, et le choix est entre la conscience du manque et la conscience de la véritable abondance. C'est le choix entre la conscience de mort et la conscience de vie.

L'univers matériel a été créé à partir de la lumière de Dieu. Il a été créé en transformant une partie du vide en une sphère distincte et en la remplissant d'une certaine quantité de lumière qui vibre dans un certain spectre de fréquences. La lumière initiale n'était pas suffisante pour remplacer les ténèbres, et donc les ténèbres restant dans le monde matériel sont la cause du manque et de la souffrance que vous voyez sur Terre.

Vous ne pouvez pas supprimer l'obscurité d'une pièce parce que l'obscurité n'a pas de substance en soi. Vous ne pouvez pas la mettre dans une boîte et la jeter par la fenêtre. Vous ne pouvez supprimer les ténèbres qu'en les remplaçant par quelque chose qui a une substance, à savoir la lumière. Le moyen d'éliminer les ténèbres est d'allumer la lumière, et le moyen d'éliminer le manque et la souffrance de la Terre est d'apporter plus de lumière spirituelle dans ce monde. Cela fait partie du processus continu de la création de Dieu, le Fleuve de Vie qui coule toujours. Dieu élargit sa création et y envoie des cocréateurs conscients de soi afin qu'ils puissent apporter plus de lumière dans ce monde et que le monde et ses habitants puissent devenir plus grâce à la transcendance de soi.

Le véritable concept de Dieu est que l'abondance résulte de l'introduction de la lumière spirituelle d'un royaume supérieur dans le monde dans lequel vous vivez. Vous avez la capacité de le faire parce que vous avez été conçu à l'image et selon la ressemblance de votre Dieu, vous avez été conçu avec l'imagination et le libre arbitre. Votre esprit peut être la porte ouverte pour que la lumière de Dieu se répande dans ce monde. En augmentant la quantité de lumière spirituelle circulant dans votre conscience, vous augmenterez inévitablement la quantité d'abondance disponible dans le monde matériel. Le mécanisme de sécurité de Dieu est que vous ne pouvez apporter la lumière d'un royaume supérieur que lorsque vous atteignez un certain niveau de la conscience du Christ.

C'est le choix que vous devez faire. Vous pouvez adopter la première approche et chercher à accumuler de l'abondance en puisant dans l'offre fixe actuellement disponible sur Terre. Cela vous oblige à prendre l'abondance d'autres parties de la vie pour ainsi les en priver. Cela vous oblige à défendre l'abondance que vous accumulez, et ce processus de prise et de défense se poursuivra pour le reste de votre vie.

Si vous avez le moindre doute sur ce que je dis, alors regardez la vie de certaines personnes qui sont les plus riches de cette planète. Elles ont accumulé des richesses en les prenant par la force, et nombre d'entre elles passent le reste de leur vie à les défendre. Elles ne semblent jamais en avoir assez, elles ne semblent jamais être heureuses. Elles n'ont jamais réellement la vie abondante, elles n'ont que l'abondance matérielle. Elles ne sont pas capables de transformer l'abondance matérielle en vraie abondance spirituelle, en vrai bonheur et en vraie paix de l'esprit.

Si c'est ce que vous voulez, vous avez la possibilité de le faire. Votre esprit a la capacité d'imposer une image à la lumière de Dieu. La vraie façon d'accumuler l'abondance n'est pas simplement de la prendre par la force physique. La réalité est que votre esprit cocrée toujours, votre esprit impose toujours des images mentales à la lumière Mater. La question est de savoir d'où vient la lumière Mater, la lumière que vous capturez dans vos images mentales.

Dans le concept originel de Dieu, vous êtes censé maintenir la connexion à votre Présence JE SUIS afin de pouvoir apporter de l'énergie spirituelle et de la lumière spirituelle, dans ce monde. Vous imposez alors une image à cette lumière et créez une forme physique qui devient votre abondance. C'est littéralement comme avoir un génie personnel dans une bouteille, un génie qui peut exaucer tous vos souhaits sans rien prendre aux autres.

Lorsque vous perdez la connexion consciente avec votre soi spirituel, vous n'êtes plus la porte ouverte pour apporter la lumière spirituelle dans ce monde, vous êtes tombé en disgrâce. Vous ne pouvez pas attirer une nouvelle lumière par laquelle vous pouvez créer une forme. Cela ne signifie pas que vous ne pouvez plus utiliser la capacité de votre mental à imposer des images à la lumière Mater. Cela *signifie* que vous devez le faire en prenant la lumière qui a déjà été introduite dans le spectre de fréquences matérielles.

Lorsque vous conservez la connexion originelle à votre Présence JE SUIS, il n'y a pas de limite à la quantité d'abondance que vous pouvez manifester dans votre vie. Dieu est illimité. Dieu n'a pas une quantité finie de lumière disponible pour ses cocréateurs. Dieu a une quantité infinie de lumière, la seule limite est la façon dont les cocréateurs multiplient leurs capacités créatrices.

Votre esprit forme un conduit entre votre conscience et votre Présence JE SUIS. La taille du conduit détermine la quantité de lumière qui peut le traverser. À l'origine, vous avez été envoyé dans ce monde avec un conduit spirituel d'une certaine taille. Vous étiez censé multiplier vos talents et ainsi augmenter la taille du conduit par lequel Dieu vous donnerait plus d'énergie spirituelle qui augmenterait vos pouvoirs créateurs.

La plupart des êtres humains ont progressivement oublié leur véritable origine et ils ont perdu leur lien conscient avec leur soi spirituel. Cela a réduit la taille de leur conduit au stade où il y a juste suffisamment de lumière pour les maintenir en vie, eux et leur corps physique. Ils n'ont pas assez de lumière pour réellement manifester l'abondance à l'intérieur d'eux-mêmes.

La seule option qui leur reste est d'utiliser la lumière qui a déjà été introduite dans le spectre de fréquences matérielles, puis d'imposer des images à cette lumière grâce au pouvoir de leur esprit. Il n'y a qu'une quantité limitée d'énergie disponible sur la planète Terre, ce qui signifie que pour qu'ils obtiennent plus d'abondance, ils doivent prendre l'énergie des autres.

Cela ouvre une toute nouvelle perspective à l'existence humaine. Je vais vous donner une nouvelle compréhension de ce qu'est la vie sur Terre et de ce qu'est la force motrice derrière la lutte de pouvoir entre les humains. Permettez-moi de vous montrer dans le prochain chapitre ce pour quoi les gens se battent réellement lorsqu'ils se battent apparemment pour des possessions matérielles.

10. J'invoque l'abondance spirituelle

Au nom de JE SUIS CE QUE JE SUIS, de Jésus-Christ, j'appelle Portia, Mère Marie et toutes les représentantes de la Mère divine. Aidez-moi à transcender l'état d'esprit basé sur la force qui crée le manque et à adopter l'état d'esprit de l'abondance illimitée de Dieu. Aidez-moi à transcender tout ce qui bloque ma capacité à manifester l'abondance.

Aidez-moi aussi... *(ajouter vos demandes personnelles)*.

I. J'abandonne l'état d'esprit basé sur la force

1. Je choisis la voie supérieure pour manifester l'abondance de Dieu et j'abandonne la voie inférieure qui consiste à acquérir l'abondance terrestre.

Ô Portia, c'est avec amour
Que tu m'accueilles dans ta retraite.
Je réussis toutes mes épreuves
En transcendant les vieux schémas.

**Portia, quelle opportunité
De quitter la dualité !
Je me concentre intérieurement
Pour grandir éternellement.**

2. J'arrête de vouloir prendre l'abondance par la force et je permets à Dieu de me la donner librement.

Ô Portia, ton nom est Justice,
Brandis ta flamme d'honneur cosmique !
Je cesserai de jouer le jeu
De refuser de me changer.

**Portia, quelle opportunité
De quitter la dualité !
Je me concentre intérieurement
Pour grandir éternellement.**

3. J'abandonne l'image de Dieu limitée que la plupart des humains ont dans ce monde. J'expérimente directement la conscience sphérique et englobante de l'Être de Dieu.

Ô Portia, dans le flux cosmique,
Je grandis toujours avec toi.
Je suis le calice ici-bas
Qui reçoit ta justice cosmique.

Portia, quelle opportunité
De quitter la dualité !
Je me concentre intérieurement
Pour grandir éternellement.

4. Je suis une extension de mon Créateur dotée de conscience de soi. J'ai été envoyé dans le monde matériel avec l'ordre de me multiplier et de dominer. Je multiplie mes capacités créatrices, ma lumière et ma conscience de soi.

Ô Portia, équilibre cosmique,
Mon cœur chante l'espoir éternel.
Protégé par l'aile de la Mère,
Je sens l'unité avec tout.

Portia, quelle opportunité
De quitter la dualité !
Je me concentre intérieurement
Pour grandir éternellement.

5. Je prends la domination du royaume matériel, le remplissant de lumière jusqu'à ce qu'il devienne le royaume de Dieu où tout rayonne de lumière et où l'on peut voir la pure lumière Mère derrière toutes les manifestations.

Ô Portia, donne ta lumière Mère
Qui nous libère de la nuit noire.
Ta flamme d'amour brille à jamais,
Serre-moi fort avec Saint-Germain.

Portia, quelle opportunité
De quitter la dualité !

**Je me concentre intérieurement
Pour grandir éternellement.**

6. Je vois Dieu le Créateur comme la cause première derrière toutes les apparences, et je ne perds jamais la conscience de Dieu.

Ô Portia, grâce à ta maîtrise,
Tu me transformes par ta chimie.
Dans ta lumière de vérité,
Je découvre l'alchimie dorée.

**Portia, quelle opportunité
De quitter la dualité !
Je me concentre intérieurement
Pour grandir éternellement.**

7. L'univers matériel n'est pas séparé de Dieu ni du reste de la création divine. L'univers matériel n'est pas séparé de Dieu ni du royaume spirituel par une barrière impénétrable. Cet univers est une extension du royaume spirituel, une extension de Dieu.

Ô Portia, dans le flux cosmique,
Je me réveille du rêve humain.
J'enlève la poutre de mon ego
Pour rejoindre l'équipe cosmique.

**Portia, quelle opportunité
De quitter la dualité !
Je me concentre intérieurement
Pour grandir éternellement.**

8. Je transcende l'illusion que je suis séparé de mon Créateur. Mon Créateur est ici avec moi. Mon Créateur est omniprésent dans sa création, et donc je ne peux jamais être séparé de mon Créateur.

Ô Portia, tu viens de très loin,
Tu es un avatar cosmique.
Comme répertoire illimité,
Tu es l'étoile guide de la Terre.

Portia, quelle opportunité
De quitter la dualité !
Je me concentre intérieurement
Pour grandir éternellement.

9. Mère Marie, je suis prêt à te laisser entrer dans mon être. Je fusionne mon être avec ton propre être. Prends-moi par la main et montre-moi la réalité profonde derrière tes mots, la réalité qui ne peut pas être exprimée avec des mots parce qu'ils sont beaucoup trop linéaires.

Ô Portia, je suis très confiant,
Je suis un instrument cosmique.
Je suis venu du ciel sur Terre
Pour l'aider à ascensionner.

Portia, quelle opportunité
De quitter la dualité !
Je me concentre intérieurement
Pour grandir éternellement.

II. J'accepte mon héritage spirituel

1. Je ne peux être séparé de mon Créateur que dans mon propre esprit parce que c'est le mental qui crée le sentiment de séparation. Ce sentiment de séparation n'est qu'une illusion, un mirage projeté sur l'écran de la vie par une certaine partie de ma conscience.

Ô Portia, c'est avec amour
Que tu m'accueilles dans ta retraite.
Je réussis toutes mes épreuves
En transcendant les vieux schémas.

Portia, quelle opportunité
De quitter la dualité !
Je me concentre intérieurement
Pour grandir éternellement.

2. Tous les êtres conscients de soi ont été créés à partir de l'Être du Créateur Lui-même. Je fais partie d'une hiérarchie d'êtres

spirituels qui forment la chaîne de l'Être, jusqu'au Créateur Lui-même.

Ô Portia, ton nom est Justice,
Brandis ta flamme d'honneur cosmique !
Je cesserai de jouer le jeu
De refuser de me changer.

**Portia, quelle opportunité
De quitter la dualité !
Je me concentre intérieurement
Pour grandir éternellement.**

3. J'accepte ma véritable origine et ma véritable identité. Je comprends que la vie a un but plus grand. Je fais partie d'un grand projet qui vise à créer le royaume de Dieu ici sur Terre, transformant ainsi cette planète en un monde si beau qu'il réalisera mes rêves les plus profonds et mes aspirations les plus profondes.

Ô Portia, dans le flux cosmique,
Je grandis toujours avec toi.
Je suis le calice ici-bas
Qui reçoit ta justice cosmique.

**Portia, quelle opportunité
De quitter la dualité !
Je me concentre intérieurement
Pour grandir éternellement.**

4. Je vois que la vie vaut la peine d'être vécue, que la vie a un but plus grand pour créer l'abondance. Je ne suis pas ici-bas pour satisfaire des désirs humains temporaires.

Ô Portia, équilibre cosmique,
Mon cœur chante l'espoir éternel.
Protégé par l'aile de la Mère,
Je sens l'unité avec tout.

**Portia, quelle opportunité
De quitter la dualité !**

Je me concentre intérieurement
Pour grandir éternellement.

5. Je suis ici-bas pour exprimer la plénitude de ma plus grande identité, mon individualité divine. Je suis ici pour servir de cocréateur avec Dieu qui peut apporter la lumière de Dieu, la perfection de Dieu, l'harmonie de Dieu, les qualités de Dieu dans ce monde.

Ô Portia, donne ta lumière Mère
Qui nous libère de la nuit noire.
Ta flamme d'amour brille à jamais,
Serre-moi fort avec Saint-Germain.

Portia, quelle opportunité
De quitter la dualité !
Je me concentre intérieurement
Pour grandir éternellement.

6. Je suis ici-bas pour être la lumière du monde et transformer ce monde en un royaume de lumière, la lumière qui consume les ténèbres recouvrant actuellement la Terre.

Ô Portia, grâce à ta maîtrise,
Tu me transformes par ta chimie.
Dans ta lumière de vérité,
Je découvre l'alchimie dorée.

Portia, quelle opportunité
De quitter la dualité !
Je me concentre intérieurement
Pour grandir éternellement.

7. Ma conscience et mon esprit sont la porte ouverte pour apporter plus de lumière de Dieu et plus de lumière spirituelle à haute fréquence dans les vibrations inférieures de l'univers matériel.

Ô Portia, dans le flux cosmique,
Je me réveille du rêve humain.
J'enlève la poutre de mon ego
Pour rejoindre l'équipe cosmique.

Portia, quelle opportunité
De quitter la dualité !
Je me concentre intérieurement
Pour grandir éternellement.

8. J'augmente la connexion avec ma Présence JE SUIS. J'apporte plus de lumière dans ce monde, augmentant la quantité totale de lumière disponible pour créer des formes.

Ô Portia, tu viens de très loin,
Tu es un avatar cosmique.
Comme répertoire illimité,
Tu es l'étoile guide de la Terre.

Portia, quelle opportunité
De quitter la dualité !
Je me concentre intérieurement
Pour grandir éternellement.

9. Je dirige la lumière de ma Présence JE SUIS et je l'utilise pour créer des formes qui expriment davantage l'abondance de Dieu. L'abondance se manifeste comme une réalité physique.

Ô Portia, je suis très confiant,
Je suis un instrument cosmique.
Je suis venu du ciel sur Terre
Pour l'aider à ascensionner.

Portia, quelle opportunité
De quitter la dualité !
Je me concentre intérieurement
Pour grandir éternellement.

III. J'invoque la lumière spirituelle

1. La clé maîtresse de l'abondance est que tout sur Terre est créé à partir de la lumière spirituelle dont la vibration est abaissée jusqu'à ce qu'elle vibre dans le spectre des fréquences qui composent l'univers matériel.

Ô Portia, c'est avec amour
Que tu m'accueilles dans ta retraite.
Je réussis toutes mes épreuves
En transcendant les vieux schémas.

**Portia, quelle opportunité
De quitter la dualité !
Je me concentre intérieurement
Pour grandir éternellement.**

2. Mon esprit peut abaisser la vibration de la lumière spirituelle jusqu'au spectre de fréquences de la matière. Une fois que la lumière est abaissée en vibration, mon mental peut lui imposer une image qui crée une certaine forme.

Ô Portia, ton nom est Justice,
Brandis ta flamme d'honneur cosmique !
Je cesserai de jouer le jeu
De refuser de me changer.

**Portia, quelle opportunité
De quitter la dualité !
Je me concentre intérieurement
Pour grandir éternellement.**

3. J'atteins le royaume spirituel, j'établis une connexion avec ma Présence JE SUIS et je sers de porte ouverte pour amener la lumière spirituelle dans le spectre de fréquences de l'univers matériel.

Ô Portia, dans le flux cosmique,
Je grandis toujours avec toi.
Je suis le calice ici-bas
Qui reçoit ta justice cosmique.

**Portia, quelle opportunité
De quitter la dualité !
Je me concentre intérieurement
Pour grandir éternellement.**

4. Je transcende la programmation qui dit qu'il n'y a seulement qu'une certaine quantité d'abondance dans ce monde et que je vis dans un monde défini par le manque et les limitations.

Ô Portia, équilibre cosmique,
Mon cœur chante l'espoir éternel.
Protégé par l'aile de la Mère,
Je sens l'unité avec tout.

Portia, quelle opportunité
De quitter la dualité !
Je me concentre intérieurement
Pour grandir éternellement.

5. Je participe avec les autres à l'effort collectif pour aller au-delà de l'univers matériel. Nous établissons une connexion avec nos Présences JE SUIS pour faire émerger les idées et la compréhension qui feront naître de nouvelles inventions et de nouvelles technologies.

Ô Portia, donne ta lumière Mère
Qui nous libère de la nuit noire.
Ta flamme d'amour brille à jamais,
Serre-moi fort avec Saint-Germain.

Portia, quelle opportunité
De quitter la dualité !
Je me concentre intérieurement
Pour grandir éternellement.

6. Je participe à l'effort par lequel nous augmentons la quantité d'abondance actuellement trouvée sur Terre. Nous multiplions nos talents créateurs, nous multiplions notre compréhension des lois de Dieu.

Ô Portia, grâce à ta maîtrise,
Tu me transformes par ta chimie.
Dans ta lumière de vérité,
Je découvre l'alchimie dorée.

Portia, quelle opportunité
De quitter la dualité !
Je me concentre intérieurement
Pour grandir éternellement.

7. Nous transcendons notre niveau de conscience actuel et devenons véritablement des cocréateurs avec Dieu, qui peuvent créer l'abondance à partir de ce qui paraît aujourd'hui sans valeur.

Ô Portia, dans le flux cosmique,
Je me réveille du rêve humain.
J'enlève la poutre de mon ego
Pour rejoindre l'équipe cosmique.

Portia, quelle opportunité
De quitter la dualité !
Je me concentre intérieurement
Pour grandir éternellement.

8. Tout ce que je vois autour de moi, même la matière physique, est fait de lumière spirituelle. La quantité de ressources et l'abondance trouvées sur Terre sont directement proportionnelles à la quantité de lumière spirituelle qui a été introduite dans le spectre de fréquences matérielles.

Ô Portia, tu viens de très loin,
Tu es un avatar cosmique.
Comme répertoire illimité,
Tu es l'étoile guide de la Terre.

Portia, quelle opportunité
De quitter la dualité !
Je me concentre intérieurement
Pour grandir éternellement.

9. La matière n'est pas apparue de nulle part. Elle est produite à partir de la lumière Mère abaissée en vibration jusqu'à ce qu'elle atteigne le spectre de fréquences de la matière physique.

Ô Portia, je suis très confiant,
Je suis un instrument cosmique.

Je suis venu du ciel sur Terre
Pour l'aider à ascensionner.

Portia, quelle opportunité
De quitter la dualité !
Je me concentre intérieurement
Pour grandir éternellement.

IV. J'accepte l'abondance illimitée

1. Il n'y a pas de quantité fixe de matière. Les cocréateurs de Dieu apportent plus de lumière dans le spectre de fréquences de la matière et augmentent la quantité de ressources naturelles sur cette planète.

Ô Portia, c'est avec amour
Que tu m'accueilles dans ta retraite.
Je réussis toutes mes épreuves
En transcendant les vieux schémas.

Portia, quelle opportunité
De quitter la dualité !
Je me concentre intérieurement
Pour grandir éternellement.

2. L'abondance n'est pas une quantité fixe. Nous produisons plus d'abondance en utilisant plus efficacement les ressources naturelles. Nous apportons plus de lumière spirituelle dans le royaume matériel et augmentons ainsi la quantité de ressources et d'abondance disponibles sur Terre.

Ô Portia, ton nom est Justice,
Brandis ta flamme d'honneur cosmique !
Je cesserai de jouer le jeu
De refuser de me changer.

Portia, quelle opportunité
De quitter la dualité !
Je me concentre intérieurement
Pour grandir éternellement.

3. Je possède en moi-même et dans ma propre conscience la capacité d'atteindre le royaume spirituel, de me connecter à ma Présence JE SUIS et d'apporter la lumière spirituelle dans le monde matériel.

Ô Portia, dans le flux cosmique,
Je grandis toujours avec toi.
Je suis le calice ici-bas
Qui reçoit ta justice cosmique.

Portia, quelle opportunité
De quitter la dualité !
Je me concentre intérieurement
Pour grandir éternellement.

4. J'augmente la quantité d'abondance qui se manifeste dans ma vie, et je le fais sans la prendre d'aucune autre partie de la vie.

Ô Portia, équilibre cosmique,
Mon cœur chante l'espoir éternel.
Protégé par l'aile de la Mère,
Je sens l'unité avec tout.

Portia, quelle opportunité
De quitter la dualité !
Je me concentre intérieurement
Pour grandir éternellement.

5. Je transcende la conscience du manque et j'entre dans la conscience de la véritable abondance. J'aide à éliminer le manque et la souffrance sur la Terre en apportant plus de lumière spirituelle dans ce monde.

Ô Portia, donne ta lumière Mère
Qui nous libère de la nuit noire.
Ta flamme d'amour brille à jamais,
Serre-moi fort avec Saint-Germain.

Portia, quelle opportunité
De quitter la dualité !

**Je me concentre intérieurement
Pour grandir éternellement.**

6. Mon esprit est la porte ouverte pour que la lumière de Dieu afflue dans ce monde. J'augmente la quantité de lumière spirituelle qui circule dans ma conscience. J'augmente la quantité d'abondance qui m'est disponible dans le monde matériel.

Ô Portia, grâce à ta maîtrise,
Tu me transformes par ta chimie.
Dans ta lumière de vérité,
Je découvre l'alchimie dorée.

**Portia, quelle opportunité
De quitter la dualité !
Je me concentre intérieurement
Pour grandir éternellement.**

7. Il n'y a pas de limite à la quantité d'abondance que je peux manifester dans ma vie.

Ô Portia, dans le flux cosmique,
Je me réveille du rêve humain.
J'enlève la poutre de mon ego
Pour rejoindre l'équipe cosmique.

**Portia, quelle opportunité
De quitter la dualité !
Je me concentre intérieurement
Pour grandir éternellement.**

8. Mon esprit forme un conduit entre ma conscience et ma Présence JE SUIS. J'augmente la taille du conduit par lequel Dieu me donne plus d'énergie spirituelle pour amplifier mes pouvoirs créateurs.

Ô Portia, tu viens de très loin,
Tu es un avatar cosmique.
Comme répertoire illimité,
Tu es l'étoile guide de la Terre.

**Portia, quelle opportunité
De quitter la dualité !
Je me concentre intérieurement
Pour grandir éternellement.**

9. Dieu est illimité. Dieu n'a pas une quantité finie de lumière disponible pour ses cocréateurs. Dieu a une source infinie de lumière, et je multiplie mes capacités créatrices.

Ô Portia, je suis très confiant,
Je suis un instrument cosmique.
Je suis venu du ciel sur Terre
Pour l'aider à ascensionner.

**Portia, quelle opportunité
De quitter la dualité !
Je me concentre intérieurement
Pour grandir éternellement.**

Sceau final :

Au nom de la Mère divine, je demande à Portia et à Mère Marie de me sceller, ainsi que toutes les personnes de mon cercle d'influence, dans le flux créateur de la Mère divine, le Fleuve de Vie. Je demande la multiplication de mes appels par toutes les représentantes de la Mère divine afin que nous formions le flux parfait en huit de « comme en haut, ainsi en bas ». J'accepte donc que cela soit pleinement manifesté parce que la bouche du Seigneur, la Mère divine que JE SUIS, l'a prononcé. Amen.

11. Découvrir le secret derrière la lutte humaine

Mon cœur bien-aimé, je vous demande de prendre un peu de recul et de regarder l'histoire des interactions humaines sur Terre. Je vous demande de considérer comment les êtres humains se sont comportés les uns envers les autres tout au long de l'histoire. Je vous demande de chercher un mot qui caractériserait les interactions humaines. Je suis sûre que vous pouvez trouver plusieurs mots très descriptifs, mais je pense que vous conviendrez avec moi que le mot qui décrit plus que tout comment les êtres humains ont interagi est le mot « lutte ».

Les interactions humaines ont été caractérisées par une lutte entre individus et entre groupes de personnes, voire entre l'humanité et Mère Nature. Les êtres humains ont eu tendance à se percevoir, voire à s'identifier, comme étant en opposition avec les autres ou même en opposition avec la planète sur laquelle ils vivent et dont ils dépendent pour leur survie. Vous luttez pour le contrôle de la terre, pour le contrôle des possessions matérielles et pour le contrôle des autres êtres humains. Je vous demande maintenant de considérer quelle est la cause même de cette lutte sans fin, la lutte de pouvoir qui a causé des souffrances indicibles tout au long de l'histoire, et plus encore dans l'histoire qui n'est pas actuellement connue des scientifiques.

La seule cause derrière la lutte humaine est la conviction qu'il n'y en a pas assez pour tout le monde, qu'il n'y a pas assez de terre, de ressources, de nourriture, d'énergie, etc. De là vient le sentiment que si vous voulez plus de quelque chose, alors vous devez le prendre à quelqu'un d'autre, vous devez le prendre de force. Je vous ai donné plus tôt l'image que si chaque être humain avait une lampe magique et pouvait voir tous ses désirs exaucés par le génie dans la lampe, il n'y aurait pas de conflits sur Terre. Si tous les gens pouvaient satisfaire leurs désirs sans prendre à personne d'autre, la lutte humaine de pouvoir prendrait fin. Même le sentiment de lutte se dissiperait et disparaîtrait comme la rosée du matin disparaît devant le soleil levant.

Mon cœur bien-aimé, voyez-vous l'énorme importance de ce concept ? Considérez combien de souffrances ont été causées par la lutte humaine de pouvoir. Considérez l'impact énorme que cela pourrait avoir sur cette planète si au moins une masse critique d'êtres humains pouvait être aidée à surmonter ce sentiment de lutte, à surmonter le sentiment de manque qui cause la lutte, et ainsi accepter qu'ils peuvent avoir la vie abondante sans prendre aux autres ou sans prendre de force à Mère Nature.

Dieu a construit un mécanisme de sécurité dans la lumière Mater elle-même. Ce mécanisme de sécurité est la force de contraction qui cherche à ramener toute forme à l'informe, qui cherche à ramener la lumière Mater à son état de base. Je vais maintenant vous expliquer exactement ce qui se passe lorsque les gens cherchent à prendre quelque chose par la force. C'est un principe qui a été décrit dans pratiquement toutes les religions. Dans la Bible, vous trouvez le concept que ce qu'un homme a semé, il le moissonnera aussi (Galates 6.7).

Vous trouvez les enseignements de Jésus sur le fait de faire aux autres ce que vous voudriez qu'ils vous fassent (Matthieu 7.12). Vous trouvez des concepts similaires dans toutes les religions, et ces idées décrivent le principe le plus important du fonctionnement de l'univers matériel. Pour décrire ce principe de manière très succincte, on pourrait dire que Dieu a créé un univers qui fonctionne comme un miroir. Tout ce que vous envoyez dans le continuum espace-temps vous sera renvoyé par le miroir cosmique.

L'univers a été créé avec la lumière Mater, et comme je l'ai dit, la lumière Mater a le potentiel de prendre n'importe quelle forme mais elle ne peut pas prendre de forme par elle-même. La lumière Mater prend docilement forme lorsqu'elle est sollicitée par un esprit conscient de soi. La lumière Mater prendra n'importe quelle forme gardée comme une image mentale dans cet esprit conscient de soi. Tout ce que vous maintenez dans votre esprit détermine l'image que vous projetez sur la lumière Mère, et ainsi elle détermine la forme que la lumière Mère prendra dans le spectre de fréquences matérielles. Si vous vous accrochez à l'image mentale que la vie est une lutte, alors l'univers vous reflétera sûrement des circonstances qui reflètent la croyance que la vie est une lutte. *C'est le sentiment de lutte qui crée la lutte.*

La loi du libre arbitre n'existe pas toute seule. Dieu n'a pas créé un univers dans lequel vous pouvez faire ce que vous voulez. La loi du libre arbitre existe dans une polarité avec ce que les scientifiques ont appelé la loi d'action et de réaction. Cette loi stipule que même si vous avez le droit de projeter n'importe quelle image sur la lumière Mater, vous devrez faire l'expérience de la forme dans laquelle vous emprisonnez une partie de la lumière Mater. Lorsque vous créez quelque chose, vous ferez inévitablement l'expérience de votre propre création sous la forme de votre situation physique. Ce n'est pas seulement juste, mais c'est aussi une façon pour vous d'apprendre à mieux utiliser vos capacités créatrices.

Imaginez un univers dans lequel vous pourriez faire ce que vous vouliez et ne jamais récolter les conséquences de vos actions. Comment pourriez-vous en tirer des leçons ? Prenons l'exemple de certains enfants qui ont grandi avec des parents qui cherchaient à les protéger des conséquences de leurs choix. Ces enfants deviennent rapidement gâtés et pensent qu'ils peuvent se permettre de faire n'importe quoi. Un enfant commet de plus en plus d'erreurs parce qu'il souhaite que le parent fixe des limites à son comportement. Ce désir découle véritablement de votre volonté d'apprendre vos leçons de vie, car vous savez que s'il n'y a pas de conséquences, il n'y a pas d'apprentissage.

Vous avez également un fort désir d'apprendre vos leçons de vie. Bien que votre esprit extérieur puisse se rebeller contre la loi de Dieu selon laquelle vous récolterez ce que vous semez, votre être intérieur est reconnaissant du fait que la loi de cause à effet exige que vous fassiez l'expérience de ce que vous créez. Votre être intérieur sait que c'est le moyen d'apprendre rapidement à utiliser vos pouvoirs créateurs d'une manière qui vous apprend à créer la meilleure expérience de vie possible pour vous-même.

J'espère vous aider à voir que peu importe à quel point votre situation est difficile en ce moment, il y a une leçon qui se cache derrière. La leçon est que vous avez créé votre situation dans le passé en formant une image mentale et en la projetant sur la lumière Mater. Cela signifie que vous n'êtes pas pour toujours piégé dans des circonstances indépendantes de votre volonté. Vous pouvez, à tout moment, choisir de changer les images mentales dans votre esprit et ainsi projeter une meilleure image sur la lumière Mater. Lorsque vous découvrirez les cycles de la façon dont l'énergie de Dieu circule à travers les niveaux de l'univers matériel, comme je vous l'enseignerai plus tard, vous verrez que ce n'est qu'une question de temps avant que votre situation extérieure ne commence à refléter les nouvelles images que vous détenez dans votre mental.

L'essence de mon enseignement est que si vous vous sentez actuellement pris au piège dans des circonstances indésirables, vous n'êtes pas vraiment pris au piège. Le sentiment d'être pris au piège ou le sentiment de lutte n'existe que dans l'esprit humain. Lorsque vous parviendrez à une meilleure compréhension du fonctionnement de l'univers et à une meilleure compréhension de vos propres pouvoirs créateurs, vous verrez que Dieu vous a donné le pouvoir de changer absolument n'importe quelle circonstance, n'importe quelle limitation. Vous pouvez aller au-delà de cette limitation et manifester la vie abondante ici même dans ce monde. Bien que vous puissiez penser que vous êtes pris au piège par des circonstances indépendantes de votre volonté, vous n'êtes jamais vraiment pris au piège.

Il y a toujours quelque chose que vous pouvez faire pour améliorer votre situation. Quelles que soient les circonstances extérieures, vous avez toujours la possibilité de prendre le contrôle de votre situation intérieure, c'est-à-dire de votre façon de réagir à la situation extérieure. Lorsque vous reconnaissez que votre situation extérieure n'est rien d'autre qu'un reflet de votre situation intérieure du passé, vous saurez qu'en changeant les images mentales dans votre esprit, vous changerez inévitablement ce qui vous est renvoyé par le miroir cosmique.

***

La lutte humaine dure depuis des millénaires. La lutte pour les possessions matérielles, le pouvoir ou le contrôle est née du sentiment qu'il n'y a pas assez d'abondance dans le monde physique. L'abondance matérielle trouvée dans ce monde n'est pas une quantité fixe. L'abondance matérielle est comme la pointe d'un iceberg, et je suis sûre que vous savez qu'un iceberg n'a que dix pour cent de sa masse au-dessus de la surface de l'eau. La majeure partie de l'iceberg est invisible à l'œil humain et, de même, la substance matérielle que vous pouvez détecter avec vos sens physiques n'est qu'une petite partie d'un ensemble plus vaste.

Toute matière est véritablement faite d'énergie vibratoire et ainsi l'abondance matérielle n'est que la partie visible de l'abondance totale dans ce monde. La quantité totale d'abondance dans le spectre de fréquences matérielles ne se limite pas à la matière physique que vous pouvez détecter avec vos sens. La quantité totale d'abondance disponible pour les êtres humains dépend de la quantité d'énergie qui a été introduite dans le système énergétique de la planète Terre.

La matière physique est faite d'énergie et l'énergie physique est véritablement créée à partir d'énergie spirituelle invisible qui a été capturée sous une forme particulière. La matière physique est une énergie dont la vibration a été abaissée jusqu'à ce qu'elle vibre dans un certain spectre de fréquences. La matière physique est une substance qui peut être manipulée par votre corps physique. La matière physique est simplement une expression, une extension des énergies plus fines qui ne peuvent pas être détectées par vos sens physiques, mais qui peuvent néanmoins être mises en forme par votre esprit.

Jetez un nouveau regard sur la lutte humaine de pouvoir. Les êtres humains ne sont pas en compétition exclusivement pour la richesse ou les possessions matérielles. Une grande partie de la lutte entre les êtres humains ne porte pas sur la substance matérielle, il s'agit de quelque chose de non matériel, de quelque chose qui ne peut pas être détecté par les sens physiques ni digéré par le corps, mais qui a néanmoins une valeur pour les êtres humains.

Qu'est ce quelque chose, cette substance immatérielle, pour laquelle les êtres humains se battent ? Pourrait-il s'agir des énergies plus fines qui ne peuvent pas être détectées par les sens mais qui font toujours partie du système énergétique de la Terre ? Ces énergies sont absolument nécessaires pour qu'un être humain se sente bien nourri, abondant, complet ou en sécurité. Vous avez entendu dire que l'homme ne vit pas seulement de pain, et la preuve est que les êtres humains ont de nombreux besoins qui ne sont pas matériels et qui ne peuvent donc pas être satisfaits par des possessions matérielles.

Dans de nombreux cas, la lutte humaine de pouvoir vise à donner aux êtres humains un sentiment. Beaucoup d'individus cherchent à accumuler de l'argent, mais, si vous regardez les personnes les plus riches du monde, vous verrez que beaucoup d'entre elles ont accumulé des sommes d'argent si énormes qu'elles ne pourront même pas dépenser cet argent pendant le reste de leur vie. Tout être humain a des besoins limités en termes de possessions matérielles. Il y a tant de choses que vous pouvez acheter, tant de choses que vous pouvez faire, tant de nourriture que vous pouvez manger, mais il arrivera un moment où une personne aura accumulé suffisamment d'argent pour satisfaire tous ses besoins matériels pour le reste de sa vie.

Vous voyez beaucoup de gens qui ne sont pas en mesure d'arrêter leur quête d'argent pour passer le reste de leur vie à profiter de l'argent qu'ils ont déjà. Ils veulent continuer à accumuler de plus en plus d'argent, même si l'effort d'accumuler et de défendre leur argent les empêche de profiter de la vie. Que recherchent donc ces gens ? Ils luttent pour atteindre quoi ? Ils luttent pour atteindre un sentiment, et ce sentiment est plus important pour eux que l'argent ou tout divertissement que l'argent peut acheter. Ils luttent pour atteindre un sentiment de sécurité ou peut-être un sentiment de pouvoir, de contrôle ou de supériorité.

Pendant très longtemps, j'ai profondément étudié la psychologie humaine. En tant qu'être ascensionné, j'ai la capacité de regarder au-delà de toutes les apparences superficielles qui confondent les êtres humains et les empêchent de comprendre ce qui se passe au niveau subconscient de la psyché. Les yeux d'un être ascensionné peuvent pénétrer tous les écrans de fumée qui trompent les êtres humains. Je vois que, derrière le besoin extérieur de sécurité, se cache un besoin sous-jacent. Ce besoin est ce que nous pourrions appeler le besoin de *plénitude*.

C'est un besoin qui est intégré dans la conception même de votre être, et c'est un autre mécanisme de sécurité conçu par Dieu. Son but est d'empêcher le libre arbitre de causer la perte des cocréateurs dans la conscience de séparation. Dieu ne veut pas que vous soyez pris au piège dans une spirale sans fin à récolter les conséquences de vos choix antérieurs qui déterminent vos choix actuels, et cela crée encore plus de conséquences auxquelles vous ne pouvez pas échapper. Lorsque Dieu a créé votre courant de vie, Il l'a conçu pour que vous recherchiez toujours la plénitude, tout comme Il a conçu la lumière Mater pour qu'elle recherche toujours l'équilibre de son état de base.

Dieu n'a pas créé le manque ni la souffrance sur Terre ; ceux-ci ont été créés par la conscience collective de l'humanité après que les gens ont perdu la connexion directe avec leur soi spirituel, leur Présence JE SUIS. Lorsqu'un courant de la vie perd cette connexion, il éprouve le sentiment de ne pas être entier, le sentiment d'être incomplet, d'être seul, voire d'être abandonné. Cela a donné au courant de vie le désir de rétablir son ancienne plénitude, son ancienne complétude. Lorsque vous regardez la corne d'abondance des désirs humains, vous ne pourrez jamais comprendre le véritable moteur de la psychologie humaine à moins de regarder au-delà des apparences extérieures.

Les êtres humains n'ont pas vraiment le désir d'accumuler plus qu'une certaine quantité de biens matériels. Les êtres humains n'ont pas le désir d'éprouver plus qu'un certain nombre de plaisirs corporels. Un courant de vie a besoin de faire l'expérience de certains désirs dans l'univers matériel. De tels désirs peuvent être satisfaits par un nombre fini d'expériences ou une quantité donnée de possessions. Ce qui crée le désir insatiable d'avoir plus de possessions, plus de plaisirs, plus de pouvoir ou toute autre chose que les êtres humains veulent est, en fait, le désir intrinsèque de plénitude. Parce que les cocréateurs ne voient pas la véritable nature de ce désir ni le véritable but du désir, ils cherchent à combler le désir par les choses qu'ils *voient*, par les choses dont ils *font l'expérience*.

Parce que les courants de vie ont oublié leur origine spirituelle et ont oublié le but de leur venue sur Terre, ils ne comprennent pas leurs véritables désirs. Parce que les cocréateurs ne voient pas qu'ils sont descendus dans un état inférieur de conscience dans lequel ils ont perdu leur ancienne plénitude ainsi que leur ancienne sainteté en tant qu'êtres spirituels fils et filles de Dieu, ils ne comprennent pas que le véritable désir de leur être est de retrouver sa plénitude. Puisqu'ils ne voient pas leur soi spirituel, ils ne comprennent pas que le désir qu'ils ressentent est un désir de plénitude, un désir qui ne peut être satisfait qu'en rétablissant la connexion avec leur soi spirituel. Au lieu de chercher en priorité le royaume de Dieu et sa justice, par quoi toutes les autres choses leur seront données comme Jésus l'a promis (Matthieu 6.33), ils cherchent à combler leurs désirs à travers les choses qu'ils peuvent voir dans ce monde. Ils cherchent à construire une *sécurité extérieure* plutôt que la *plénitude intérieure*.

De nombreuses personnes cherchent à rétablir leur plénitude intérieure en accumulant des possessions matérielles, créant ainsi un sentiment de sécurité matérielle. Certaines personnes recherchent la sécurité en acquérant du pouvoir sur les autres, ce qui, selon elles, les fera se sentir complètes. Derrière la pulsion de possessions ou d'expériences extérieures se cache la pulsion d'accumuler de l'énergie. Lorsqu'un courant de vie est correctement connecté à la Présence JE SUIS, il ressent un flux constant d'énergie spirituelle coulant à travers tous les niveaux de son être directement à partir de la Présence JE SUIS.

C'est ce flux d'énergie spirituelle qui donne au courant de vie le sentiment de plénitude, de ne faire qu'un avec le flux du Fleuve de Vie qui est la création de Dieu. Le courant de la vie sent qu'il fait partie du Tout de Dieu au lieu d'être seul et incomplet. Même si le cocréateur ne réalise pas consciemment ce qui se passe, il a un moteur interne pour obtenir de l'énergie. Il sait que la clé pour rétablir sa plénitude est l'énergie. Parce qu'il ne comprend pas sa véritable origine et son identité, il pense à nouveau qu'il doit puiser de l'énergie dans ce monde et l'utiliser pour rétablir sa plénitude.

Les énergies trouvées dans ce monde sont d'une fréquence plus basse que les énergies du royaume spirituel. Un courant de vie ne peut pas ressentir la plénitude avec l'énergie matérielle, quelle que soit la quantité accumulée. Essayer de rétablir sa plénitude intérieure en accumulant des possessions matérielles ou des énergies matérielles est aussi impossible que d'essayer de combler un trou noir. Cela ne peut tout simplement pas être fait, et ainsi le courant de vie est engagé dans une quête impossible jusqu'à ce qu'il élève sa compréhension et arrête de tenter l'impossible.

La seule chose qui peut rétablir votre sentiment de plénitude est de rouvrir la connexion directe et consciente avec votre Présence JE SUIS. Vous sentirez alors les énergies spirituelles de hautes fréquences s'écouler de votre Présence JE SUIS à travers tous les niveaux de votre être inférieur. Vous saurez que vous êtes dans le courant du Fleuve de Vie, et ce n'est qu'en étant dans ce flux que vous vous sentirez entier et complet en vous-même. Vous saurez que vous n'avez besoin de rien de l'extérieur à vous-même parce que vous avez le Fleuve de Vie qui coule à l'intérieur de votre propre être.

***

Permettez-moi de revenir à l'image de la lampe magique. Si vous aviez une lampe magique et si tout ce que vous aviez à faire était de la frotter pour qu'un génie bondisse et exauce chacun de vos désirs, auriez-vous l'impression que la vie sur Terre est une lutte ? Prendriez-vous la peine de rivaliser avec d'autres personnes pour une quantité limitée de possessions matérielles ? Prendriez-vous la peine de chercher à puiser de l'énergie chez les autres si vous aviez accès à une source inépuisable en vous-même ? Ne préféreriez-vous pas frotter votre lampe et ordonner au génie de réaliser vos désirs et de vous donner l'énergie nécessaire, même celle qui a pris l'apparence de matière physique ?

Tout ce que je vous ai expliqué jusqu'ici a eu pour but de vous montrer que vous avez bien une lampe magique. Au lieu de chercher à gagner votre vie à la sueur de votre front (Genèse 3.19) en prenant de force à d'autres personnes ou à Mère Nature, vous avez l'alternative d'aller à l'intérieur et de rétablir la connexion avec votre Présence JE SUIS. En recherchant d'abord le royaume de Dieu, le royaume que Jésus vous a dit être à l'intérieur, vous aurez accès à l'abondance illimitée de Dieu plutôt qu'à l'abondance limitée de ce monde.

Votre Présence JE SUIS est une extension de votre Créateur, et votre Présence JE SUIS a accès à l'énergie infinie de votre Créateur qui est librement disponible dans le royaume spirituel. Votre Présence JE SUIS vous donnera toute l'énergie spirituelle nécessaire pour réaliser tous vos véritables désirs dans ce monde matériel. Votre Présence JE SUIS vous donnera même de l'énergie spirituelle que votre esprit peut capturer sous une forme qui deviendra une substance matérielle.

Pour recevoir cette énergie, vous devez rétablir et développer le conduit afin que votre être extérieur et votre esprit conscient deviennent la porte ouverte par laquelle la lumière de Dieu, le soleil de votre Présence JE SUIS, puisse briller dans ce monde et dissiper les ténèbres qui vous donnent actuellement un sentiment de manque, de vide, un sentiment d'être incomplet, peut-être même indigne.

Mon cœur bien-aimé, si vous pouvez pleinement assimiler et accepter cet enseignement, vous avez le potentiel de changer complètement votre vie et de vous engager sur une voie qui *peut vous conduire* et qui vous conduira à l'accomplissement ultime que vous recherchez, c'est-à-dire le sentiment intérieur de plénitude qui vient de la compréhension de ce que Jésus a exprimé quand il a dit : « *Moi et mon Père sommes un* » (Jean 10.30).

***

Vous avez peut-être déjà réalisé que ce que les êtres humains recherchent, ce ne sont pas des possessions matérielles mais un sentiment. Vous voyez peut-être ce sentiment comme le bonheur, l'épanouissement ou peut-être même la tranquillité d'esprit. Ce que vous recherchez en réalité, c'est la plénitude, et celle-ci est à votre disposition à tout moment. Afin de trouver et d'établir cette plénitude, vous devez inverser la direction de votre attention. Je sais très bien que vous avez grandi dans une société qui vous a programmé à croire que, si vous avez un besoin ou un désir, vous devez trouver quelque chose en dehors de vous-même pour combler le besoin ou le désir. Vous avez grandi dans une culture de consommation qui vous formate à rechercher un produit ou un service pour combler vos désirs.

L'essence même de cette culture de consommation est que quelqu'un veut vous vendre quelque chose. Derrière cela se cache un objectif plus profond de vous contrôler à travers vos besoins. L'essence même de cette culture est de promouvoir la croyance que ce monde est un monde de manque et que vous n'en avez pas assez en vous pour être complet et épanoui. Vous avez besoin d'acquérir des biens et, par ce besoin, d'autres personnes ou institutions peuvent vous influencer, voire vous contrôler.

Lorsque Jésus a dit que le royaume de Dieu était en vous, le prince de ce monde et les sbires de la religion établie ont décidé de le tuer. Ils ne voulaient pas que Jésus continue à prêcher le grand secret que les forces de ce monde ne veulent pas que vous sachiez. Ce secret est la vérité éternelle que la véritable clé pour satisfaire vos désirs et faire l'expérience de la vie abondante de Dieu est d'arrêter de chercher cette abondance en dehors de vous-même. Pour trouver l'abondance et la plénitude, vous devez aller à l'intérieur de vous-même, vous devez entrer dans le royaume de Dieu en vous et découvrir ainsi la véritable clé de la vie abondante, qui est votre Présence JE SUIS et la lumière spirituelle rayonnant à travers le soleil de votre être.

Lorsque vous réalisez cette vérité, vous devenez spirituellement autonome et, par conséquent, vous n'avez plus besoin de
quoi que ce soit d'autre ni de source extérieure à vous-même. Vous
n'avez plus besoin de rien ni d'aucun être humain ni d'aucune
institution, organisation ou entreprise humaine. Vous êtes vraiment indépendant d'une manière spirituelle. Je ne dis pas ici que
vous n'aurez pas besoin ou ne voudrez pas interagir avec d'autres
êtres humains. Je dis que vos interactions avec d'autres personnes
auront un objectif et un but entièrement nouveaux. Au lieu d'interagir avec les autres sur la base d'un sentiment de manque, vous
allez maintenant interagir avec les autres sur la base d'un sentiment d'abondance intérieure.

Au lieu de chercher à prendre quelque chose aux autres par la
force, votre volonté cherchera à donner aux autres. Cela ne signifie
pas que vous ne recevrez plus jamais rien de la part des êtres
humains parce que vous permettrez souvent à Dieu de combler vos
besoins à travers les autres. Ce faisant, vous sortirez de l'état de
manque qui vous fait vous ressentir être démuni ou qui vous fait
penser que les autres vous doivent quelque chose. Vous ne
craindrez pas que les autres ne coopèrent pas et vous ne serez pas
enclin à utiliser la force pour obliger d'autres personnes à vous
donner ce dont vous avez besoin pour vous sentir complet.

Vous avez compris le principe selon lequel c'est le bon plaisir
du Père de vous donner le royaume et qu'il vous le donnera
gratuitement si vous êtes disposé à le recevoir librement – c'est-à-
dire sans crainte ni attentes ni attachements fondés sur la peur –,
puis à librement partager ce que vous avez reçu gratuitement
(Matthieu 10.8). Lorsqu'un groupe de personnes est dans cet état
de conscience, elles donnent les unes aux autres et, ce faisant, elles
multiplient leurs talents au-delà de ce que chacune d'entre elles
pourrait réaliser seule. Cela apporte encore plus d'abondance de
Dieu à leur société dans laquelle la vie devient une spirale ascendante d'abondance croissante pour tout le monde.

Mon cœur bien-aimé, c'est le véritable potentiel de la société
humaine, à savoir que les êtres humains se réunissent en multipliant leurs talents individuels et en les mettant en commun afin

que l'ensemble devienne plus que la somme de ses parties. Lorsque les humains donnent et reçoivent de manière désintéressée, ils rétablissent la bonne connexion avec Dieu. Dieu multipliera leurs talents, ce qui leur permettra vraiment de dominer sur beaucoup de choses pour apporter encore plus d'abondance dans le monde.

Une société peut ainsi entrer dans une spirale ascendante qui amène un âge d'or de paix, de prospérité et d'abondance pour tous les membres de cette société. Cela a été manifesté dans les civilisations passées, et certaines civilisations ont pu maintenir un tel âge d'or pendant une très longue période de temps avant que les êtres humains ne commencent finalement à descendre dans un état de conscience inférieur.

***

Laissez-moi maintenant vous expliquer le choix que vous avez à faire, le choix concernant ce dont vous ferez le but pour le reste de votre vie. Toute la matière physique disponible pour les êtres humains sur Terre est créée à partir d'énergies plus fines. La matière physique n'est que la pointe de l'iceberg de la quantité totale d'énergie disponible dans le spectre de fréquences matérielles. Une grande partie de cette énergie n'est pas disponible sous forme d'énergie physique, comme la chaleur ou l'électricité.

Elle est disponible sous la forme de ce que nous pourrions appeler l'énergie psychique, c'est-à-dire l'énergie mentale et émotionnelle. La quantité totale d'abondance matérielle disponible dans ce monde dépend non seulement de la matière physique, mais aussi de la quantité totale d'énergie disponible dans le spectre de fréquences matérielles, ce que certains scientifiques appellent le continuum espace-temps.

Même la matière physique est de l'énergie qui a été capturée dans une certaine matrice. C'est une expression de la lumière Mater, qui a été capturée sous une certaine forme parce qu'un esprit conscient de soi a imposé une image à cette lumière Mater. Avant que la lumière Mater ne soit abaissée en vibration et ne devienne matière physique, elle a d'abord été abaissée dans le spectre de fréquences que j'ai appelé énergie psychique. Avant cela, la lumière Mater vibrait aux fréquences les plus élevées du royaume spirituel.

L'abondance disponible pour les êtres humains dans le monde matériel est directement proportionnelle à la quantité totale d'énergie disponible dans l'ensemble du système énergétique de la Terre. Cela inclut des fréquences qui sont plus élevées que celles de la matière physique mais pas aussi élevées que les fréquences du royaume spirituel. Cette énergie peut se manifester sous forme de matière physique, d'énergie matérielle, telle que l'électricité ou la lumière du Soleil, ou elle peut se manifester sous forme d'énergie psychique qui ne peut pas être détectée par les sens mais qui peut être ressentie sous la forme d'énergie émotionnelle et mentale, de sentiments et de pensées.

Les scientifiques vous ont dit que tout est énergie, ce qui signifie que rien n'existe qui ne soit pas énergie. Vous savez très bien que vous avez des sentiments et que vous avez des pensées. Vos sentiments et vos pensées doivent être des formes d'énergie selon la définition de la science. Même si vous ne pouvez pas détecter physiquement l'énergie psychique, vous savez qu'elle existe parce que vous la ressentez comme une réalité dans vos sentiments et dans vos pensées.

Il vous est possible d'aller dans votre cœur et de savoir avec une connaissance intérieure que, pour avoir l'abondance, il ne suffit pas d'utiliser votre corps physique. Vous devez également utiliser votre esprit pour concentrer l'énergie psychique et apprendre à transformer cette énergie en substance matérielle que vous désirez. Cela nous amène au point crucial où je peux vous expliquer le choix auquel vous êtes confronté.

Voici les deux options qui s'offrent à vous. Afin de manifester une plus grande abondance dans votre vie, vous pouvez adopter l'approche choisie par la plupart des êtres humains sur cette planète. Vous pouvez chercher à accumuler une plus grande quantité de substance matérielle et d'énergie psychique à partir de la quantité d'énergie qui est déjà disponible dans le spectre de fréquences matérielles. Vous pouvez chercher à accumuler en prenant l'abondance d'une quantité limitée d'énergie et de matière.

La conséquence de cette approche est que vous devez accumuler de l'énergie et des possessions matérielles par la force. Dans de nombreux cas, vous devez le faire en les prenant soit à d'autres personnes, soit à Mère Nature, et les deux ne vous les donneront peut-être pas sans que vous vous battiez contre elles. Cela créera une lutte entre vous et d'autres personnes ou entre vous et Mère Nature. Vous devrez gagner votre vie à la sueur de votre front. Vous devrez utiliser la force pour accumuler des richesses et vous devrez continuellement utiliser une force pour les défendre contre les forces qui cherchent à vous les prendre.

Si tout le monde cherche à accumuler l'abondance à partir d'une même quantité limitée, si tout le monde cherche à obtenir une plus grande part du même gâteau, vous aurez une lutte constante pour atteindre et maintenir votre abondance. Le mécanisme de sécurité intégré à la lumière Mater cherchera à ramener toute l'énergie à son état de base, et cela créera aussi une force qui cherchera à emporter ce que vous avez pris par la force. Lorsque vous cherchez à prendre par la force, vous vous mettez en conflit avec toutes les autres personnes qui adoptent la même approche et avec Mère Nature elle-même.

Je suis sûre que vous pouvez voir les limites de cette approche. Je suis sûre que vous pouvez voir dans votre cœur que, même si vous réussissiez à accumuler une grande richesse matérielle, ce ne serait pas un état permanent d'abondance, et donc ce ne serait pas la véritable abondance. Vous n'auriez pas vraiment la vie abondante en adoptant cette approche.

La seconde approche que vous pouvez adopter est de purifier complètement votre esprit du sentiment de manque qui vous fait croire que la seule façon d'accumuler l'abondance est de le faire par la force et par la lutte. Vous pouvez choisir de suivre l'exemple donné par Jésus et d'autres enseignants spirituels qui consiste à entrer dans le royaume de Dieu en vous, d'atteindre un état d'unité avec votre Présence JE SUIS, avec votre Père spirituel, puis de permettre à la lumière de Dieu de couler dans votre être et dans votre monde pour manifester l'abondance de Dieu dans votre vie.

***

Si vous adoptez la deuxième approche, vous n'êtes pas en concurrence pour accumuler de la richesse à partir d'une quantité limitée. Vous n'êtes pas en compétition pour prendre un plus gros morceau du gâteau. Vous ouvrez une connexion à l'abondance infinie de Dieu et vous permettez à Dieu le plaisir de vous donner son royaume en élargissant le gâteau. Il n'y a pas de limites dans le royaume spirituel, et donc il n'y a pas de limite à la quantité d'énergie spirituelle que votre Présence JE SUIS peut laisser couler à travers votre être. La seule limite est la quantité d'énergie spirituelle que vous pouvez recevoir par votre esprit extérieur.

C'est le concept qui a donné naissance à la légende du Saint Graal. On dit que le Saint Graal est un calice, une coupe, mais le Saint Graal est surtout le symbole d'un calice qui peut contenir l'abondance de Dieu sous forme de lumière spirituelle. La véritable signification de cette légende est que votre esprit, votre être, est destiné à devenir le calice qui peut contenir la lumière spirituelle de votre Présence JE SUIS.

Dieu ne permettra pas que ses perles soient jetées aux pourceaux (Matthieu 7.6). Dieu ne permettra pas que son abondance soit ensevelie sous terre (Matthieu 25.18) ou tombe sur une terre aride (Matthieu 13.5). Dieu ne vous donnera l'abondance que le jour où vous prouverez que vous pouvez être fidèle en peu de choses (Matthieu 25.21), que le jour où vous prouverez que votre être inférieur est devenu un calice et que vous utilisez sagement cette abondance pour devenir un intendant avisé de ce que Dieu vous a donné.

Vous avez deux options. Vous pouvez chercher à manifester la vie abondante en la prenant à partir de la quantité limitée d'énergie disponible dans le spectre de fréquences matérielles. Ou vous pouvez chercher à recevoir l'abondance directement à partir de la quantité infinie disponible dans le royaume spirituel. Si vous choisissez la première option, vous ne ferez rien pour augmenter la quantité d'abondance disponible sur Terre. Vous ne pouvez accumuler l'abondance personnelle qu'en prenant la substance matérielle ou l'énergie psychique aux autres.

Si vous choisissez la deuxième option, non seulement vous recevrez l'abondance pour vous-même, mais vous apporterez plus d'abondance dans ce monde et vous augmenterez ainsi la quantité d'énergie disponible pour tous. En poursuivant votre abondance personnelle, vous augmenterez également l'abondance de l'ensemble, et c'est le vrai sens de multiplier vos talents, à savoir que vous augmentiez la quantité totale d'abondance dans ce monde. Ce que vous faites vraiment, c'est augmenter la quantité totale de lumière dans le monde matériel, et ainsi vous apportez une contribution personnelle à transformer ce monde en royaume de Dieu.

C'est votre vraie raison d'être. Vous avez été conçu pour servir de cocréateur avec Dieu en apportant la lumière spirituelle dans le spectre de fréquences matérielles et en l'utilisant pour remplacer les ténèbres par des formes parfaitement belles et équilibrées qui sont une expression des lois et de la perfection de Dieu. C'est lorsque vous remplissez ce rôle prévu que Dieu vous fera dominer sur beaucoup de choses parce que vous avez été fidèle en peu de choses (Matthieu 25.21), sur une quantité limitée de lumière spirituelle. C'est lorsque vous remplirez ce rôle que vous entendrez les paroles prononcées à propos de Jésus : « *Celui-ci est mon fils bien-aimé en qui j'ai mis toute mon affection* » (Matthieu 3.17).

✳✳✳

Permettez-moi maintenant de vous transmettre une vérité qui devrait vous faire réfléchir et qui devrait vous permettre de choisir plus facilement entre les deux options, si vous n'avez pas déjà fait votre choix. J'ai fait référence à ces nombreux gourous dans le monde qui prétendent qu'ils peuvent vous apprendre à accumuler rapidement et facilement tout l'argent que vous voulez. J'ai qualifié certains d'entre eux de faux gourous, et je vais maintenant expliquer pourquoi ce sont de faux enseignants.

Votre esprit, à la fois conscient et subconscient, a une capacité intrinsèque à imposer une image à la lumière Mater, amenant cette lumière à prendre la forme définie par l'image. Par le pouvoir de vos pensées, vous imposez une image mentale à la lumière qui a été abaissée dans le spectre de fréquences matérielles. Par le pouvoir de vos émotions, vous donnez du mouvement et de la direction à cette énergie, et c'est ce qui la fait descendre dans le spectre de fréquences de la matière physique afin qu'elle devienne une réalité manifestée dans votre vie.

Jésus avait atteint un très haut degré de maîtrise sur la matière elle-même. Jésus avait la capacité de guérir les malades, même au point de changer la structure moléculaire et atomique du corps d'une personne afin que les cellules malades soient instantanément guéries. Jésus avait la capacité de transformer l'eau en vin et de multiplier les pains et les poissons. C'est une capacité qui est construite dans votre esprit. La plupart des êtres humains sur Terre sont loin d'avoir la maîtrise de la matière démontrée par Jésus. Mais tous les gens sur Terre ont la capacité d'atteindre cette maîtrise, c'est pourquoi Jésus a dit que ceux qui croient en lui feront les œuvres qu'il a faites (Jean 14.12).

Il y a deux façons d'atteindre cette maîtrise. Il y a une voie basse et il y a une voie haute. La maîtrise démontrée par Jésus était clairement la voie royale parce que Jésus reconnaissait qu'il ne pouvait rien faire de lui-même mais que c'était le Père en lui, la Présence JE SUIS, qui faisait le travail. Lorsque vous reconnaissez votre Présence JE SUIS comme la véritable source, comme le véritable acteur de votre vie, vous vous réalignez avec les lois de Dieu et avec l'intention créatrice de Dieu.

Le dessein de Dieu pour cet univers est de créer une plate-forme où tous les cocréateurs de Dieu, tous des êtres conscients de soi, peuvent vivre en harmonie les uns avec les autres et avec l'ensemble. Lorsque vous utilisez au maximum vos pouvoirs créateurs, vous apportez plus d'abondance dans ce monde, et ainsi vous augmentez l'ensemble sans prendre à quelqu'un d'autre.

Il est possible que vous puissiez utiliser les pouvoirs qui sont construits dans votre esprit pour manipuler l'énergie de Dieu et accumuler l'abondance pour vous-même sans augmenter la quantité totale d'abondance dans ce monde. Vous utilisez alors le pouvoir de votre esprit pour attirer vers vous plus d'énergie et plus d'abondance physique à partir de ce qui est déjà disponible dans le système énergétique de la Terre. Ce faisant, vous devez nécessairement la prélever à d'autres parties de la vie, et vous privez ces parties de la vie et toute la vie de cette énergie.

Un nombre important de personnes sur cette planète ont atteint un très haut degré de maîtrise en termes d'attraction de l'énergie et de la richesse matérielle en les prenant par la force, en les prélevant sur la quantité limitée d'abondance disponible dans le monde matériel. Ils le font sans aucune considération pour la façon dont leurs actions affectent les autres ou la Terre Mère. Ces courants de vie ont complètement abandonné toute considération pour l'ensemble ou pour l'intention créatrice de Dieu. Ils se voient comme étant séparés de Dieu et comme étant séparés du corps de Dieu.

Ils croient qu'ils appartiennent à une élite qui a le droit de faire ce qu'elle veut, peu importe comment cela affecte d'autres aspects de la vie. Ils croient qu'il est de leur droit d'asservir d'autres personnes ou d'en faire des serfs qui travaillent la terre pour produire de la richesse pour l'élite. Si vous regardez l'histoire, vous verrez l'existence de cette élite et comment, dans chaque culture et dans chaque civilisation connue de l'humanité, une petite élite a réussi à contrôler la population générale et à la faire travailler pour lui apporter des quantités excessives de richesses matérielles, de pouvoir, de plaisir, de privilèges et d'énergie.

Mon but en vous disant cela est double. Si vous voulez manifester la vie abondante de Dieu, vous devez vous libérer de la mentalité de cette élite. Vous devez vous séparer de cette élite et j'expliquerai cela plus en détail plus loin. Pour l'instant, le but le plus important de mon enseignement est de vous faire prendre conscience que cette élite, cette élite du pouvoir, a atteint une certaine capacité à attirer à elle l'énergie psychique et la richesse matérielle. Ils l'ont fait en utilisant le pouvoir intégré à l'esprit humain afin de puiser de l'énergie à d'autres parties de la vie. Inutile de dire que c'est une violation de la loi de Dieu, et donc c'est une mauvaise utilisation de vos pouvoirs créateurs.

Il est important que vous compreniez qu'il est en effet possible d'abuser de vos pouvoirs créateurs. Vous devez comprendre cela parce que ce n'est qu'ainsi que vous pouvez éviter de tomber dans le piège des promesses faites par les gourous autoproclamés de la prospérité qui vous promettent qu'en les suivant vous pouvez accumuler de la richesse grâce à des raccourcis.

J'ai dit plus haut que la plupart des programmes pour devenir riche rapidement ne fonctionnent tout simplement pas, et c'est vrai. Il y a des gens qui ont découvert des moyens de manipuler l'énergie psychique et la matière grâce au pouvoir de l'esprit, et ainsi ils sont capables d'accumuler de grandes quantités de richesses, souvent en influençant d'autres personnes. La plupart de ces personnes utilisent cette capacité pour continuer à accumuler des richesses, mais quelques-unes se sont érigées en gourous, affirmant qu'elles peuvent vous apprendre à accumuler des richesses de la même manière qu'elles l'ont fait.

Mon cœur bien-aimé, voyez-vous la subtilité ici ? Ces personnes se désignent non seulement elles-mêmes, mais également certaines des personnes les plus riches et les plus prospères du monde comme la preuve que leur enseignement est efficace. Certains de leurs systèmes fonctionnent en effet, même s'il faudra beaucoup de temps à la plupart des gens pour apprendre à manipuler l'énergie – et il ne s'agit donc pas d'un programme pour devenir riche *rapidement*.

Mais il est parfaitement possible d'accumuler des richesses en utilisant le pouvoir construit dans votre esprit. Si vous ne mesurez le succès qu'en fonction de la richesse qu'une personne a accumulée, vous pourriez facilement être pris au piège en pensant que vous devriez suivre l'exemple des personnes les plus riches de la planète. Vous pourriez facilement croire les promesses faites par ces gourous du succès qui vous diront comment prendre l'abondance par la force.

Il vous est possible d'apprendre à utiliser le pouvoir de votre esprit pour accumuler de la richesse par la force, pour accumuler de l'abondance en la prenant aux autres, en manipulant le système. Je respecterai toujours la loi du libre arbitre. Si vous avez vraiment besoin de faire l'expérience de ce que l'on ressent lorsque l'on acquiert l'abondance par la force et que l'on est ainsi piégé dans une spirale sans fin consistant à chercher à accumuler plus de richesses et à la défendre, alors je ne peux pas vous empêcher de vivre cette expérience.

Je veux m'assurer que je vous ai bien expliqué les conséquences d'une accumulation de richesse de cette façon. Je vous ai déjà dit que la loi du libre arbitre est en polarité avec la loi de cause à effet. Lorsque vous cherchez à accumuler des richesses par la force, vous mettrez en effet en mouvement des causes qui vous reviendront comme des effets qui chercheront à vous enlever ce que vous cherchez à posséder par la force.

La lumière Mater elle-même a un mécanisme intégré qui réduit toute forme à néant en ramenant la lumière Mater à son état de base. Il est possible d'utiliser le pouvoir de votre esprit pour forcer la lumière Mater à prendre une certaine forme. Lorsque vous faites cela, vous créez un déséquilibre dans la lumière Mater parce que vous créez une forme qui n'est pas basée sur les principes créateurs utilisés par Dieu. En créant ce déséquilibre, la loi de cause à effet, la loi d'action et de réaction, créera automatiquement une force opposée aussi forte que la force que vous avez générée.

Pour chaque action par laquelle vous cherchez à prendre la richesse par la force, l'univers génère une réaction qui cherche à enlever cette richesse. Le but est que la Terre puisse être ramenée à l'équilibre et que la lumière Mater puisse être ramenée à son état de base. En utilisant la force, vous pouvez maintenir votre forme déséquilibrée pendant un certain temps, mais cela nécessite une lutte constante de votre part, une lutte qui détournera l'attention et l'énergie des autres activités. Pour certaines personnes, cette lutte les empêche de profiter de leur richesse, ou peut-être qu'elle engloutit complètement leur vie. De toute évidence, cela les empêche également de grandir spirituellement.

Si vous désirez faire l'expérience de ce sentiment de lutte, Dieu vous a donné le droit de créer cette expérience dans votre vie. Vous pouvez continuer à vivre la lutte pendant une très longue période.

J'espère que ce cours vous incitera à voir que vous ne désirez vraiment pas être pris au piège de ce tapis roulant d'action et de réaction, que vous ne désirez vraiment pas être englouti par cette lutte humaine de pouvoir perpétuelle.

J'espère que vous verrez qu'il y a une bien plus grande joie à vous plonger dans le Fleuve de Vie, à rétablir votre connexion avec votre Présence JE SUIS et à permettre à la lumière du soleil de votre Présence de briller à travers votre être. Il y a une bien plus grande joie à participer au plan originel de Dieu pour cet univers, à devenir un cocréateur avec Dieu et à permettre ainsi à la puissance de Dieu en vous de manifester la vie abondante permanente. Il y a une bien plus grande joie à recevoir la vie abondante directement d'en haut au lieu de la prendre à d'autres parties de la vie par la force. Il y a bien plus de joie à rechercher l'abondance verticalement qu'horizontalement.

J'espère que je vous ai inspiré à aller profondément dans votre cœur et à méditer sur les deux options que je vous ai présentées. Voulez-vous passer le reste de votre vie dans une lutte pour une quantité restreinte d'abondance ? Ou voulez-vous rediriger votre vie afin que vous puissiez faire partie du Fleuve de Vie qui apporte plus d'abondance dans ce monde ? Si vous choisissez la première option, je ne peux rien faire de plus pour vous et ce cours ne vous apprendra rien de valable.

Si vous choisissez la seconde option, je vous apprendrai comment rétablir et étendre la connexion avec votre Présence JE SUIS. Je vais vous montrer comment ouvrir les vannes qui laissent couler le Fleuve de Vie à travers votre être et manifester la véritable abondance, l'abondance qui ne peut pas être enlevée par le prince de ce monde. Lorsque vous avez fait votre choix d'accepter la vie abondante d'en haut, alors rejoignez-moi dans le chapitre suivant.

12. J'invoque la plénitude spirituelle

Au nom de JE SUIS CE QUE JE SUIS, de Jésus-Christ, j'appelle Déesse Liberté, Mère Marie et toutes les représentantes de la Mère divine. Aidez à atteindre l'indépendance spirituelle qui transforme mon esprit en Saint Graal. Aidez-moi à transcender tout ce qui bloque ma capacité à manifester l'abondance.

Aidez-moi aussi... *(ajouter vos demandes personnelles).*

I. Je transcende la lutte humaine

1. Je transcende la conscience qui crée la lutte entre les individus, entre les groupes de personnes, et même entre l'humanité et Mère Nature.

Ô Liberté, tu me délivres
Du fléau de la pauvreté.
Je ne te blâme pas pour mes manques,
Tu me ramènes à la maison.

Ô Liberté, ma Mère cosmique,
Joue la symphonie d'abondance !
En donnant un plus grand service,
Je manifeste mon abondance.

2. Je ne me vois plus et je ne m'identifie plus comme étant en opposition avec les autres ou en opposition avec la planète sur laquelle je vis.

Ô Liberté, je viens de loin
Avec le désir d'être plus.
J'élève ma conscience pour grandir
Avec le flux de l'abondance.

Ô Liberté, ma Mère cosmique,
Joue la symphonie d'abondance !
En donnant un plus grand service,
Je manifeste mon abondance.

3. Je transcende la conscience qui crée l'interminable lutte humaine de pouvoir, à savoir la croyance qu'il n'y en a pas assez pour tout le monde et que, si je veux plus de quelque chose, je dois le prendre à quelqu'un d'autre.

Ô Liberté, c'est un mensonge
Que les limitations me bloquent.
La lumière Mater ne demande
Qu'à me prodiguer l'opulence.

Ô Liberté, ma Mère cosmique,
Joue la symphonie d'abondance !
En donnant un plus grand service,
Je manifeste mon abondance.

4. J'accepte d'avoir une vie abondante sans prendre de force ni aux autres ni à Mère Nature.

Ô Liberté, dénonce le plan
Projeté par les êtres déchus !
Mère cosmique, je vois maintenant
Que la Mère n'est pas mon ennemie.

Ô Liberté, ma Mère cosmique,
Joue la symphonie d'abondance !
En donnant un plus grand service,
Je manifeste mon abondance.

5. Dieu a créé un univers qui fonctionne comme un miroir. Tout ce que j'envoie dans le continuum espace-temps me sera renvoyé par le miroir cosmique.

Ô Liberté, j'ouvre mes yeux,
Je rejette les mensonges du diable.
J'embrasse le royaume de la Mère,
Et je mets le Père aux commandes.

Ô Liberté, ma Mère cosmique,
Joue la symphonie d'abondance !
En donnant un plus grand service,
Je manifeste mon abondance.

6. La lumière Mater prend docilement forme lorsqu'elle est sollicitée par mon mental. La lumière Mater prendra la forme de n'importe quelle image mentale gardée dans mon esprit.

Ô Liberté, un pur calice
Sont mes corps inférieurs pour toi.
Libère à travers moi ton don
De la grande liberté cosmique !

Ô Liberté, ma Mère cosmique,
Joue la symphonie d'abondance !
En donnant un plus grand service,
Je manifeste mon abondance.

7. Ce que je détiens dans mon esprit détermine l'image que je projette dans la lumière Mater, et ainsi la forme que prendra la lumière Mater dans le spectre de fréquences matérielles.

Ô Liberté, je suis ouvert
À recevoir plus d'abondance.
Comme la lumière dans mes chakras,
Le flux de l'amour coule toujours.

Ô Liberté, ma Mère cosmique,
Joue la symphonie d'abondance !
En donnant un plus grand service,
Je manifeste mon abondance.

8. C'est le sentiment de lutte qui crée la lutte, et je choisis consciemment d'abandonner complètement le sentiment de lutte.

Ô Liberté, accorde-moi
Vraiment le flux de l'opulence !
Car je suis prêt à recevoir
La toison d'or tissée par toi.

Ô Liberté, ma Mère cosmique,
Joue la symphonie d'abondance !
En donnant un plus grand service,
Je manifeste mon abondance.

9. Lorsque je crée quelque chose, je vais inévitablement expérimenter ma propre création sous la forme de conditions physiques. C'est non seulement juste, mais c'est aussi une façon pour moi d'apprendre à mieux utiliser mes capacités créatrices.

Ô Liberté, donne le remède
Aux gens pauvres et harassés !
Avec ton chant de liberté,
Les masses sont enfin libérées.

Ô Liberté, ma Mère cosmique,
Joue la symphonie d'abondance !
En donnant un plus grand service,
Je manifeste mon abondance.

II. Je transcende mes circonstances extérieures

1. Mon ego se rebelle contre la loi de Dieu selon laquelle je récolterai ce que je sème. Pourtant, je suis connecté à mon être intérieur et je suis reconnaissant du fait que la loi de cause à effet exige que je fasse l'expérience de ce que je crée.

Ô Liberté, tu me délivres
Du fléau de la pauvreté.
Je ne te blâme pas pour mes manques,
Tu me ramènes à la maison.

Ô Liberté, ma Mère cosmique,
Joue la symphonie d'abondance !
En donnant un plus grand service,
Je manifeste mon abondance.

2. Ainsi, je sais que c'est le moyen pour moi d'apprendre rapidement à utiliser mes pouvoirs créateurs. J'apprends à me créer la meilleure expérience de vie possible.

Ô Liberté, je viens de loin
Avec le désir d'être plus.
J'élève ma conscience pour grandir
Avec le flux de l'abondance.

**Ô Liberté, ma Mère cosmique,
Joue la symphonie d'abondance !
En donnant un plus grand service,
Je manifeste mon abondance.**

3. Derrière toute situation difficile que je vis, il y a une leçon cachée derrière. J'ai créé cette situation dans le passé en formant une image mentale et en la projetant sur la lumière Mater.

Ô Liberté, c'est un mensonge
Que les limitations me bloquent.
La lumière Mater ne demande
Qu'à me prodiguer l'opulence.

**Ô Liberté, ma Mère cosmique,
Joue la symphonie d'abondance !
En donnant un plus grand service,
Je manifeste mon abondance.**

4. Je ne suis pas piégé pour toujours dans des circonstances indépendantes de ma volonté. Je change les images mentales dans mon esprit et je projette une meilleure image sur la lumière Mater. Ce n'est qu'une question de temps avant que ma situation extérieure ne commence à refléter les nouvelles images que je forme dans mon esprit.

Ô Liberté, dénonce le plan
Projeté par les êtres déchus !
Mère cosmique, je vois maintenant
Que la Mère n'est pas mon ennemie.

**Ô Liberté, ma Mère cosmique,
Joue la symphonie d'abondance !
En donnant un plus grand service,
Je manifeste mon abondance.**

5. Le sentiment d'être pris au piège et le sentiment de lutte n'existent que dans l'esprit humain. Dieu m'a donné le pouvoir de changer absolument n'importe quelle circonstance, d'aller au-delà

des limitations pour manifester la vie abondante ici même dans ce monde.

Ô Liberté, j'ouvre mes yeux,
Je rejette les mensonges du diable.
J'embrasse le royaume de la Mère,
Et je mets le Père aux commandes.

**Ô Liberté, ma Mère cosmique,
Joue la symphonie d'abondance !
En donnant un plus grand service,
Je manifeste mon abondance.**

6. Il y a toujours quelque chose que je peux faire pour améliorer ma situation. Quelles que soient les circonstances extérieures, j'ai toujours la possibilité de prendre le contrôle de ma situation intérieure, c'est-à-dire de ma façon de réagir à la situation extérieure.

Ô Liberté, un pur calice
Sont mes corps inférieurs pour toi.
Libère à travers moi ton don
De la grande liberté cosmique !

**Ô Liberté, ma Mère cosmique,
Joue la symphonie d'abondance !
En donnant un plus grand service,
Je manifeste mon abondance.**

7. Ma situation extérieure n'est rien d'autre que le reflet de ma situation intérieure du passé. Je change les images mentales dans mon esprit, et ainsi je changerai inévitablement ce qui me sera renvoyé par le miroir cosmique.

Ô Liberté, je suis ouvert
À recevoir plus d'abondance.
Comme la lumière dans mes chakras,
Le flux de l'amour coule toujours.

**Ô Liberté, ma Mère cosmique,
Joue la symphonie d'abondance !**

En donnant un plus grand service,
Je manifeste mon abondance.

8. La lutte humaine est vraiment une lutte pour un sentiment de sécurité, et ce sentiment est créé par une énergie au-delà du spectre matériel.

Ô Liberté, accorde-moi
Vraiment le flux de l'opulence !
Car je suis prêt à recevoir
La toison d'or tissée par toi.

Ô Liberté, ma Mère cosmique,
Joue la symphonie d'abondance !
En donnant un plus grand service,
Je manifeste mon abondance.

9. Derrière le besoin extérieur de sécurité se cache un besoin sous-jacent de plénitude. Mon courant de vie est conçu pour rechercher la plénitude.

Ô Liberté, donne le remède
Aux gens pauvres et harassés !
Avec ton chant de liberté,
Les masses sont enfin libérées.

Ô Liberté, ma Mère cosmique,
Joue la symphonie d'abondance !
En donnant un plus grand service,
Je manifeste mon abondance.

III. Je transcende les désirs humains

1. Ce qui crée le désir insatiable d'avoir toujours plus de possessions, plus de plaisirs, plus de pouvoir ou toute autre chose que ce monde offre, c'est mon désir intrinsèque de plénitude.

Ô Liberté, tu me délivres
Du fléau de la pauvreté.
Je ne te blâme pas pour mes manques,
Tu me ramènes à la maison.

Ô Liberté, ma Mère cosmique,
Joue la symphonie d'abondance !
En donnant un plus grand service,
Je manifeste mon abondance.

2. Mon véritable désir est de retrouver ma plénitude, et il ne peut être satisfait qu'en rétablissant la connexion avec ma Présence JE SUIS. Je désire la plénitude intérieure plus que la sécurité extérieure.

Ô Liberté, je viens de loin
Avec le désir d'être plus.
J'élève ma conscience pour grandir
Avec le flux de l'abondance.

Ô Liberté, ma Mère cosmique,
Joue la symphonie d'abondance !
En donnant un plus grand service,
Je manifeste mon abondance.

3. Je rétablis ma connexion avec ma Présence JE SUIS. Je ressens un flux constant d'énergie spirituelle qui coule à travers tous les niveaux de mon être directement à partir de ma Présence JE SUIS.

Ô Liberté, c'est un mensonge
Que les limitations me bloquent.
La lumière Mater ne demande
Qu'à me prodiguer l'opulence.

Ô Liberté, ma Mère cosmique,
Joue la symphonie d'abondance !
En donnant un plus grand service,
Je manifeste mon abondance.

4. Ce flux d'énergie spirituelle me donne le sentiment de plénitude et de ne faire qu'un avec le courant du Fleuve de Vie. Je fais partie du Tout de Dieu au lieu d'être seul et incomplet.

Ô Liberté, dénonce le plan
Projeté par les êtres déchus !

Mère cosmique, je vois maintenant
Que la Mère n'est pas mon ennemie.

Ô Liberté, ma Mère cosmique,
Joue la symphonie d'abondance !
En donnant un plus grand service,
Je manifeste mon abondance.

5. Je n'ai besoin de rien venant de l'extérieur de moi-même parce que j'ai le Fleuve de Vie qui coule à l'intérieur de mon être.

Ô Liberté, j'ouvre mes yeux,
Je rejette les mensonges du diable.
J'embrasse le royaume de la Mère,
Et je mets le Père aux commandes.

Ô Liberté, ma Mère cosmique,
Joue la symphonie d'abondance !
En donnant un plus grand service,
Je manifeste mon abondance.

6. Au lieu de chercher à prendre de force aux autres ou à Mère Nature, je vais à l'intérieur et je rétablis la connexion avec ma Présence JE SUIS. Je cherche d'abord le royaume de Dieu qui est en moi.

Ô Liberté, un pur calice
Sont mes corps inférieurs pour toi.
Libère à travers moi ton don
De la grande liberté cosmique !

Ô Liberté, ma Mère cosmique,
Joue la symphonie d'abondance !
En donnant un plus grand service,
Je manifeste mon abondance.

7. Ma Présence JE SUIS est une extension de mon Créateur, et ma Présence JE SUIS a accès à l'énergie infinie de mon Créateur qui est disponible gratuitement dans le royaume spirituel.

Ô Liberté, je suis ouvert
À recevoir plus d'abondance.
Comme la lumière dans mes chakras,
Le flux de l'amour coule toujours.

Ô Liberté, ma Mère cosmique,
Joue la symphonie d'abondance !
En donnant un plus grand service,
Je manifeste mon abondance.

8. Ma Présence JE SUIS me donne l'énergie spirituelle nécessaire pour réaliser tous mes vrais désirs dans ce monde matériel.

Ô Liberté, accorde-moi
Vraiment le flux de l'opulence !
Car je suis prêt à recevoir
La toison d'or tissée par toi.

Ô Liberté, ma Mère cosmique,
Joue la symphonie d'abondance !
En donnant un plus grand service,
Je manifeste mon abondance.

9. Mon esprit conscient est la porte ouverte à travers laquelle la lumière de Dieu, le Soleil de ma Présence JE SUIS, peut briller dans ce monde et dissiper les ténèbres qui me donnent actuellement un sentiment de manque, d'être incomplet et indigne.

Ô Liberté, donne le remède
Aux gens pauvres et harassés !
Avec ton chant de liberté,
Les masses sont enfin libérées.

Ô Liberté, ma Mère cosmique,
Joue la symphonie d'abondance !
En donnant un plus grand service,
Je manifeste mon abondance.

IV. Mon but de vie est l'indépendance spirituelle

1. Je change complètement ma vie et je me mets sur une voie qui me conduit à l'accomplissement ultime que je recherche, à savoir le sentiment intérieur de plénitude qui vient du fait de savoir que « Moi et mon Père sommes un ».

Ô Liberté, tu me délivres
Du fléau de la pauvreté.
Je ne te blâme pas pour mes manques,
Tu me ramènes à la maison.

Ô Liberté, ma Mère cosmique,
Joue la symphonie d'abondance !
En donnant un plus grand service,
Je manifeste mon abondance.

2. J'ai grandi dans une société qui me programme à croire que, si j'ai un besoin ou un désir, je dois trouver quelque chose en dehors de moi pour le combler. Cette programmation est née d'une volonté de me contrôler à travers mes besoins.

Ô Liberté, je viens de loin
Avec le désir d'être plus.
J'élève ma conscience pour grandir
Avec le flux de l'abondance.

Ô Liberté, ma Mère cosmique,
Joue la symphonie d'abondance !
En donnant un plus grand service,
Je manifeste mon abondance.

3. Le secret de la vie est que la véritable clé de l'accomplissement de mes désirs, la véritable clé pour expérimenter la vie abondante de Dieu, est de cesser de chercher cette abondance en dehors de moi. Pour trouver l'abondance et la plénitude, je regarde à l'intérieur de moi-même.

Ô Liberté, c'est un mensonge
Que les limitations me bloquent.

La lumière Mater ne demande
Qu'à me prodiguer l'opulence.

Ô Liberté, ma Mère cosmique,
Joue la symphonie d'abondance !
En donnant un plus grand service,
Je manifeste mon abondance.

4. Je suis spirituellement autonome, et donc je n'ai besoin de rien venant d'une source extérieure à moi. Je n'ai besoin de rien venant d'un autre être humain, d'une institution, d'une organisation ou d'une entreprise humaine. Je suis vraiment indépendant de manière spirituelle.

Ô Liberté, dénonce le plan
Projeté par les êtres déchus !
Mère cosmique, je vois maintenant
Que la Mère n'est pas mon ennemie.

Ô Liberté, ma Mère cosmique,
Joue la symphonie d'abondance !
En donnant un plus grand service,
Je manifeste mon abondance.

5. Mes interactions avec les autres sont basées sur un sentiment d'abondance intérieure. Au lieu de chercher à prendre quelque chose aux autres par la force, je cherche à donner aux autres.

Ô Liberté, j'ouvre mes yeux,
Je rejette les mensonges du diable.
J'embrasse le royaume de la Mère,
Et je mets le Père aux commandes.

Ô Liberté, ma Mère cosmique,
Joue la symphonie d'abondance !
En donnant un plus grand service,
Je manifeste mon abondance.

6. C'est le bon plaisir du Père de me donner le royaume. Il me le donne librement parce que je le reçois librement. Je partage gratuitement ce que j'ai reçu gratuitement.

Ô Liberté, un pur calice
Sont mes corps inférieurs pour toi.
Libère à travers moi ton don
De la grande liberté cosmique !

Ô Liberté, ma Mère cosmique,
Joue la symphonie d'abondance !
En donnant un plus grand service,
Je manifeste mon abondance.

7. Je travaille de concert avec les autres et nous multiplions nos talents individuels en les mettant en commun si bien que l'ensemble devienne plus que la somme de ses parties. Nous donnons et recevons de manière désintéressée, rétablissant la bonne connexion avec Dieu.

Ô Liberté, je suis ouvert
À recevoir plus d'abondance.
Comme la lumière dans mes chakras,
Le flux de l'amour coule toujours.

Ô Liberté, ma Mère cosmique,
Joue la symphonie d'abondance !
En donnant un plus grand service,
Je manifeste mon abondance.

8. J'ouvre une connexion à l'abondance infinie de Dieu. Je laisse à Dieu le plaisir de me donner son royaume en augmentant la quantité totale d'énergie sur Terre. Il n'y a pas de limite à la quantité d'énergie spirituelle que ma Présence JE SUIS peut faire circuler à travers mon être.

Ô Liberté, accorde-moi
Vraiment le flux de l'opulence !
Car je suis prêt à recevoir
La toison d'or tissée par toi.

Ô Liberté, ma Mère cosmique,
Joue la symphonie d'abondance !

**En donnant un plus grand service,
Je manifeste mon abondance.**

9. Je suis le Saint Graal. Mon esprit est le calice pour la lumière spirituelle de ma Présence JE SUIS. J'utilise sagement mon abondance. Je permets à la lumière de Dieu de couler dans mon être et mon monde pour manifester l'abondance de Dieu dans ma vie.

Ô Liberté, donne le remède
Aux gens pauvres et harassés !
Avec ton chant de liberté,
Les masses sont enfin libérées.

**Ô Liberté, ma Mère cosmique,
Joue la symphonie d'abondance !
En donnant un plus grand service,
Je manifeste mon abondance.**

Sceau final :

Au nom de la Mère divine, je demande à Déesse Liberté et à Mère Marie de me sceller, ainsi que toutes les personnes de mon cercle d'influence, dans le flux créateur de la Mère divine, le Fleuve de Vie. Je demande la multiplication de mes appels par toutes les représentantes de la Mère divine afin que nous formions le flux parfait en huit de « comme en haut, ainsi en bas ». J'accepte donc que cela soit pleinement manifesté parce que la bouche du Seigneur, la Mère divine que JE SUIS, l'a prononcé. Amen.

13. Vous réveiller de l'illusion collective

Je voudrais rassembler certaines des réflexions que je vous ai données dans les clés précédentes afin de pouvoir présenter un tableau plus cohérent de ce que cela vous demandera pour manifester la vie abondante. J'ai expliqué le vrai sens de l'affirmation selon laquelle c'est le bon plaisir du Père de vous donner le royaume, à savoir que vous avez été conçu pour être un cocréateur avec Dieu. Vous avez été conçu pour recevoir constamment la vie abondante d'en haut.

Vous recevez cette vie abondante sous forme d'un flux constant d'énergie spirituelle qui coule à travers votre Présence JE SUIS dans votre esprit conscient. Vous pouvez ensuite diriger ce flux d'énergie pour manifester la vie abondante dans ce monde. Ce faisant, vous remplissez votre rôle de cocréateur avec Dieu en multipliant l'énergie et les capacités créatrices que Dieu vous a données. Ainsi, vous prenez la domination, d'abord, sur vous-même ct, ensuite, sur l'univers matériel pour aider à manifester le royaume de Dieu sur Terre.

La raison pour laquelle vous n'avez pas encore manifesté la vie abondante actuellement est que vous avez oublié votre rôle originel. Vous avez perdu votre véritable sentiment d'identité en tant que cocréateur avec Dieu. Au lieu de cela, vous en êtes venu à accepter une fausse identité, une pseudo-identité, comme être humain mortel séparé de Dieu. Vous pourriez même en venir à croire que Dieu n'existe pas, qu'il n'y a pas de royaume spirituel, qu'il n'y a pas de Présence JE SUIS et que vous êtes tout seul dans un monde hostile, entouré d'individus qui essaient de vous prendre ce que vous croyez posséder légitimement.

La plupart des personnes engagées dans des conflits sont piégées dans un état de conscience égocentrique ou égoïste. Ces personnes sont tellement focalisées sur elles-mêmes qu'elles n'ont aucune conscience de la situation dans son ensemble. Elles n'ont aucune conscience de la manière dont leurs actions affectent les autres, et elles n'ont pas la conscience supérieure qu'elles font partie du Corps de Dieu sur Terre et que tout ce qu'elles font affecte l'ensemble. De plus, elles sont tellement focalisées sur la vie dans l'univers matériel qu'elles ne peuvent pas considérer qu'il existe un royaume spirituel dont elles pourraient directement recevoir l'abondance plutôt que de la prendre de force dans ce monde.

Si vous voulez manifester la vie abondante et surmonter le sentiment de lutte qui emprisonne tant de personnes dans un conflit perpétuel pour des ressources limitées, vous devez transcender cet état de conscience égoïste et matérialiste. Vous devez vous élever au-dessus de cela et revendiquer votre véritable identité en tant que fils ou fille de Dieu digne d'être cocréateur avec Dieu. Vous êtes pleinement capable de cocréer la vie abondante ici sur Terre. Cet état de conscience supérieur est une conscience basée sur l'unité avec votre source plutôt que sur la séparation d'avec Dieu.

C'est l'unité que Jésus a décrite lorsqu'il a dit : « *Moi et mon Père sommes un* » (Jean 10.30). Il voulait vraiment dire : « Moi et ma Présence JE SUIS ne font qu'un. » La conscience manifestée par Jésus provient du sentiment d'identité basé sur la réalité de ce que vous êtes plutôt que sur la fausse image de ce que vous n'êtes pas. Bien que nous puissions appeler cet état de conscience de plusieurs noms, j'aimerais l'appeler la christité personnelle ou la conscience du Christ. C'était le rôle de Jésus de venir sur Terre pour démontrer cet état de conscience.

***

Avant de vous expliquer exactement comment manifester la conscience du Christ, je voudrais décrire plus en détail ce que signifie réellement la conscience du Christ. L'univers matériel est constitué d'énergies plus fines du royaume spirituel dont la fréquence a été abaissée et qui ont pris une certaine forme. La vraie mesure de l'abondance disponible pour les êtres humains sur Terre est la quantité d'énergie spirituelle qui a été abaissée en vibration et qui vibre maintenant dans le spectre de fréquences matérielles. Une partie de cette énergie a été abaissée dans le spectre de fréquences de la matière physique alors qu'une partie existe sous forme d'énergie psychique. Une partie se manifeste sous forme d'abondance matérielle alors qu'une partie est une abondance *potentielle* qui peut se manifester sous forme d'abondance matérielle grâce au pouvoir de l'esprit humain.

La clé ultime pour augmenter l'abondance sur Terre, afin que tous puissent partager la vie abondante, est d'apporter plus d'énergie spirituelle dans le spectre de fréquences matérielles. Seule une personne qui a atteint la conscience du Christ est capable d'apporter l'énergie du royaume spirituel au royaume matériel. Seule une personne ayant la conscience du Christ peut être la porte ouverte pour que la lumière de Dieu afflue dans ce monde, et c'est pourquoi Jésus a dit de lui-même : « *Je suis le chemin, la vérité et la vie* » (Jean 14.6), « *Je suis la porte* » (Jean 10.9) et : « *Tant que je suis dans le monde, je suis la lumière du monde* » (Jean 9.5). Toute personne qui atteint la conscience du Christ peut dire la même chose. Chaque personne a le potentiel d'atteindre la conscience du Christ.

Considérons maintenant les options pour manifester l'abondance qui s'offrent à ceux qui *n'ont pas* atteint la conscience du Christ. Si les êtres humains croient en la philosophie matérialiste selon laquelle il n'y a pas de Dieu, ou s'ils se contentent d'idolâtrer Jésus comme une exception plutôt que comme un exemple, ils n'ont pas la possibilité d'augmenter la quantité totale d'énergie disponible dans le royaume matériel. Ils ne peuvent augmenter leur abondance qu'en puisant dans la quantité de substance matérielle et d'énergie psychique déjà disponible dans le système énergétique terrestre.

Nous pouvons établir une échelle qui illustre à quel point les gens sont proches de la conscience du Christ ou à quel point ils sont descendus en dessous. Commençons par considérer l'homme des cavernes et l'état de conscience qu'il représente. L'homme des cavernes est un être complètement identifié au corps physique et aux instincts inférieurs de ce corps. L'homme des cavernes mérite à peine l'étiquette d'*homme*, car il agit plus comme un animal intelligent que comme un être humain. L'homme des cavernes n'a pas un niveau de conscience suffisamment élevé pour imaginer qu'il pourrait changer son environnement. Il vit donc comme un animal qui s'adapte à son environnement et qui prend ce dont il a besoin de Mère Nature pour survivre. Il prend par la force en tuant des animaux ou en ramassant toute nourriture disponible.

Lorsqu'il entre en conflit avec d'autres habitants des cavernes, sa seule réponse est de défendre ce qu'il croit être le sien en utilisant la violence. Il n'y a pas de négociation et il n'existe pas de système de lois ou d'accords entre les différentes tribus ou nations pour diviser le territoire et éviter toute confrontation. Dès que l'homme des cavernes est provoqué, son instinct animal s'enflamme et il répond par le syndrome de fuite ou de combat qui est si typique chez les animaux. S'il ne peut pas s'enfuir, il se retournera contre son adversaire et le combattra.

Ce que les scientifiques considèrent actuellement comme le début de la chaîne évolutive de l'humanité représente, en fait, le niveau le plus bas en ce qui concerne la conscience du Christ. L'étape de l'homme des cavernes n'était pas le début de l'humanité. C'était le palier le plus bas auquel les êtres humains étaient descendus en abusant de leurs capacités créatrices. L'homme des cavernes représente l'état de conscience le plus bas en termes de capacités créatrices connues dans le monde moderne.

Depuis le stade de l'homme des cavernes, il y a eu une augmentation progressive de la prise de conscience de la façon d'utiliser ses capacités créatrices pour changer son environnement et même manipuler l'énergie. Un grand bond en avant s'est produit lorsque les êtres humains ont appris à utiliser le feu et à préserver et contrôler le feu en tant qu'outil. Une autre avancée majeure est survenue lorsque les humains ont appris à construire leurs propres maisons plutôt que de compter sur des grottes naturelles. Un autre saut est encore survenu lorsque les gens ont appris l'agriculture. En conséquence, ils ont pu utiliser la terre pour produire plus de nourriture que ce que leur offrait la chasse.

Le développement de la civilisation que nous avons vu au cours des deux mille dernières années représente également une prise de conscience du fonctionnement de l'univers. Les gens sont devenus de plus en plus capables de changer leur environnement au lieu de s'y adapter passivement. Ils ont appris à utiliser les substances matérielles et les lois de la nature, et donc ils ont obtenu l'abondance à partir de ce qui était déjà disponible dans le spectre de fréquences de la matière physique.

Au cours du siècle dernier, il y a eu une prise de conscience des énergies plus fines, y compris la compréhension scientifique que la matière est une forme d'énergie. On a également constaté une augmentation de la compréhension du côté spirituel de la vie par les hommes et des femmes, ce qui a conduit à une plus grande prise de conscience du fait que l'esprit a une influence majeure sur tous les aspects de la vie, comme en témoigne le domaine du développement personnel.

L'humanité est maintenant entrée dans une phase où les êtres humains ne sont plus limités à manifester l'abondance à partir de la matière physique. Les gens ont commencé, bien que la compréhension officielle soit encore primitive, à manifester l'abondance en utilisant le pouvoir de leur esprit. Nombreux sont ceux qui se concentrent avec leur mental pour découvrir des lois plus profondes de la nature qui leur permettent de mieux utiliser la matière. De plus en plus de gens commencent à explorer le potentiel de l'esprit pour maîtriser la matière en convertissant l'énergie psychique en substance matérielle, en abaissant sa vibration et en lui faisant prendre une forme physique.

Un aspect de la croissance de la conscience humaine se trouve dans la prise de conscience et la compréhension de la façon dont le monde fonctionne. Au fur et à mesure que vous augmentez cette prise de conscience, vous améliorez votre capacité à utiliser les lois de la nature à votre avantage. Vous pouvez alors commencer à modifier activement votre environnement afin qu'il puisse répondre à vos besoins avec moins d'effort de votre part.

Comme vous pouvez le voir aujourd'hui dans la société, cette prise de conscience n'est pas sans embûches. Elle ne conduit pas nécessairement à la vie abondante ou à un état permanent de bonheur et de tranquillité d'esprit. L'utilisation aveugle de la plus grande prise de conscience de l'humanité peut créer des problèmes susceptibles de menacer la survie à long terme de la race humaine. La prise de conscience n'est pas la même chose que la conscience du Christ. Une augmentation de la prise de conscience fait partie du développement de la conscience du Christ, mais elle ne donne pas la pleine conscience du Christ.

Une prise de conscience accrue de la façon de manipuler les lois de la nature – sans un sentiment accru d'unité avec Dieu et toute vie – peut en fait vous éloigner de la conscience du Christ. La prise de conscience accrue du monde matériel ne produira pas automatiquement la conscience du Christ. Elle peut constituer le fondement de l'élévation d'une personne vers la conscience christique, mais il n'y a aucune garantie que cette élévation se produise. L'augmentation de la prise de conscience des capacités créatrices des gens peut devenir un piège si elle n'est pas équilibrée par une augmentation de l'amour du cœur.

L'augmentation de la prise de conscience a lieu dans le mental, mais le mental n'est pas la faculté qui donne aux êtres humains la capacité de s'aimer et de vivre en paix. Les êtres humains deviennent simplement meilleurs pour prendre les choses par la force alors que la véritable clé de l'abondance est d'aller au-delà de la force et de savoir que c'est le bon plaisir du Père de vous donner le royaume. Vous pouvez obtenir tout ce dont vous avez besoin par l'amour plutôt que par la force.

Cela nous amène à l'autre aspect de la conscience du Christ, la véritable clé de la conscience du Christ, qui consiste à passer d'une approche de la vie basée sur le manque et la peur à une approche basée sur l'abondance et l'amour. L'homme des cavernes représentait un niveau bas de l'évolution à la fois de la capacité de l'esprit à comprendre le monde et de la capacité du cœur à aimer autrui. Depuis lors, l'humanité a augmenté à la fois la capacité de l'esprit et la capacité du cœur. Malheureusement, le cœur ne s'est pas développé aussi rapidement que l'esprit. Vous voyez maintenant des gens qui ont la capacité de créer de nouvelles technologies mais qui n'ont pas la capacité de les utiliser à bon escient, ni la capacité de choisir ne pas toujours faire ce qui est techniquement possible.

***

Tous les conflits humains naissent de la conscience du manque. Le sentiment dominant dans cet état d'esprit est le sentiment de peur. Cela peut être la peur qu'il n'y en ait pas assez pour tout le monde, et donc, si vous ne prenez pas quelque chose, quelqu'un d'autre le fera. Ou si vous ne défendez pas ce que vous avez, alors quelqu'un vous le prendra.

Dans cet état d'esprit, vous vivez dans un monde où vous êtes entouré de menaces. Cette peur constante de la perte conduit inévitablement à l'égoïsme et bloque la capacité de penser aux conséquences à long terme de vos actions, de penser aux autres ou de penser à l'ensemble. Nous voyons maintenant que la conscience du Christ a deux caractéristiques principales :

- Une prise de conscience accrue de vos capacités créatrices. Cela inclut une plus grande prise de conscience des lois de la nature qui guident le développement de l'univers matériel et aussi une plus grande prise de conscience des grandes lois de Dieu qui fournissent un cadre dans lequel les lois de la nature fonctionnent ;
- Une prise de conscience accrue que vous n'êtes pas un individu séparé de l'ensemble de la création de Dieu ou de votre source. Aucun humain n'est une île et, pour que vous soyez vraiment heureux, vous devez comprendre que vous ne pouvez être complètement épanoui que lorsque vous vous voyez comme un avec Dieu et un avec le Corps de Dieu sur Terre.

Lorsque vous vous considérez comme un individu isolé, vous descendez automatiquement dans une conscience de peur, de séparation et de manque. Si vous augmentez la prise de conscience de l'esprit des lois de la nature sans surmonter votre peur, vous ne pourrez pas transformer votre nouvelle conscience en une vie plus abondante. Vous serez toujours saisi par la peur, et votre conscience vous donnera simplement des moyens plus puissants pour prendre l'abondance des autres. Votre prise de conscience n'augmente pas l'abondance dans ce monde, elle ne fait qu'augmenter la tension et la violence dans ce monde.

Vous ne pouvez transcender cette peur débilitante qu'en réalisant que vous faites partie d'un ensemble plus vaste, que vous êtes une individualisation de Dieu. Ce n'est que lorsque vous réaliserez pleinement et accepterez que vous faites partie de la création de Dieu que vous croirez que c'est le plaisir de Dieu de vous donner le royaume et que vous n'avez pas besoin de vivre dans le manque ou de tout prendre par la force. Lorsque vous avez ce sentiment d'identité, ce sentiment d'unité avec toute vie et d'unité avec votre Créateur, vous expérimentez automatiquement l'amour parfait, l'amour inconditionnel, que Dieu a pour vous comme une extension de Lui-même.

C'est l'amour parfait qui chassera toute peur de votre être. Lorsque vous surmontez la peur, votre approche de la vie sera basée sur l'amour. Et vous pourrez suivre le commandement de Jésus d'aimer Dieu de tout votre cœur, de toute votre âme et de tout votre esprit et d'aimer votre prochain comme vous-même (Matthieu 22.37).

Quelle est la clé pour vivre cet amour ? N'y a-t-il pas un double sens dans ces paroles de Jésus ? Pourrions-nous interpréter les mots : « *Aime ton prochain comme toi-même* » comme signifiant qu'il faut simplement aimer votre prochain comme vous vous aimez vous-même. Pourrions-nous considérer qu'il pourrait y avoir un sens encore plus profond, à savoir que vous aimez votre prochain comme vous-même parce que vous réalisez que votre prochain *c'est* vous-même. Vous réalisez que vous et votre prochain faites tous les deux partie du même Corps de Dieu et que vous provenez tous les deux de la même source. Et vous vous rendez compte avec Jésus que : « *Dans la mesure où vous l'avez fait au plus petit de mes frères, c'est à moi que vous l'avez fait* » (Matthieu 25.40).

Afin d'aimer pleinement Dieu de tout votre cœur, de toute votre âme et de tout votre esprit, vous devez reconnaître que Dieu n'est pas séparé de vous, que Dieu fait partie de vous parce que vous faites partie de Dieu. Vous êtes une individualisation de Dieu, et donc vous aimez Dieu comme vous-même parce que vous réalisez que Dieu *est* votre vrai soi, votre vraie identité. Cela donne lieu à l'état d'unité avec Dieu dans lequel vous ne pensez plus que le moi extérieur, le sentiment d'identité basé sur la séparation d'avec Dieu, est l'acteur. Au lieu de cela, vous réalisez que c'est le soi supérieur, la Présence JE SUIS en vous, qui est l'acteur, qui est la cause première, qui est la source de tous les dons parfaits et bons.

Ces idées sont vraiment le chaînon manquant qui peut vous permettre d'évoluer hors de la conscience de l'égoïsme et d'évoluer vers la conscience du Christ. C'est le chaînon manquant qui peut vous permettre de vous élever du niveau d'un animal intelligent au niveau d'un véritable être spirituel, d'un véritable cocréateur avec Dieu. C'est un saut aussi important que le saut légendaire entre les singes et les êtres humains, que la science n'a pas trouvé car le chaînon manquant est un saut de conscience.

***

Revenons maintenant à l'idée que les êtres humains peuvent descendre bien en dessous du niveau de la conscience du Christ. Lorsque vous descendez au niveau le plus bas, vous fonctionnez vraiment comme un animal, vous vous adaptez à un environnement donné et vous prenez par la force toute abondance disponible dans cet environnement. Votre conscience est complètement centrée sur vous-même, votre propre survie et vos désirs.

Votre conscience est complètement focalisée sur l'univers matériel, ce qui signifie que vous ne voyez que la matière visible et les conditions de la nature comme moyens de réaliser vos désirs. Vous n'avez pas la capacité d'imaginer que quelque chose d'invisible et d'un royaume supérieur pourrait combler vos désirs. Vous ne pouvez pas imaginer que vous pourriez obtenir ce que vous voulez grâce à une puissance supérieure à la force physique.

Au fur et à mesure que vous grandissez en conscience, vous apprenez que, derrière les phénomènes que vous pouvez observer avec vos sens, se cache un ensemble de principes directeurs ou lois de la nature. Lorsque vous commencez à connaître ces lois, vous pouvez les utiliser pour réaliser vos désirs avec moins de travail. Vous pouvez même arriver au point où vous pouvez satisfaire vos besoins sans utiliser la force, sans prendre à d'autres personnes ou sans prendre avec force à Mère Nature. Certaines sociétés ont prouvé qu'elles peuvent vivre en parfaite harmonie avec leur environnement en utilisant toujours des ressources renouvelables, et elles se sont donc maintenues pendant des milliers d'années sans violer l'environnement et sans détruire sa capacité à les soutenir.

Une telle harmonie avec la nature exige une conscience de l'ensemble qui ne peut pas venir de l'esprit mais seulement du cœur. Ce que vous voyez dans la société occidentale aujourd'hui, c'est que l'augmentation de la prise de conscience des lois de la nature a un côté sombre. Il est tout à fait possible que les êtres humains puissent utiliser les lois de la nature pour obtenir un avantage temporaire qui aura des conséquences à long terme qui s'avèreront destructrices pour eux-mêmes ou pour les générations futures.

La technologie moderne a engendré une pollution avec des conséquences à long terme sur l'environnement et même sur les gènes humains. Il y a seulement quelques décennies, l'humanité a pris conscience que certains produits chimiques utilisés pour tuer les insectes gênants mettaient beaucoup de temps à se décomposer et entraient donc dans la chaîne alimentaire, finissant par se retrouver dans le corps humain avec de nombreuses conséquences négatives. Aujourd'hui, il y a une plus grande prise de conscience de la pollution produite par la technologie moderne et de ses effets à long terme sur le climat, pouvant même entraîner des conditions climatiques dévastatrices.

La technologie basée sur une compréhension de la nature mais sans le développement du cœur peut en effet donner aux gens un avantage temporaire, mais, à long terme, elle diminue la quantité de richesse matérielle disponible sur cette planète. Ce type de technologie est une technologie basée sur la force. Les gens ont appris à manipuler les lois de la nature, mais ils le font à partir d'un état de manque et de peur, ce qui les pousse à tenter de prendre le ciel par la force (Matthieu 11.12). Parce qu'ils utilisent leurs capacités créatrices de manière déséquilibrée, la lumière Mater crée une réaction opposée qui finit par enlever la sécurité qu'ils essaient de construire par la force.

C'est une preuve claire que, si l'augmentation de la prise de conscience des lois de la nature par les êtres humains n'est pas équilibrée avec une augmentation de la capacité du cœur à aimer autrui, alors vous ne transcenderez pas l'état de conscience basé sur la peur qui conduit à l'usage de la force. Vous augmenterez votre pouvoir d'utiliser la force et Mère Nature vous renverra vos actions sous forme d'une réaction opposée. Plus votre action déséquilibrée est puissante, plus la réaction de Mère Nature sous forme de soi-disant catastrophes naturelles est puissante.

C'est précisément le résultat que vous constatez comme suite à l'utilisation abusive de la technologie par l'humanité. Vous voyez maintenant que, si l'augmentation de la prise de conscience n'est pas associée à une augmentation de l'amour et à un sentiment d'unité avec toute vie, alors l'humanité ne se rapproche pas de la manifestation réelle de la conscience du Christ. L'humanité augmente ses pouvoirs destructeurs, et augmente ainsi la réaction de Mère Nature et de la lumière Mater elle-même.

**

Aussi dévastatrice que puisse être l'utilisation déséquilibrée de la technologie dans le domaine de la matière physique, il y a des effets bien plus dévastateurs d'une croissance déséquilibrée de la conscience. Au stade le plus bas de l'évolution de la conscience humaine, vous avez des hommes et des femmes qui ne sont conscients que du monde matériel, ce qui signifie qu'ils ne voient que la matière physique comme une ressource pour l'accomplissement de leurs désirs.

S'ils ne peuvent pas détecter quelque chose avec leurs sens, cela semble n'avoir aucune valeur ni même d'existence pour eux. Ces personnes ne peuvent acquérir l'abondance qu'à partir de l'énergie qui est déjà manifestée sous forme de matière physique, ce qui limite, bien sûr, leur potentiel d'avoir plus d'abondance. Ils doivent prendre ce qui est déjà physiquement manifesté, et donc ils se placent automatiquement en compétition avec toutes les autres personnes au même niveau de conscience.

Lorsque vous vous élevez de ce niveau bas de conscience, vous prenez conscience qu'il y a plus d'abondance qu'il n'y paraît. Beaucoup de gens ont déjà une certaine conscience de l'importance de l'énergie invisible. Beaucoup voient la valeur d'utiliser une compréhension plus élevée pour créer de l'abondance à partir de ce que d'autres considèrent comme sans valeur. La plupart des gens n'ont pas une compréhension claire et consciente de l'énergie psychique, ils n'ont même pas la compréhension de base que je vous ai donnée dans les chapitres précédents.

Certains ont appris à manipuler inconsciemment l'énergie psychique grâce au pouvoir de leur esprit. Beaucoup de ces personnes ont une compréhension purement intellectuelle du fait que la matière est faite d'énergie et que leur esprit a le pouvoir de manipuler l'énergie. Ces gens n'ont vraiment pas le développement du cœur, ils ont simplement une plus grande conscience intellectuelle de l'univers matériel et des énergies qui font partie de cet univers. Ils savent que l'univers matériel est plus que de la matière physique et que la clé pour accumuler de plus grandes quantités d'abondance est d'apprendre à manipuler l'énergie psychique à travers l'esprit.

Malheureusement, cette conscience accrue des capacités de l'esprit peut être atteinte sans avoir une augmentation de la conscience du cœur de l'ensemble. Les gens peuvent apprendre à manipuler l'énergie psychique sans augmenter leur amour pour Dieu ou pour leurs semblables. Ils peuvent apprendre à manipuler l'énergie alors qu'ils sont encore complètement égocentriques et égoïstes. Encore une fois, regardons les deux composants qui sont nécessaires à la manifestation de la conscience du Christ :

- Une prise de conscience accrue de vos capacités créatrices. Cela commence par une meilleure connaissance des lois de la nature grâce à laquelle vous pouvez accumuler de l'abondance en faisant un meilleur usage de la matière physique. L'étape suivante consiste à apprendre à utiliser l'esprit pour utiliser l'énergie psychique comme base pour générer l'abondance matérielle ;

- Une conscience accrue de vous-même en tant que partie d'un ensemble plus vaste, et également un amour pour cet ensemble en tant que vous-même. Vous utilisez alors vos capacités créatrices en harmonie avec les lois de Dieu et en augmentant votre abondance personnelle, vous augmentez la quantité totale d'abondance. Vous ne prenez pas aux autres mais vous ajoutez à la somme d'abondance disponible sur Terre. Cela aboutit à la capacité d'apporter de l'énergie spirituelle dans le spectre de fréquences matérielles et c'est la source ultime d'abondance.

Ce n'est que lorsque l'évolution de la conscience intègre les deux éléments que vous pourrez évoluer hors de l'égoïsme et éviter de tomber dans le piège d'utiliser vos plus grandes capacités créatrices de manière égoïste. Il y a certaines personnes sur cette Terre qui ont atteint un très haut degré de capacité à manipuler l'énergie psychique. Ils ont atteint la capacité de manipuler les autres.

Vos pensées et vos sentiments sont des formes d'énergie. Si une personne a atteint la maîtrise en termes de manipulation de l'énergie mentale et émotionnelle, une telle personne peut en fait manipuler vos pensées et vos sentiments. La personne peut vous contrôler à travers vos corps mental et émotionnel. Si vous voulez un exemple évident d'une personne avec cette capacité, regardez comment Adolf Hitler était capable de manipuler des millions d'Allemands pour les transformer en robots sans esprit qui le soutiennent dans sa quête de pouvoir et de contrôle.

Il y a beaucoup de gens dans le monde d'aujourd'hui qui ont cette capacité, et certains d'entre eux ont appris à l'utiliser dans les coulisses afin qu'ils ne soient pas reconnus par le public. Certains d'entre eux utilisent même cette capacité de telle manière qu'ils sont considérés comme des célébrités. Ce sont des individus qui ont appris à utiliser l'énergie psychique, laquelle a été amenée dans le spectre de fréquences matérielles mais qui n'a pas encore été abaissée dans le spectre de fréquences de la matière physique.

Cette énergie existe toujours en tant que potentiel pour prendre une forme physique, mais la forme réelle n'a pas encore été déterminée. En apprenant à manipuler cette énergie, une personne peut atteindre une certaine maîtrise de la façon dont l'énergie se manifeste dans la forme. Cela peut lui permettre d'accumuler une grande richesse matérielle, ce qui se fait en partie en manipulant d'autres personnes pour qu'elles effectuent le travail réel qui produit la richesse tout en la concentrant entre les mains de la personne qui tire les ficelles dans les coulisses.

Ce genre de personne fait partie de ceux qui ont atteint un degré élevé de maîtrise mentale sur la matière et une maîtrise de l'esprit sur la matière, mais ils n'ont pas atteint le degré correspondant de maîtrise du cœur. Ils ne se voient pas comme un avec Dieu ou comme un avec leurs semblables. Ils se voient comme étant séparés de Dieu, souvent comme étant en opposition avec Dieu. Ils pensent qu'ils peuvent faire ce qu'ils veulent sans en subir les conséquences, et certains d'entre eux croient même qu'ils sont si puissants qu'ils peuvent manipuler les lois de Dieu pour ne pas récolter ce qu'ils ont semé.

Certains ont même pour but de se rebeller ouvertement contre les lois de Dieu et de créer un monde dans lequel Dieu n'existe pas. Ils tentent d'utiliser le pouvoir de leur esprit pour contrôler toutes les autres personnes sur cette planète afin de prouver que ce monde est une sphère où Dieu n'existe pas et où un Créateur intelligent n'est pas nécessaire. C'est une démonstration claire de ce que je vous ai dit plus haut, à savoir, que lorsque les gens n'ont pas le guide absolu de la connaissance de la loi que Dieu a mise dans leur for intérieur, ils pensent qu'ils deviennent une loi en soi. Ils utilisent l'esprit relatif et dualiste pour établir leurs propres règles sur ce qui est bien et mal, et, dans leur aveuglement et leur arrogance, ils pensent que leur propre loi relative a remplacé la loi absolue de Dieu.

Il est possible d'apprendre à utiliser le pouvoir de l'esprit pour manipuler l'énergie psychique sans avoir le cœur élargi qui vous permet d'utiliser l'énergie d'une manière qui profite à l'ensemble. Vous pouvez manipuler l'énergie pour satisfaire vos besoins et désirs égocentriques sans considérer les conséquences que cela a pour le Corps de Dieu sur Terre ou pour Mère Nature. C'est le genre de personnes dont parlait Jésus quand il a dit : « *Si donc la lumière qui est en toi est ténèbres, combien seront grandes ces ténèbres* » (Matthieu 6.23), et : « *Le royaume des cieux est forcé, et ce sont les violents qui s'en emparent* » (Matthieu 11.12).

Si vous avez appris à utiliser l'énergie psychique à des fins égoïstes, alors vous transformez cette énergie en ténèbres. La quantité de ténèbres sera aussi grande que la quantité de lumière que vous avez mal qualifiée à travers votre tentative basée sur la peur pour prendre de force ce que Dieu vous aurait donné librement si vous aviez été prêt à transcender votre sentiment de séparation avec Lui.

***

L'augmentation de la prise de conscience de vos capacités créatrices fait partie du développement de la conscience du Christ. Si cette prise de conscience est confinée à l'esprit et n'est pas équilibrée par la croissance du cœur, alors il est possible que les êtres humains pervertissent leurs capacités créatrices et les utilisent à des fins égoïstes. Lorsque vous développez la conscience équilibrée du Christ, où l'augmentation de la conscience de votre créativité est équilibrée par l'amour du cœur, vous n'utiliserez vos capacités créatrices qu'en harmonie avec les lois de Dieu.

Vous ne chercherez pas à satisfaire des désirs égocentriques et égoïstes parce que vous réaliserez que vous n'êtes pas un individu séparé. Vous faites partie de Dieu et donc du Corps de Dieu. Ce qui est le mieux pour vous est ce qui est aussi le mieux pour l'ensemble. Lorsque vous surmontez la conscience égocentrique de la peur, vous vous rendrez compte qu'il n'y a pas de conflit entre vos véritables désirs personnels et ce qui est bon pour l'ensemble du Corps de Dieu sur Terre. Vous faites partie de l'ensemble, donc ce n'est qu'en magnifiant l'ensemble que vous pourrez être vraiment épanoui.

Il est en effet possible de réaliser vos désirs personnels d'une manière qui augmente la quantité totale d'abondance dans ce monde et magnifie donc l'ensemble. Lorsque vous n'augmentez pas l'amour du cœur – qui vous donne le sentiment d'unité avec le tout –, vous pouvez être piégé dans le mental. Vous commencez alors à croire à l'idée fausse que vous avez le droit d'exercer vos facultés mentales sans considérer l'ensemble.

Lorsque vous avez la pleine conscience du Christ, vous avez la pleine conscience de vous-même en tant qu'extension de Dieu. Vous avez le parfait équilibre entre vos désirs personnels et ce qui est bon pour tous les autres. Vous savez également comment réaliser vos désirs personnels d'une manière qui est en harmonie avec les lois de Dieu, des lois conçues pour assurer le bien le plus élevé pour l'ensemble.

Cet équilibre est atteint grâce à l'esprit du Christ, alors quel est l'esprit qui vous permet de manipuler l'énergie sans considérer l'ensemble ? Quel est l'esprit qui vous permet d'utiliser l'énergie de Dieu pour créer des formes qui ne sont pas alignées avec les lois de Dieu ? N'est-ce pas l'esprit de l'antéchrist ? La conscience même de l'antéchrist n'est-elle pas l'état d'esprit qui permet à une personne de manipuler l'énergie mais ne donne pas à cette personne l'amour du cœur pour utiliser l'énergie en harmonie avec les lois de Dieu ?

Certains des faux gourous de la prospérité ont découvert les moyens de manipuler l'énergie psychique, l'utilisant ainsi pour manipuler d'autres personnes ou même pour manipuler la matière physique afin qu'ils puissent attirer l'abondance à eux-mêmes. Si ces personnes n'ont pas la conscience accrue du cœur, elles attirent en fait l'abondance à travers l'esprit de l'antéchrist. Elles utilisent le pouvoir de leur esprit pour manipuler l'énergie d'une manière qui est complètement en désaccord avec les lois de Dieu, dont la plus importante est la loi de l'amour qui crée l'harmonie entre l'individu et l'ensemble.

Il est important que vous considériez ce sujet, même si je suis consciente que, pour certaines personnes, cela semblera être un sujet désagréable qui pourrait générer une certaine peur. Il n'est pas nécessaire de craindre les forces de l'antéchrist lorsque vous avez conscience de leur fonctionnement. Seul l'inconnu est à craindre car, si vous ne comprenez pas comment certaines forces cherchent à vous manipuler, comment pouvez-vous vous en défendre ?

Lorsque vous voyez clairement l'état d'esprit de l'antéchrist, vous pouvez éviter d'être manipulé ou d'être tenté par des personnes qui sont piégées dans cet état d'esprit. Vous pouvez admonester le diable, comme l'a fait Jésus lorsqu'il a été tenté après son séjour dans le désert (Matthieu 4.1). Ce n'est qu'en défiant l'état d'esprit de l'antéchrist, qui a imprégné presque tous les aspects de la vie sur cette planète, que vous pourrez vous libérer de cet état d'esprit.

Comment pouvez-vous espérer atteindre la conscience du Christ si vous ne vous libérez pas de la mentalité de l'antéchrist ? Vous ne le pouvez pas tout simplement. Comme Jésus l'a dit, vous ne pouvez pas servir deux maîtres (Matthieu 6.24). Vous ne pouvez pas servir Dieu et Mammon, vous ne pouvez pas servir Dieu à travers la conscience du Christ, qui cherche ce qu'il y a de mieux pour tous, et en même temps servir Mammon, c'est-à-dire la conscience de l'égoïsme, à travers l'esprit de l'antéchrist.

Vous devez choisir aujourd'hui qui vous servirez (Josué 24.15) : si vous servirez la conscience de vie, à savoir la conscience du Christ, ou la conscience de mort, qui est la conscience de l'antéchrist. Comme Moïse l'a dit : « *Choisis la vie, afin que tu vives, toi et ta postérité* » (Deutéronome 30.19), je vous dis : « Choisissez la vie ! Choisissez la conscience du Christ qui est la porte de la vie éternelle, la vie éternelle d'unité avec votre source et d'unité avec toute vie ! »

Vous pouvez continuer, pour le reste de votre vie, à augmenter votre prise de conscience de l'énergie psychique et à manipuler cette énergie pour créer une abondance matérielle pour vous-même. Tant que vous êtes piégé dans la conscience de l'antéchrist, vous êtes piégé dans la conscience de dualité. Toutes vos actions seront en désaccord avec les lois de Dieu. Ce qui n'est pas en harmonie avec les lois de Dieu crée une impulsion déséquilibrée, ce qui signifie que la lumière Mère elle-même créera une impulsion opposée afin de maintenir l'équilibre dans l'univers.

Il vous est vraiment possible d'utiliser la conscience de l'antéchrist pour obtenir temporairement l'abondance matérielle ou le pouvoir sur cette Terre. L'univers matériel est conçu avec un certain facteur de retard, ce qui signifie qu'il est possible pour un être conscient de soi d'abuser de ses pouvoirs créateurs et de créer des formes qui ne sont pas alignées avec les lois de Dieu. En raison du facteur de retard intégré à l'univers matériel, de telles formes déséquilibrées ne s'autodétruiront pas instantanément. Elles peuvent exister pendant un certain temps, et il vous est donc possible d'utiliser l'esprit de l'antéchrist pour créer une abondance matérielle qui pourrait vous durer le reste de cette vie.

La Bible a raison lorsqu'elle déclare que vous récolterez comme vous semez (Galates 6.7). La Bible est également vraie lorsqu'elle déclare qu'il y a une vie après la mort du corps physique (Matthieu 16.28). Cela signifie que, si vous ne récoltez pas ce que vous avez semé pendant que votre corps physique est en vie, votre courant de vie récoltera sûrement ce que vous avez semé dans une vie future.

***

Si vous avez grandi dans une culture chrétienne traditionnelle, vous avez été programmé pour croire que vous n'avez qu'une seule vie ici sur Terre. C'est une idée fausse qui est entrée dans la religion chrétienne à cause de l'influence de personnes qui étaient piégées dans la conscience de l'antéchrist. La conscience de l'antéchrist voit le soi individuel comme séparé du Tout, et ainsi la conscience de l'antéchrist est la source de tout égoïsme. Plus une personne devient piégée dans la conscience de l'antéchrist, plus elle devient égoïste, et l'exemple ultime est la conscience de l'homme des cavernes.

Lorsque vous êtes égocentrique, vous ne pouvez pas voir au-delà de vos désirs immédiats, et donc vous ne pouvez pas accepter l'idée que vos actions aient des conséquences auxquelles vous ne pouvez pas échapper. Une personne extrêmement égocentrique ne peut pas accepter la vérité que vous récolterez sûrement dans une vie future ce que vous semez dans cette vie. C'est précisément pourquoi la vérité sur la réincarnation a été retirée du christianisme, comme Jésus l'explique plus en détail dans son livre [*Les Enseignements mystiques de Jésus*].

Le christianisme enseigne que l'âme survit à la mort du corps physique. Mais, le christianisme ne peut pas expliquer le fait que certains enfants naissent avec des maladies invalidantes alors que d'autres naissent en parfaite santé. Selon les doctrines orthodoxes, il n'y a pas d'explication logique à ce fait observable. Cela a amené de nombreux chrétiens à penser que Dieu doit être un Dieu injuste qui punit des enfants innocents, apparemment sans raison.

La réalité est que Dieu ne punit personne. Dieu a simplement mis en place un univers qui agit comme un miroir, et ainsi l'univers vous renvoie tout ce que vous envoyez. Lorsque vous utilisez vos capacités créatrices d'une manière qui n'est pas en harmonie avec les lois de Dieu, vous créez une action déséquilibrée. Afin de maintenir l'équilibre dans l'univers, le miroir cosmique crée une réaction opposée. Cette réaction n'annulera pas instantanément votre action. Il y a un facteur de retard intégré dans l'univers, et le but est de vous donner une plus grande opportunité d'apprendre.

S'il n'y avait pas de retard, nombre de vos actions généreraient un retour qui vous tuerait instantanément. En raison du retard, vous pouvez faire une erreur sans vous détruire instantanément et avoir ainsi l'occasion d'apprendre. Vous avez un certain temps entre l'erreur et le courant de retour de l'univers. Vous pouvez grandir en conscience de sorte que, lorsque la réaction vous revient, vous avez transcendé la conscience qui a causé l'action d'origine.

Si vous vous élevez au-dessus de cet état de conscience, Dieu a la possibilité de mettre de côté ou de réduire la réaction de l'univers afin que vous puissiez continuer à grandir dans votre vie actuelle sans qu'elle soit interrompue par vos actions d'une vie antérieure. Cela prend tout son sens lorsque vous réalisez que le seul désir de Dieu est que vous grandissiez en transcendant constamment votre état de conscience, votre sentiment d'identité.

Dieu n'est pas le Dieu en colère et punitif décrit par tant de religions.

Les conditions que vous rencontrez dans cette vie ne sont pas la punition de Dieu et elles ne sont pas les résultats du hasard. Ce sont les effets de causes que vous avez mises en mouvement dans des vies précédentes à travers les choix que vous avez faits dans ces vies. Votre situation actuelle n'a pas été créée par Dieu ; elle a été créée par vous-même, et ainsi vous récoltez maintenant ce que vous avez semé dans le passé. Si vous ne réalisez pas que ce que vous vivez dans cette vie est l'effet de causes que vous avez mises en mouvement dans le passé, comment pouvez-vous surmonter le sentiment que vous êtes victime de forces indépendantes de votre volonté ?

Vous êtes censé être un cocréateur avec Dieu. Si vous voulez faire l'expérience de l'abondance dans votre vie, vous ne pouvez pas attendre passivement que Dieu dépose cette abondance sur vos genoux. Vous devez jouer un rôle actif et vous réaligner avec les lois de Dieu, avec votre Présence JE SUIS, afin de devenir une porte ouverte pour que la lumière de votre Présence JE SUIS puisse couler dans votre monde pour manifester l'abondance.

La plupart des gens dans le monde d'aujourd'hui, qu'ils aient grandi dans une religion traditionnelle ou la science matérialiste, ont été programmés à croire qu'ils sont victimes de forces indépendantes de leur volonté. Ils sont soit victimes d'un Dieu en colère et jugeant, soit victimes des lois de la nature qui échappent au contrôle humain. Tant que vous êtes dans cet état de conscience et que vous croyez être la victime impuissante de forces incontrôlables, comment pourriez-vous devenir un cocréateur et manifester l'abondance dans votre vie par vos propres efforts ? Tout ce que vous pouvez faire est d'adopter l'approche passive et d'espérer qu'un miracle manifestera l'abondance dans votre vie.

Cet état d'esprit est précisément ce qui rend tant de personnes vulnérables aux faux gourous qui promettent un plan pour devenir riche rapidement. Lorsque vous pensez que votre seule option pour amener l'abondance est de trouver un raccourci qui apportera l'abondance par un quelconque miracle, vous êtes

facilement influencé par les promesses vides de ceux qui prétendent avoir découvert un tel raccourci. Vous serez une proie facile
pour ceux qui prétendent pouvoir vous apprendre à utiliser votre
esprit pour attirer l'abondance. Ils ne vous apprendront pas les
conséquences à long terme ou ne vous diront pas que leur système
fonctionne à travers l'esprit de l'antéchrist.

***

Mon objectif avec ce cours est de vous offrir un véritable
chemin scientifique vers l'abondance durable. Ce n'est pas mon
but de vous montrer un raccourci vers une certaine abondance
temporaire. Mon objectif est de vous montrer le vrai chemin vers
la vie abondante qui peut être maintenue indéfiniment tant que
vous restez dans la conscience du Christ.

C'est pourquoi il est nécessaire pour moi de dénoncer non
seulement l'erreur des faux gourous, mais aussi l'impasse de
l'esprit de l'antéchrist qui vous empêche de remplir votre rôle
légitime. Votre véritable rôle est d'être un cocréateur conscient qui
peut se connecter au royaume spirituel et apporter plus d'énergie
spirituelle dans le spectre de fréquences matérielles.

C'est le seul moyen d'augmenter la quantité totale d'abondance disponible sur Terre, et cela ne peut absolument pas être
fait par l'esprit de l'antéchrist. Les personnes ayant cet état d'esprit
ne peuvent pas atteindre le royaume spirituel. Lorsque vous êtes
piégé dans la conscience de séparation qui vous amène à nier votre
unité avec Dieu, comment pourriez-vous établir une connexion
avec votre Présence JE SUIS et devenir la porte ouverte pour la
lumière de Dieu ? Cela ne peut pas être fait, et ainsi l'esprit de
l'antéchrist ne peut jamais atteindre au-delà du spectre de
fréquences matérielles. Il est à jamais condamné à prendre l'abondance de ce monde, donc à la prendre par la force.

Nous pourrions dire que Dieu a construit un autre mécanisme
de sécurité dans la conception de l'univers. Le pouvoir créateur
ultime est d'amener l'énergie spirituelle dans le spectre de
fréquences matérielles. Cela ne peut tout simplement pas être fait
par un esprit piégé dans l'égoïsme et donc susceptible d'utiliser

une telle énergie à des fins égoïstes. Un tel esprit peut manipuler l'énergie psychique mais n'a pas accès à l'énergie spirituelle. Seul un esprit qui a surmonté l'égoïsme par un sentiment d'unité avec Dieu et avec le Corps de Dieu a accès à l'abondance infinie de Dieu.

Même ceux qui ont atteint un degré élevé de maîtrise de l'énergie psychique n'ont toujours pas atteint la capacité d'atteindre le royaume spirituel ni d'attirer davantage l'énergie de Dieu. Ils ont atteint la maîtrise qui leur permet d'accumuler l'abondance en puisant dans la plus grande ressource de l'énergie psychique, énergie qui est au-delà de la matière physique mais en dessous de l'énergie spirituelle. De telles personnes peuvent manifester plus d'abondance que vous ne pourriez jamais en manifester uniquement en travaillant au niveau de la matière physique.

Ne soyez pas dupe en pensant que ces personnes ont une véritable maîtrise spirituelle ou qu'elles ont la conscience du Christ. Bien que leurs réalisations puissent sembler impressionnantes d'un point de vue extérieur, elles ne ressemblent en rien à la lumière de la vérité de Dieu. C'est pourquoi Jésus vous a mis en garde contre les faux prophètes (Matthieu 7.15) qui viendraient en son nom, certains pouvant accomplir des signes et des prodiges « mais, au-dedans, ce sont des loups ravisseurs » qui n'ont pas d'amour dans leur cœur.

De telles personnes n'ont rien fait pour augmenter la quantité totale de l'abondance dans ce monde. Elles ont simplement appris à manipuler l'énergie psychique qui se trouve déjà dans le spectre de fréquences matérielles. Elles ne peuvent le faire que par la force, ce qui signifie soit qu'elles prennent l'énergie psychique à autres personnes, soit qu'elles utilisent l'énergie psychique pour manipuler d'autres personnes afin qu'elles effectuent le travail physique puis remettent le fruit de leur travail à l'élite du pouvoir. C'est pourquoi la véritable lutte du pouvoir sur Terre est une lutte pour l'énergie, y compris l'énergie psychique.

Encore une fois, vous avez deux façons de manifester l'abondance. Vous pouvez en effet suivre les faux gourous et utiliser l'esprit de l'antéchrist pour générer une abondance matérielle temporaire pour vous-même. Vous pourrez peut-être accumuler une grande richesse au cours de cette vie en agissant ainsi. Mon cœur bien-aimé, je vous dis simplement la vérité ici, je suis complètement honnête avec vous. Certains des faux gourous vous disent, en effet, une vérité lorsqu'ils disent qu'ils ont découvert un système par lequel vous pouvez manifester l'abondance grâce au pouvoir de l'esprit.

On pourrait dire qu'ils ne sont pas de faux gourous dans le sens où ils font une fausse promesse. Ils vous disent qu'ils ont un système qui vous permettra de manifester votre richesse, et cette affirmation est vraie. Mais ils ne vous parlent pas des conséquences à long terme de leur système. Ils ne vous disent pas que, si vous suivez leur système, vous vous lierez à la conscience de l'antéchrist et que vous récolterez inévitablement ce que vous avez semé soit dans cette vie, soit dans une vie future.

Je suis ici pour vous dire qu'il existe une alternative par laquelle vous pouvez manifester l'abondance sans être piégé par la conscience de l'antéchrist. C'est la véritable clé non seulement pour l'abondance matérielle temporaire, mais aussi pour la vie abondante permanente, la vie éternelle. C'est la vraie clé qui vous mène hors de la mort, hors de la conscience de mort et dans la vie éternelle de la conscience du Christ. Lorsque vous atteignez cet état d'unité, qui est le royaume de Dieu, tout le reste vous sera en effet donné de surcroît (Matthieu 6.33).

Mon cœur bien-aimé, je suppose que, si vous étudiez ce cours, vous savez déjà dans votre cœur que vous n'avez aucun désir d'apprendre à manipuler l'énergie psychique à travers la conscience de l'antéchrist. Vous savez très bien que vous voulez rentrer chez vous dans le royaume de votre Père, et donc vous ne cherchez pas de raccourcis.

C'est avec beaucoup d'amour que je vous tends la main et que je vous l'offre afin de pouvoir vous conduire à une meilleure compréhension de ce que cela vous demandera pour vaincre la conscience de l'antéchrist et manifester la conscience du Christ. Dans les chapitres suivants, j'expliquerai comment vous pouvez suivre l'appel de Paul : « *Ayez en vous l'esprit qui était en Jésus-Christ* » (Philippiens 2.5).

14. J'invoque la maîtrise de la matière

Au nom de JE SUIS CE QUE JE SUIS, de Jésus-Christ, j'appelle Dame Vénus, Mère Marie et toutes les représentantes de la Mère divine. Aidez-moi à transcender l'état d'esprit de l'antéchrist et à atteindre la conscience du Christ qui me donne la maîtrise de la matière. Aidez-moi à transcender tout ce qui bloque ma capacité à manifester l'abondance.

Aidez-moi aussi... *(ajouter vos demandes personnelles).*

I. Je reconnais mon potentiel christique

1. Je suis pleinement capable de cocréer la vie abondante ici sur Terre. Je suis en unité avec ma source plutôt qu'en séparation d'avec Dieu. Ma Présence JE SUIS et moi ne font qu'un.

Ô Vénus, aide-moi à servir !
Avec ta grande beauté cosmique,
Tu apportes l'amour de Vénus,
Et nos planètes chantent en duo.

Ô Vénus, le symbole cosmique
De l'amour divin pour la Terre,
Ton service désintéressé
M'inspire une vie de service.

2. L'état de conscience démontré par Jésus est le sentiment d'identité basé sur la réalité de ce que JE SUIS plutôt que sur la fausse image de ce que je ne suis pas. J'accepte mon potentiel de manifester la christité personnelle.

Ô Vénus, l'amour est la clé
Qui libère les cœurs endurcis.
L'avenir de notre planète
Sera radieux et audacieux.

Ô Vénus, le symbole cosmique
De l'amour divin pour la Terre,

Ton service désintéressé
M'inspire une vie de service.

3. Je fais partie du mouvement pour explorer le potentiel de l'esprit à maîtriser la matière. J'apprends à convertir l'énergie psychique en substance matérielle en abaissant sa vibration et en lui faisant prendre une forme physique.

Ô Vénus, ma Mère si aimante,
Ton amour s'affine dans mon cœur.
Porte ouverte je suis pour l'amour
Qui descend comme la Sainte-Colombe.

Ô Vénus, le symbole cosmique
De l'amour divin pour la Terre,
Ton service désintéressé
M'inspire une vie de service.

4. La vraie clé de l'abondance est d'aller au-delà de la force. Je sais que c'est le bon plaisir du Père de me donner le royaume. J'obtiens tout ce dont j'ai besoin par l'amour plutôt que par la force.

Ô Vénus, joue la note secrète
Qui est l'antidote de la haine !
Guéris en douceur tous les cœurs
Avec ton véritable amour !

Ô Vénus, le symbole cosmique
De l'amour divin pour la Terre,
Ton service désintéressé
M'inspire une vie de service.

5. J'abandonne l'approche de la vie basée sur le manque et la peur pour adopter une approche basée sur l'abondance et l'amour.

Ô Vénus, comme semence de Dieu,
L'amour comble tous les besoins.
Qu'il grandisse et s'épanouisse
Pour entourer la Terre entière !

**Ô Vénus, le symbole cosmique
De l'amour divin pour la Terre,
Ton service désintéressé
M'inspire une vie de service.**

6. J'augmente ma prise de conscience de mes capacités créatrices. Je connais les lois de la nature et les plus grandes lois de Dieu qui fournissent un cadre dans lequel les lois de la nature fonctionnent.

Ô Vénus, ceux qui vénèrent Dieu
Entendent ta musique des sphères.
Nous chantons avec une seule voix
Plein de louanges d'adoration.

**Ô Vénus, le symbole cosmique
De l'amour divin pour la Terre,
Ton service désintéressé
M'inspire une vie de service.**

7. Je me vois comme un avec Dieu et comme un avec le Corps de Dieu sur Terre. Je fais partie d'un plus grand Tout et je suis une individualisation de Dieu.

Ô Vénus, nous te remercions
Ainsi que Sanat Kumara.
Grâce à vous, notre planète revit,
Et s'élève au-dessus des guerres.

**Ô Vénus, le symbole cosmique
De l'amour divin pour la Terre,
Ton service désintéressé
M'inspire une vie de service.**

8. Je réalise pleinement et j'accepte que je fais partie de la création de Dieu. Je sais que c'est le plaisir de Dieu de me donner le royaume et que je n'ai pas besoin de vivre dans le manque ou de prendre par la force.

Ô Vénus, ta douce mélodie
Consume le voile de dualité.

Grâce à ton amour cosmique,
Nous surmontons tous les conflits.

**Ô Vénus, le symbole cosmique
De l'amour divin pour la Terre,
Ton service désintéressé
M'inspire une vie de service.**

9. Je vis l'amour parfait, l'amour inconditionnel, que Dieu a pour moi comme une extension de Lui-même. C'est l'amour parfait qui chasse toute peur de mon être. Mon approche de la vie est basée sur l'amour.

Ô Vénus, étoile du matin,
Tu es un messager cosmique.
Libérée par le son sacré,
La Terre peut faire son ascension.

**Ô Vénus, le symbole cosmique
De l'amour divin pour la Terre,
Ton service désintéressé
M'inspire une vie de service.**

II. Je fais partie du Corps de Dieu

1. J'aime Dieu de tout mon cœur, de toute mon âme et de tout mon esprit et j'aime mon prochain comme moi-même. Je vois que mon prochain *c'est* moi. Mon prochain et moi faisons partie du même Corps de Dieu et nous venons de la même source.

Ô Vénus, aide-moi à servir !
Avec ta grande beauté cosmique,
Tu apportes l'amour de Vénus,
Et nos planètes chantent en duo.

**Ô Vénus, le symbole cosmique
De l'amour divin pour la Terre,
Ton service désintéressé
M'inspire une vie de service.**

2. Dieu n'est pas séparé de moi. Dieu fait partie de moi parce que je fais partie de Dieu. Je suis une individualisation de Dieu. J'aime Dieu comme moi-même parce que Dieu *est* mon vrai soi, ma véritable identité.

Ô Vénus, l'amour est la clé
Qui libère les cœurs endurcis.
L'avenir de notre planète
Sera radieux et audacieux.

Ô Vénus, le symbole cosmique
De l'amour divin pour la Terre,
Ton service désintéressé
M'inspire une vie de service.

3. Le moi extérieur, le sentiment d'identité basé sur la séparation d'avec Dieu, *n'est pas* celui qui agit. C'est ma Présence JE SUIS en moi qui est l'acteur. Elle est la cause première, la source de tous les dons parfaits et bons de Dieu.

Ô Vénus, ma Mère si aimante,
Ton amour s'affine dans mon cœur.
Porte ouverte je suis pour l'amour
Qui descend comme la Sainte-Colombe.

Ô Vénus, le symbole cosmique
De l'amour divin pour la Terre,
Ton service désintéressé
M'inspire une vie de service.

4. J'utilise les lois de la nature pour satisfaire mes désirs avec moins de travail. Je réponds à mes besoins sans utiliser la force, sans prendre de force aux autres ou à Mère Nature.

Ô Vénus, joue la note secrète
Qui est l'antidote de la haine !
Guéris en douceur tous les cœurs
Avec ton véritable amour !

Ô Vénus, le symbole cosmique
De l'amour divin pour la Terre,

**Ton service désintéressé
M'inspire une vie de service.**

5. J'atteins la maîtrise mentale sur la matière, la maîtrise de l'esprit sur la matière. J'atteins le degré correspondant de maîtrise du cœur. Je suis un avec Dieu et je suis un avec mon prochain.

Ô Vénus, comme semence de Dieu,
L'amour comble tous les besoins.
Qu'il grandisse et s'épanouisse
Pour entourer la Terre entière !

**Ô Vénus, le symbole cosmique
De l'amour divin pour la Terre,
Ton service désintéressé
M'inspire une vie de service.**

6. J'atteins la pleine conscience de soi en tant qu'extension de Dieu. J'ai l'équilibre parfait entre mes désirs personnels et ce qui est bon pour les autres.

Ô Vénus, ceux qui vénèrent Dieu
Entendent ta musique des sphères.
Nous chantons avec une seule voix
Plein de louanges d'adoration.

**Ô Vénus, le symbole cosmique
De l'amour divin pour la Terre,
Ton service désintéressé
M'inspire une vie de service.**

7. J'accomplis mes désirs personnels d'une manière qui est en harmonie avec les lois de Dieu, des lois conçues pour assurer le bien le plus élevé pour l'ensemble.

Ô Vénus, nous te remercions
Ainsi que Sanat Kumara.
Grâce à vous, notre planète revit,
Et s'élève au-dessus des guerres.

Ô Vénus, le symbole cosmique
De l'amour divin pour la Terre,
Ton service désintéressé
M'inspire une vie de service.

8. J'utilise le pouvoir de mon esprit pour transformer l'énergie d'une manière qui est en parfaite harmonie avec les lois de Dieu, dont la plus importante est la loi de l'amour qui crée l'harmonie entre l'individu et l'ensemble.

Ô Vénus, ta douce mélodie
Consume le voile de dualité.
Grâce à ton amour cosmique,
Nous surmontons tous les conflits.

Ô Vénus, le symbole cosmique
De l'amour divin pour la Terre,
Ton service désintéressé
M'inspire une vie de service.

9. Je transcende l'état d'esprit de l'antéchrist. Je rejette la tentation du diable d'utiliser les capacités de mon esprit à des fins égoïstes.

Ô Vénus, étoile du matin,
Tu es un messager cosmique.
Libérée par le son sacré,
La Terre peut faire son ascension.

Ô Vénus, le symbole cosmique
De l'amour divin pour la Terre,
Ton service désintéressé
M'inspire une vie de service.

III. J'ai le pouvoir de changer ma situation

1. L'état d'esprit de l'antéchrist n'est pas pertinent pour moi. Je sers Dieu à travers la conscience du Christ.

Ô Vénus, aide-moi à servir !
Avec ta grande beauté cosmique,

Tu apportes l'amour de Vénus,
Et nos planètes chantent en duo.

Ô Vénus, le symbole cosmique
De l'amour divin pour la Terre,
Ton service désintéressé
M'inspire une vie de service.

2. Je choisis la vie et je choisis la conscience du Christ qui est la porte de la vie éternelle, de la vie éternelle d'unité avec ma source et d'unité avec toute vie.

Ô Vénus, l'amour est la clé
Qui libère les cœurs endurcis.
L'avenir de notre planète
Sera radieux et audacieux.

Ô Vénus, le symbole cosmique
De l'amour divin pour la Terre,
Ton service désintéressé
M'inspire une vie de service.

3. Je vois au-delà de mes désirs immédiats. J'accepte que mes actions aient des conséquences auxquelles je ne peux pas échapper. Je récolterai dans une vie future ce que j'ai semé dans cette vie.

Ô Vénus, ma Mère si aimante,
Ton amour s'affine dans mon cœur.
Porte ouverte je suis pour l'amour
Qui descend comme la Sainte-Colombe.

Ô Vénus, le symbole cosmique
De l'amour divin pour la Terre,
Ton service désintéressé
M'inspire une vie de service.

4. J'accepte la réalité de la réincarnation, ce qui signifie que Dieu est un Dieu juste qui ne punit personne. Ma situation dans cette vie est le résultat de choix que j'ai faits dans des vies antérieures.

Ô Vénus, joue la note secrète
Qui est l'antidote de la haine !
Guéris en douceur tous les cœurs
Avec ton véritable amour !

Ô Vénus, le symbole cosmique
De l'amour divin pour la Terre,
Ton service désintéressé
M'inspire une vie de service.

5. J'apprends de mes choix passés et je transcende la conscience qui m'a poussé à faire ces choix. J'invoque l'opportunité de grandir dans ma vie actuelle sans qu'elle soit interrompue par mes actions dans une vie antérieure.

Ô Vénus, comme semence de Dieu,
L'amour comble tous les besoins.
Qu'il grandisse et s'épanouisse
Pour entourer la Terre entière !

Ô Vénus, le symbole cosmique
De l'amour divin pour la Terre,
Ton service désintéressé
M'inspire une vie de service.

6. Le seul désir de Dieu est que je grandisse en transcendant constamment mon état de conscience, mon sentiment d'identité.

Ô Vénus, ceux qui vénèrent Dieu
Entendent ta musique des sphères.
Nous chantons avec une seule voix
Plein de louanges d'adoration.

Ô Vénus, le symbole cosmique
De l'amour divin pour la Terre,
Ton service désintéressé
M'inspire une vie de service.

7. Les conditions dans ma vie actuelle ne sont pas la punition de Dieu et ne sont pas le résultat du hasard. Ce sont les effets de

causes que j'ai mises en mouvement dans des vies antérieures à travers les choix que j'ai faits.

Ô Vénus, nous te remercions
Ainsi que Sanat Kumara.
Grâce à vous, notre planète revit,
Et s'élève au-dessus des guerres.

Ô Vénus, le symbole cosmique
De l'amour divin pour la Terre,
Ton service désintéressé
M'inspire une vie de service.

8. Ma situation actuelle n'a pas été créée par Dieu ; c'est moi qui l'ai créée. Je récolte maintenant ce que j'ai semé dans le passé. Je transcende le sentiment d'être victime de forces indépendantes de ma volonté.

Ô Vénus, ta douce mélodie
Consume le voile de dualité.
Grâce à ton amour cosmique,
Nous surmontons tous les conflits.

Ô Vénus, le symbole cosmique
De l'amour divin pour la Terre,
Ton service désintéressé
M'inspire une vie de service.

9. Je joue un rôle actif et je me réaligne avec les lois de Dieu, avec ma Présence JE SUIS. Je suis la porte ouverte pour que la lumière de ma Présence JE SUIS se répande dans mon monde et manifeste l'abondance.

Ô Vénus, étoile du matin,
Tu es un messager cosmique.
Libérée par le son sacré,
La Terre peut faire son ascension.

Ô Vénus, le symbole cosmique
De l'amour divin pour la Terre,

**Ton service désintéressé
M'inspire une vie de service.**

IV. Je suis dans l'unité

1. Je marche sur le vrai chemin scientifique vers une abondance durable. Je marche sur le vrai chemin vers la vie abondante qui peut être maintenue indéfiniment tant que je reste dans la conscience du Christ.

Ô Vénus, aide-moi à servir !
Avec ta grande beauté cosmique,
Tu apportes l'amour de Vénus,
Et nos planètes chantent en duo.

**Ô Vénus, le symbole cosmique
De l'amour divin pour la Terre,
Ton service désintéressé
M'inspire une vie de service.**

2. Je suis un cocréateur conscient qui se connecte au royaume spirituel pour apporter plus d'énergie spirituelle dans le spectre de fréquences matérielles. J'augmente la quantité totale d'abondance disponible sur Terre à travers l'esprit du Christ.

Ô Vénus, l'amour est la clé
Qui libère les cœurs endurcis.
L'avenir de notre planète
Sera radieux et audacieux.

**Ô Vénus, le symbole cosmique
De l'amour divin pour la Terre,
Ton service désintéressé
M'inspire une vie de service.**

3. Le pouvoir créateur ultime est d'amener l'énergie spirituelle dans le spectre de fréquences matérielles. Cela ne peut pas être fait par un esprit qui est piégé dans l'égoïsme.

Ô Vénus, ma Mère si aimante,
Ton amour s'affine dans mon cœur.

Porte ouverte je suis pour l'amour
Qui descend comme la Sainte-Colombe.

**Ô Vénus, le symbole cosmique
De l'amour divin pour la Terre,
Ton service désintéressé
M'inspire une vie de service.**

4. Je transcende l'égoïsme à travers un sentiment d'unité avec Dieu et avec le Corps de Dieu. J'ai accès à l'abondance infinie de Dieu.

Ô Vénus, joue la note secrète
Qui est l'antidote de la haine !
Guéris en douceur tous les cœurs
Avec ton véritable amour !

**Ô Vénus, le symbole cosmique
De l'amour divin pour la Terre,
Ton service désintéressé
M'inspire une vie de service.**

5. Je me connecte au royaume spirituel et puise plus d'énergie de Dieu. Je manifeste plus d'abondance que je ne pourrais jamais en manifester uniquement en travaillant au niveau de la matière physique.

Ô Vénus, comme semence de Dieu,
L'amour comble tous les besoins.
Qu'il grandisse et s'épanouisse
Pour entourer la Terre entière !

**Ô Vénus, le symbole cosmique
De l'amour divin pour la Terre,
Ton service désintéressé
M'inspire une vie de service.**

6. J'atteins la maîtrise spirituelle et la conscience du Christ. Je manifeste l'abondance sans être piégé par la conscience de l'antéchrist.

Ô Vénus, ceux qui vénèrent Dieu
Entendent ta musique des sphères.
Nous chantons avec une seule voix
Plein de louanges d'adoration.

Ô Vénus, le symbole cosmique
De l'amour divin pour la Terre,
Ton service désintéressé
M'inspire une vie de service.

7. Je ne manifeste pas seulement l'abondance matérielle. Je manifeste la vie abondante permanente, la vie éternelle.

Ô Vénus, nous te remercions
Ainsi que Sanat Kumara.
Grâce à vous, notre planète revit,
Et s'élève au-dessus des guerres.

Ô Vénus, le symbole cosmique
De l'amour divin pour la Terre,
Ton service désintéressé
M'inspire une vie de service.

8. J'abandonne la conscience de la mort pour entrer dans la vie éternelle avec la conscience du Christ. J'accède au royaume de Dieu, et je sais que tout le reste me sera donné de surcroît.

Ô Vénus, ta douce mélodie
Consume le voile de dualité.
Grâce à ton amour cosmique,
Nous surmontons tous les conflits.

Ô Vénus, le symbole cosmique
De l'amour divin pour la Terre,
Ton service désintéressé
M'inspire une vie de service.

9. Je veux rentrer dans le royaume de mon Père et je ne cherche pas de raccourcis. Je suis prêt à laisser cet esprit qui était et qui est en Jésus-Christ être aussi en moi.

Ô Vénus, étoile du matin,
Tu es un messager cosmique.
Libérée par le son sacré,
La Terre peut faire son ascension.

**Ô Vénus, le symbole cosmique
De l'amour divin pour la Terre,
Ton service désintéressé
M'inspire une vie de service.**

Sceau final :

Au nom de la Mère divine, je demande à Dame Vénus et à Mère Marie de me sceller, ainsi que toutes les personnes de mon cercle d'influence, dans le flux créateur de la Mère divine, le Fleuve de Vie. Je demande la multiplication de mes appels par toutes les représentantes de la Mère divine afin que nous formions le flux parfait en huit de « comme en haut, ainsi en bas ». J'accepte donc que cela soit pleinement manifesté parce que la bouche du Seigneur, la Mère divine que JE SUIS, l'a prononcé. Amen.

15. Atteindre un état de conscience équilibré

Permettez-moi de parler de l'essence de la conscience du Christ. Lorsque votre Créateur a décidé de créer des individualisations de lui-même, un certain dilemme est apparu. Ce dilemme est de savoir comment équilibrer la relation entre une individualisation du Tout et le Tout lui-même afin que l'individu ne se sente pas séparé du Tout ni n'agisse de manière à diminuer le Tout au lieu de l'augmenter.

Votre Créateur a un état de conscience qui englobe tout. Tout dans le monde de forme est contenu dans la conscience de votre Créateur, parce que votre Créateur a tout créé à partir de son Être, de sa propre substance et de sa conscience. De même, tout ce qui a été créé par des cocréateurs conscients de soi – des individualisations du Créateur – a été créé à partir de l'Être de Dieu. Votre Créateur est dans tout ce qui a jamais été créé, et ainsi votre Créateur a la conscience d'être le Tout et d'être en tout.

Il n'est pas tout à fait correct de dire que le Créateur crée la forme. Il serait plus correct de dire que le Créateur se manifeste sous une certaine forme. Le Créateur prend une certaine forme et se revêt de limitations sans perdre sa totalité. Une fois qu'une forme est créée, cette forme existe parce qu'elle a précisément quelques caractéristiques qui la différencient :
- Du Tout de Dieu, dans lequel il n'y a pas de forme ;
- Du vide, dans lequel il n'y a que des ténèbres et donc pas de forme ;
- D'autres formes dans le monde de forme.

L'essence même d'une forme donnée est qu'elle est définie par des caractéristiques individuelles qui la distinguent et la différencient. Si cette forme n'avait aucune caractéristique, elle serait toujours dans le Tout, et donc elle n'existerait pas en tant que forme distincte. Lorsque le Créateur se manifeste comme un être conscient de soi, cet être doit nécessairement avoir des caractéristiques individuelles. Si l'être n'avait pas d'individualité, il n'existerait pas en tant qu'être distinct, il serait toujours indifférencié du Tout de l'Être de Dieu. Lorsqu'il s'agit de formes inanimées ou d'êtres qui n'ont pas de conscience de soi (comme les animaux), l'existence de caractéristiques individuelles ne pose pas de problème car la différenciation du Tout ne peut jamais conduire à la séparation du Tout.

Lorsqu'il s'agit d'êtres conscients de soi, il y a un problème potentiel ou une sorte d'énigme qui apparaissent. Un être conscient de soi ne peut exister que parce qu'il a une conscience ; il est conscient de sa propre existence. Le cœur même de votre identité est la conscience que vous existez en tant qu'être distinct avec des caractéristiques individuelles et le potentiel d'exprimer ces caractéristiques à travers vos pouvoirs créateurs. C'est précisément ce pour quoi vous avez été conçu, à savoir exprimer votre individualité et ainsi cocréer le royaume de Dieu où que vous soyez, y compris sur la planète Terre.

Vous avez également été conçu pour exprimer votre individualité en tant que partie du Tout et en tant que partie du Corps de Dieu, constitué de la famille des cocréateurs qui existent dans le monde de forme. Vous n'avez pas été conçu pour exprimer votre créativité comme si vous existiez dans le vide. Vous avez été conçu pour exprimer votre individualité d'une manière qui améliore l'ensemble dont vous faites partie et dont vous ne pourrez jamais vous séparer.

Vous ne pouvez fonctionner comme cocréateur avec Dieu que parce que vous avez l'imagination et le libre arbitre. La façon dont vous exprimez votre imagination et votre libre arbitre est une expression de votre conscience de soi. La façon dont vous vous voyez est ce qui détermine la façon dont vous utilisez votre imagination pour imaginer des formes qui ne sont pas encore manifestées. Cela détermine également comment vous utilisez votre volonté pour décider quelles formes manifester ou quelles formes vous pouvez et ne pouvez pas manifester. Tant que votre conscience de soi est en alignement avec la réalité de Dieu, à savoir que vous faites partie du Tout et du Corps de Dieu sur Terre, votre expression individuelle sera en alignement avec l'ensemble.

Le fait même que vous ayez une imagination illimitée signifie que vous pouvez imaginer un sens du soi comme étant séparé du Tout de Dieu et comme étant séparé d'autres êtres conscients de soi, voire comme étant en concurrence avec eux. Le fait que vous ayez un libre arbitre illimité signifie que vous pouvez choisir d'accepter une image de soi aussi limitée comme étant réelle, et ainsi vous pouvez créer une nouvelle image de soi basée sur la séparation plutôt que sur le sentiment originel d'unité avec lequel vous étiez créé.

Vous avez ces possibilités du fait que Dieu vous a donné le libre arbitre et l'imagination. Mais vous n'êtes pas obligé d'utiliser vos capacités créatrices pour générer une image de soi aussi limitée. Dieu a fait tout son possible pour vous permettre de maintenir facilement une image correcte de soi et vous permettre de construire sur cette image pour devenir plus que ce pour quoi vous avez été créé, plutôt que de créer une fausse image de soi qui vous rend inférieur à ce que vous avez été créé pour être.

***

La question essentielle est de savoir comment un être conscient de soi peut éviter d'agir comme s'il était séparé de Dieu ou comme s'il était le seul être conscient de soi dans l'univers ou le seul être qui compte. Je suis sûre que vous pouvez comprendre ce dilemme. Dieu a créé un grand nombre d'êtres conscients de soi qui sont censés agir en tant que cocréateurs. Aucun de ces êtres conscients de soi n'a été créé comme une île. Aucun être n'a été créé pour exister seul ou indépendamment de Dieu ou des autres. Aucun être n'a été créé pour être le fils préféré qui pourrait agir comme un roi avec tous les autres êtres conscients de soi comme ses simples serviteurs.

En vérité, comme le dit la Bible : « *Dieu ne fait point acception de personnes* » (Actes 10.34). Le Créateur aime tous ses cocréateurs d'un amour infini. Quand l'amour est infini et inconditionnel, il ne peut y avoir de comparaisons, il n'y a donc pas de fils ou de filles préférés. Tous sont aimés du même amour car tous sont d'égale valeur et d'égale importance aux yeux du Créateur. Comment peut-il en être autrement lorsque chaque être conscient de soi est créé à partir de la substance du Créateur et que le Créateur se manifeste ainsi en tant qu'êtres individualisés ?

Une fois que le Créateur a donné à un être conscient de soi l'imagination et le libre arbitre, il devient possible que le cocréateur puisse se séparer du Tout et commencer à agir comme s'il était séparé des autres ou plus important que les autres. Dans l'acte de se séparer du Tout, l'être conscient de soi mange le *fruit de la connaissance du bien et du mal* (Genèse 2.17), ce qui signifie en vérité le bien et le mal *relatifs*. Dans cette conscience de dualité, les comparaisons deviennent possibles et ainsi un cocréateur peut construire une image de lui-même comme étant meilleur ou plus précieux que les autres. Il pourrait développer le désir de contrôler et de régner sur les autres au lieu de travailler à magnifier l'ensemble.

Si un cocréateur accepte cette image de soi dualiste comme une réalité, il va se mettre à agir comme si c'était la réalité. Un cocréateur peut progressivement devenir tellement concentré sur cette « réalité » autocréée qu'il en oublie sa véritable identité. Le cocréateur – qui a été conçu pour toujours conserver sa conscience de soi en tant qu'individualisation de Dieu – peut perdre cet état d'unité, cet état de grâce, et ainsi tomber dans un sentiment limité d'identité en tant qu'être séparé de Dieu et du Corps de Dieu.

C'est une possibilité qui surgit au moment même où Dieu crée des êtres qui ont la conscience de soi, l'imagination et le libre arbitre. Dieu n'a aucun désir de voir l'un de ses fils ou l'une de ses filles se perdre dans un sentiment moindre d'identité. C'est le bon plaisir du Père de vous donner le royaume, mais vous ne pouvez recevoir ce royaume que si vous vous voyez comme un fils ou une fille de Dieu capable et digne de recevoir ce royaume.

Si vous êtes pris au piège d'un sentiment inférieur d'identité dans lequel vous vous percevez comme séparé du Tout – et pensez donc que vous êtes soit indigne de recevoir l'abondance de Dieu, soit indigne de la recevoir en totalité –, vous ne pouvez pas recevoir la plénitude du royaume. Ce n'est pas ce que Dieu veut voir se produire, alors comment cela peut-il être évité ?

En réalité, cette possibilité ne peut jamais être exclue. La seule façon d'éliminer la possibilité que vous puissiez être piégé dans un sentiment inférieur d'identité est de vous priver de votre imagination et de votre libre arbitre. Si vous n'avez pas la capacité d'imaginer une identité limitée et si vous ne pouvez pas l'accepter comme réelle, alors vous ne seriez pas libre. Si vous n'avez pas ces facultés créatrices, vous ne pouvez pas servir de cocréateur à Dieu, et donc vous ne pouvez pas devenir plus. Vous ne pouvez pas servir à augmenter l'intensité de la lumière de Dieu afin de remplir le vide de lumière. Or, devenir plus et combler le vide sont le but même de votre existence.

***

La question à laquelle Dieu est confronté est de savoir comment rendre le plus sûr possible l'exercice de votre créativité, c'est-à-dire votre pouvoir de créer sans oublier votre origine et votre source. Bien que ce problème n'ait pas de solution absolue – parce que vous avez toujours le libre arbitre –, il a une solution qui est absolue dans le sens où vous ne pouvez jamais perdre le potentiel de récupérer votre véritable identité. Dieu a conçu un moyen ingénieux pour vous permettre de toujours revenir dans son royaume, peu importe à quelle distance vous vous en êtes éloigné dans la conscience.

Le Créateur unique a lancé le processus de création en générant deux forces complémentaires. Dans la religion du taoïsme, ces forces ont été appelées le *yang* et le *yin*, mais j'aime les appeler la force d'expansion du Père et la force de contraction de la Mère. Ces deux forces peuvent sembler opposées, mais ce n'est pas exact. Bien qu'elles aient apparemment des directions opposées, ce sont en fait des forces complémentaires. Elles ne s'annulent pas, elles ne font que s'équilibrer. C'est lorsque ces forces sont parfaitement équilibrées qu'une forme durable est créée.

Qu'est-ce que cela signifie que quelque chose soit durable ? La clé est de comprendre le but même de la création, à savoir étendre la lumière de Dieu et son royaume afin de combler le vide. La croissance et l'auto-transcendance constantes sont le but. Le rôle de la force d'expansion est de conduire la création dans une direction d'expansion vers l'extérieur afin qu'elle ne s'arrête jamais. Elle ne se limite jamais à une forme particulière mais grandit toujours pour devenir plus.

Afin de créer quoi que ce soit à partir de la singularité du Créateur, il doit y avoir une force sortante. Si la force sortante était la seule force, la création serait simplement une explosion continue dans laquelle aucune forme distincte ne serait possible. La force de contraction de la Mère équilibre la force d'expansion du Père, et, lorsqu'il y a équilibre, c'est possible de créer une forme qui peut durer. Ces deux forces fondamentales de création constituent le fondement de la création de la forme.

La clé essentielle d'une création réussie est le juste équilibre entre ces deux forces de base. Si la force d'expansion devient trop forte, toute forme est détruite. Si la force de contraction devient trop forte, la croissance s'arrête, et finalement toutes les formes s'effondreront sur elles-mêmes et la lumière Mère retournera à son état de base. Il doit y avoir quelque chose qui puisse maintenir le juste équilibre entre les deux forces et assurer une création durable sans jamais s'arrêter.

La durabilité ne signifie pas l'immobilité mais plutôt une auto-transcendance constante. Pourquoi donc ? Parce que la définition même de la vie est quelque chose qui grandit, quelque chose qui est constamment en train de se transcender, quelque chose qui devient toujours plus de Dieu dans la manifestation et qui peut ainsi remplacer l'obscurité qui est dans le vide.

Ni la force d'expansion ni la force de contraction ne peuvent créer une forme par elle-même. La force d'expansion s'étendra toujours et la force de contraction se contractera toujours, et de toute façon toute forme et toute structure seront effacées. Pour qu'une forme soit créée, cette forme doit d'abord exister en tant que potentiel, en tant qu'image mentale. Cette image doit équilibrer les deux forces afin que la forme puisse être maintenue dans un état dynamique où la forme n'est pas statique mais une plate-forme pour une croissance ultérieure.

La force de contraction de la Mère est intégrée à la lumière Mater. On pourrait comparer cela à un océan calme et sans vagues. La force d'expansion du Père est comme le vent qui souffle sur l'océan et soulève des vagues qui apparaissent comme des formes distinctes dans l'océan infini de lumière.

La lumière Mater a le potentiel de prendre n'importe quelle forme, et certaines de ces formes peuvent s'annuler comme les vagues sur l'océan peuvent s'annuler. Qu'est-ce qui détermine la façon dont les formes spécifiques sont amenées à l'existence ? Les caractéristiques d'une forme spécifique doivent exister en tant que potentiel avant que cette forme ne soit imposée à la lumière Mater. La force d'expansion du Père doit avoir une matrice dans laquelle s'écouler afin qu'elle puisse agiter la lumière Mater pour qu'elle prenne une forme particulière plutôt qu'une explosion aveugle.

Ni la force d'expansion ni la force de contraction ne peuvent créer une telle image mentale et l'utiliser pour diriger la force d'expansion à travers la lumière Mère. Une telle image ne peut être formée que dans un esprit conscient de soi, un esprit qui possède l'imagination pour concevoir une image et la volonté de l'imposer à la lumière Mère.

Un tel esprit doit aussi avoir une conscience de soi qui lui fait prendre conscience de son existence et de sa capacité à utiliser les forces fondamentales de la création. Le Créateur a un tel esprit, mais le Créateur n'a pas voulu tout créer par lui-même. Le Créateur a décidé de se manifester en tant qu'êtres individuels qui peuvent agir en tant que cocréateurs. Ces êtres ont la capacité mentale de concevoir l'image d'une forme qui n'est pas encore manifestée, et ils peuvent alors projeter cette image sur la lumière Mater.

Au fur et à mesure que la force d'expansion du Père s'écoule dans la matrice, la lumière Mater prend la forme correspondante. Qu'est-ce qui donne cette capacité aux cocréateurs ? C'est le fait qu'ils sont créés comme des individualisations d'un autre aspect de Dieu, d'une autre extension du Créateur, que la Bible appelle la

Parole ou le *Fils unique* du Père, plein de grâce et de vérité (Jean 1.14).

***

De nombreux chrétiens en sont venus à croire que Jésus-Christ était le Fils unique de Dieu ou qu'il était Dieu dès le commencement. Cette idée n'est pas vraie parce que chaque être conscient de soi qui a été créé est un fils ou une fille de Dieu. Tout être qui a jamais été créé est sorti de l'Être et de la conscience de Dieu, et donc, d'un certain point de vue, était Dieu dès le commencement.

Au moment où une forme ou un être individualisé vient à l'existence, il prend des caractéristiques distinctes et n'est donc plus le Tout de Dieu. Ceci est aussi vrai pour Jésus-Christ que pour vous. Jésus est sorti du Tout de Dieu, et il était et est un fils de Dieu. Vous êtes vous aussi sorti du Tout et vous êtes vous aussi fils ou fille de Dieu. Jésus a même affirmé son égalité avec toute vie dans la déclaration : « *Ce que vous avez fait au plus petit de mes frères, c'est à moi que vous l'avez fait.* » (Matthieu 25.40).

Si vous avez grandi dans l'idolâtrie de Jésus entretenue par le christianisme, vous pourriez considérer mes déclarations comme blasphématoires. Jésus ne s'est jamais distingué des autres ni ne s'est mis au même niveau que Dieu. Pourquoi pensez-vous qu'il a dit : « *Pourquoi m'appelles-tu bon ? Il n'y a qu'un seul bon, c'est Dieu* » (Matthieu 19.17). Pour Jésus, la doctrine selon laquelle il était le Fils unique de Dieu est la pire forme de blasphème et de moquerie de toute sa mission. Dans cette doctrine, Jésus a été mis à part de tous les êtres humains, et il est ainsi devenu une idole plutôt qu'un exemple.

Ce n'est pas du goût de Jésus que tant de chrétiens dansent autour de ce veau d'or, plutôt que de reconnaître le fait qu'il est venu leur montrer leur véritable potentiel pour récupérer leur héritage divin. La vraie différence entre vous et Jésus est qu'il a reconnu et accepté son origine de fils de Dieu alors que vous ne l'avez pas encore fait. Vous avez la capacité de revendiquer votre véritable identité en suivant l'exemple donné par Jésus et en laissant cet esprit être en vous, qui était aussi en Jésus-Christ (Philippiens 2.5).

Qu'était cet esprit qui était en Jésus ? C'était l'esprit du Christ, le vrai Fils engendré du Père, c'est-à-dire le Créateur. Cet état de conscience est un esprit universel, un sentiment universel de conscience généré par Dieu le Créateur, pour servir la fonction spécifique d'être un médiateur entre Lui-même et toutes les extensions individualisées de Lui-même, à savoir les cocréateurs de Dieu.

Le but de l'esprit du Christ est de s'assurer qu'aucun cocréateur ne puisse jamais perdre de façon permanente sa véritable identité ni la conscience des lois de Dieu. L'esprit du Christ sert à s'assurer que toute forme est créée selon les lois de Dieu et qu'une forme qui n'est pas alignée avec ces lois ne peut pas exister indéfiniment.

Lorsque Dieu vous a créé, il vous a donné une individualité unique. C'est votre potentiel créateur, et, en exerçant vos pouvoirs créateurs, vous exprimerez naturellement votre individualité dans tout ce que vous créez. Votre individualité est un don de Dieu pour vous et, lorsque vous laissez briller votre lumière, elle se manifeste comme votre don au monde. Votre individualité, donnée par Dieu, est vraiment belle et magnifique au-delà de ce que la plupart des gens peuvent accepter avec leur sentiment actuel d'identité. Comme Jésus l'a dit : « *Vous êtes des dieux* » (Jean 10.34), ce qui signifie que vous êtes conçus avec une beauté et une perfection bien au-delà du niveau de l'identité et de la conscience humaines.

Vous avez été créé pour être infiniment plus que ce que vous pouvez actuellement accepter, et cette individualité donnée par Dieu ne peut jamais être perdue car elle est enregistrée en permanence dans l'esprit universel du Christ. Le Fils unique engendré du Père est le gardien de votre véritable individualité, et ainsi l'esprit du Christ est aussi la clé pour retrouver cette identité.

L'esprit du Christ est la seule clé de votre salut parce que le salut signifie que vous surmontez le sentiment limité d'identité provenant de l'esprit de l'antéchrist, l'esprit de séparation d'avec votre source. Afin d'avoir la vie éternelle, vous devez réclamer l'identité provenant de l'esprit du Christ, l'esprit d'unité avec votre source.

L'esprit du Christ sert également à guider vos efforts créateurs et à s'assurer qu'ils seront toujours en alignement avec les lois de Dieu et qu'il y aura une harmonie entre vous et le Corps de Dieu. Aucun être conscient de soi ne peut accéder à la pure lumière de Dieu sans passer par la conscience du Christ. Comme Jésus l'a dit : *« Je suis le chemin, la vérité et la vie. Nul ne vient au Père que par moi »* (Jean 14.6).

La conscience du Christ connaît les lois de Dieu, et ainsi elle a une norme absolue pour juger si la forme envisagée par un cocréateur est en harmonie avec ces lois (bien inconditionnel) ou en désaccord avec ces lois (mal). Pour créer n'importe quelle forme, un cocréateur doit imaginer la forme et ensuite permettre au pouvoir de Dieu d'imposer cette forme à la lumière Mater.

Votre pouvoir de créer une forme dépend de l'intensité et de la force de la lumière qui anime vos efforts créateurs. La force créatrice ultime est la lumière en expansion du Père, et, lorsque vous créez avec cette lumière, vous avez un maximum de pouvoirs créateurs. Comme Jésus l'a dit : *« Cela est impossible aux hommes, mais non à Dieu : car tout est possible à Dieu »* (Marc 10.27). Afin d'accéder à la puissance de Dieu, vous devez avoir la conscience du Christ et votre forme envisagée doit être en harmonie avec les lois de Dieu.

Lorsque vous êtes incarné en tant qu'être humain, votre mental inférieur doit devenir la porte ouverte pour un flux d'énergie qui coule de votre Présence JE SUIS. C'est cette énergie spirituelle qui devient le moteur de vos efforts créateurs. Comme Jésus l'a dit : *« Je ne puis rien faire de moi-même »* (Jean 5.30), et aussi : *« Le Père qui demeure en moi, c'est lui qui fait les œuvres »* (Jean 14.10).

Lorsque vous avez une image mentale basée sur l'esprit du Christ, elle sera toujours en parfaite harmonie avec les lois de Dieu et l'intention créatrice de Dieu. En tant qu'individu, vous n'êtes pas la plénitude de l'esprit universel du Christ, mais cet esprit a été individualisé pour vous. Comme Jésus l'a dit : *« Prenez, mangez.*

Ceci est mon corps, qui est rompu pour vous ; faites ceci en mémoire de moi » (1 Corinthiens 11.24).

Grâce à cet esprit individualisé du Christ, vous pouvez créer en parfaite harmonie avec les lois de Dieu, et ainsi votre création aura un maximum de puissance. C'est pourquoi Jésus, par l'esprit du Christ, avait le pouvoir de passer outre la loi naturelle et d'accomplir ce que les gens considéraient comme des miracles. En réalité, Jésus utilisait une loi supérieure qui remplace les lois de la nature telles qu'elles sont actuellement comprises par la science.

Lorsque vous suivez ce processus d'utilisation de l'esprit du Fils pour accéder au pouvoir créateur du Père et pour définir la forme qui est projetée sur la lumière Mère, votre création magnifiera l'ensemble. L'esprit universel du Christ enregistrera en permanence vos bonnes actions afin qu'elles ne puissent jamais être perdues. C'est ce que Jésus a appelé le trésor amassé dans le ciel : « *Mais amassez-vous des trésors dans le ciel, où la teigne et la rouille ne détruisent point, et où les voleurs ne percent ni ne dérobent* » (Matthieu 6.20).

Parce que vous avez le libre arbitre, vous pouvez choisir d'envisager une forme qui n'est pas en harmonie avec les lois de Dieu et vous pouvez vouloir manifester cette forme. Pour manifester une forme imparfaite, vous ne pouvez pas utiliser la pure lumière de Dieu. Votre seule option est d'utiliser la lumière moindre, à savoir l'énergie psychique qui a déjà été introduite dans le spectre de fréquences matérielles.

Vous pouvez toujours créer en utilisant cette lumière, les faux gourous ont donc raison lorsqu'ils disent qu'il est possible d'accumuler de grandes richesses en utilisant le pouvoir de l'esprit. Cette création ne sera jamais aussi puissante que ce qui est créé par l'esprit du Christ. Parce qu'elle est créée en utilisant l'esprit de l'antéchrist, vous récolterez inévitablement ce que vous avez semé : « *Puisqu'ils ont semé du vent, ils moissonneront la tempête* » (Osée 8.7).

✳✳✳

Dieu voulait s'assurer que votre expérimentation avec vos pouvoirs créateurs deviendrait une spirale ascendante par laquelle vous grandiriez dans la conscience de soi et dans la conscience que le soi fait un avec le Tout. Tout ce que vous faites en harmonie avec les lois de Dieu est enregistré de façon permanente dans l'esprit du Christ. Cela devient votre réalisation et votre élan que vous pouvez utiliser comme une base solide – comme le roc du Christ – pour étendre vos pouvoirs créateurs et votre conscience de soi.

Bien que ce trésor ne puisse jamais être perdu, vous pouvez utiliser votre imagination et votre libre arbitre pour vous en séparer, au point même d'oublier tout cela et votre véritable identité. Lorsque cela se produit, vous ne pouvez évidemment pas construire sur la base de vos actions passées et vous êtes, pour ainsi dire, obligé de recommencer à zéro. Parce que vos bonnes actions passées ne peuvent pas être définitivement perdues, votre trésor est toujours là à vous attendre.

À tout moment, vous pouvez décider d'arrêter la spirale descendante de vous séparer de votre Soi. Vous pouvez commencer à marcher sur le chemin spirituel qui vous permettra de récupérer votre véritable identité. Lorsque vous le faites, vous pouvez de nouveau accéder à votre trésor dans le ciel et l'utiliser comme base pour développer davantage vos pouvoirs créateurs et votre conscience de soi. Votre véritable identité – l'identité construite avec l'esprit de Christ – ne peut jamais être perdue. La fausse identité – l'identité de séparation construite avec l'esprit de l'antéchrist – est en effet mortelle et peut donc être perdue. Elle *doit* être perdue pour que vous récupériez votre véritable identité.

Lorsque Dieu a créé ce monde de forme, Il a défini certains principes directeurs qui garantiraient que ce monde puisse croître de manière durable sans exploser ni se contracter dans le vide. Dieu a conçu ces principes pour s'assurer que la force d'expansion du Père ne deviendrait pas si forte qu'elle ferait exploser l'univers dans une explosion géante. Dans le même temps, Dieu a créé des lois pour s'assurer que la force de contraction de la Mère n'arrêterait pas l'expansion de la lumière destinée à combler le vide, ce qui déclencherait un cycle de contraction qui ramènerait toutes les formes créées au néant d'où ils ont commencé.

Dans le cadre des principes créateurs définis par Dieu, il existe une liberté illimitée pour créer la forme. En tant que cocréateur avec Dieu, votre créativité n'est pas limitée par les lois de Dieu. Les lois de Dieu ne sont pas une restriction à votre liberté de créer. Ils servent de cadre et de principes directeurs afin que vous puissiez exercer vos capacités créatrices sans vous détruire ni détruire les autres cocréateurs. Les lois de Dieu sont établies pour s'assurer que vous pouvez exercer votre créativité d'une manière qui magnifie le tout en étendant et en intensifiant la lumière de Dieu.

Repensez à la façon dont j'ai décrit le processus de création. Lorsque Dieu crée une nouvelle sphère dans le vide, cette sphère n'est pas complètement remplie de la lumière de Dieu. Des cocréateurs conscients de soi sont alors envoyés dans cette sphère afin de multiplier leurs talents et de prendre la domination, remplissant ainsi la sphère de lumière. Elle peut alors servir de base à une expansion dans la sphère suivante. La clé est de réaliser que remplir une sphère de lumière ne signifie pas qu'elle est remplie de lumière indifférenciée. Une sphère se remplit de formes qui sont en alignement avec les lois de Dieu mais expriment également la créativité des cocréateurs qui habitent cette sphère.

Vous êtes censé exprimer votre individualité, donnée par Dieu, en créant des formes qui manifesteront le royaume de Dieu là où vous êtes. Vous avez vraiment une créativité illimitée et vos efforts ne sont en aucun cas vains. Ils deviendront une partie du royaume permanent de Dieu qui apparaît lorsqu'une sphère atteint une certaine intensité de lumière. Lorsque cela se produit, il reste si peu de ténèbres qu'elles ne peuvent obscurcir la réalité sous-jacente que tout est créé à partir de l'Être de Dieu, à partir de la pure lumière de Dieu. Il n'y a plus aucun danger que des êtres conscients de soi puissent être piégés dans un sentiment de séparation d'avec Dieu. Comment le pourraient-ils alors qu'ils sont entourés de formes qui rayonnent la lumière de Dieu et expriment l'harmonie des lois divines ?

Parce qu'il n'y a pas encore assez de lumière dans l'univers matériel – du moins pas sur Terre –, il n'est pas possible de percevoir –du moins pas avec les sens physiques – que tout est fait de la lumière de Dieu. Il n'est pas possible de voir directement Dieu comme la cause sous-jacente, comme la cause première, derrière toutes les apparences. C'est pourquoi il est possible qu'un être conscient de soi soit piégé dans la conscience de séparation, pensant qu'il est séparé de l'abondance de Dieu.

Lorsque l'intensité de la lumière sera élevée sur cette planète, il deviendra possible de voir la lumière spirituelle rayonner à travers toutes les formes qui sont en harmonie avec les lois de Dieu. Le royaume de Dieu sera établi sur Terre. Cette planète pourra devenir une étoile qui irradie la lumière de la liberté et elle sera libérée de la conscience de mort.

Votre être a été conçu pour être une porte ouverte qui permet à la lumière de Dieu de se répandre dans ce monde. Lorsque la lumière de Dieu se répandra pleinement, vous magnifierez toute la vie grâce à vos efforts créateurs. Il n'y a donc pas de conflit entre vous, en tant qu'individu, et d'autres individus. Vos efforts créateurs étendent la lumière et, par conséquent, la quantité d'abondance disponible dans ce monde. Vous servez à magnifier toutes les autres parties de ce monde, y compris tous les autres cocréateurs. Ce faisant, vous magnifiez également votre véritable soi, qui est le Corps entier de Dieu, unifié par le corps et le sang du Christ, unifié par la conscience du Christ.

Je sais que ces idées peuvent sembler abstraites et difficiles à saisir avec votre intellect. Je vous rappelle qu'il y a une grande valeur à étirer le mental. Je voudrais également vous rappeler que ce que vous ne pouvez pas saisir avec votre intellect, vous pouvez toujours le saisir avec votre cœur. Ce n'est pas mon but dans ce cours de vous donner seulement une compréhension intellectuelle. Mon but est de vous aider à vous rapprocher de la conscience du Christ, ce qui signifie que je vise à élargir à la fois votre compréhension et la capacité d'amour de votre cœur. Je vous donne de nombreux concepts qui peuvent être difficiles à saisir avec l'intellect – la manière horizontale et linéaire de regarder la vie qui est caractéristique du mental –, mais ces concepts peuvent être saisis par le cœur d'une manière sphérique et verticale – mais non linéaire.

***

Permettez-moi maintenant de vous donner une description plus détaillée de l'esprit du Christ. L'esprit du Christ est vraiment une extension de l'esprit de Dieu. Son but est de servir de lien entre le Créateur et ses cocréateurs conscients de soi. L'esprit du Christ a un objectif spécifique, à savoir donner à l'individu le pouvoir de maintenir et d'étendre son sentiment d'identité comme faisant partie et comme étant connecté au Tout, jusqu'à ce que l'être individuel conscient de soi grandisse dans la conscience de soi et réalise que le Soi *est* le Tout.

Cela ne signifie pas que l'individu perd son individualité. Cela signifie que l'individu se rend compte qu'il est le Tout du Créateur, manifesté comme focalisé à travers cette individualité. L'être individuel conscient de soi ne regarde plus le monde et la vie du point de vue limité de sa conscience individuelle. Il regarde la vie du point de vue élargi de la conscience du Créateur, brillant à travers l'individualité.

Pour illustrer cela, imaginez que vous avez grandi dans une pièce sans fenêtre. La pièce a une porte avec un judas à travers lequel la lumière du soleil peut briller. Vous ne pouvez jamais voir la totalité du soleil ; vous ne voyez qu'un petit rayon de soleil individuel. Si vous aviez grandi dans une telle pièce, votre vision du soleil serait déterminée par votre point de vue. Vous pourriez croire qu'il n'y a pas de soleil ou que le rayon lumineux individuel existe par lui-même.

Une fois que vous avez ouvert la porte et que vous sortez sous le soleil radieux, vous gagnerez une conscience élargie du soleil et de sa puissance réelle. Vous réaliserez maintenant que le soleil est bien plus puissant que le petit rayon de lumière pénétrant dans la pièce. Vous vous rendrez compte que le rayon de lumière est bien venu du soleil et n'aurait pas pu exister sans le soleil. Pourtant, le soleil est toujours vu comme étant loin.

Imaginez maintenant que vous voyagez jusqu'au centre même du soleil et que vous observez le système solaire à partir de celui-ci. Vous ne seriez plus limité par votre première impression du soleil, à savoir le petit rayon de lumière qui brille à travers la porte. Vous feriez maintenant l'expérience de la totalité du soleil, mais vous ne perdriez pas la conscience du rayon lumineux individuel. Vous sauriez que le rayon lumineux individuel était vraiment une extension du soleil lui-même.

C'était en fait le soleil qui brillait à travers ce petit trou dans la porte, se manifestant comme un rayon de lumière individuel. Il n'y a pas de réelle séparation entre la source et le rayon lumineux individuel. La seule limitation est la taille du trou à travers lequel la lumière brille. Si vous élargissez la connexion à votre Présence JE SUIS, il n'y a pas de limite à la quantité de lumière qui peut briller à travers votre être.

Lorsque Dieu vous a créé en tant qu'être individuel, vous n'avez pas reçu la pleine conscience du soleil, c'est-à-dire le Tout de la conscience de Dieu. Vous avez été créé en tant qu'être individuel avec un rayon de lumière individuel brillant à travers votre conscience. Dans votre état de conscience limité, il était naturel que vous vous considériez comme un être individuel, distinct du Tout de Dieu. Vous n'aviez pas encore assez de conscience de soi pour vous identifier comme un avec le Tout de Dieu, comme une extension du Tout de Dieu.

Si l'on devait décrire cela en termes linéaires, même si cela ne donne pas une image précise de la réalité de Dieu, comme je l'ai mentionné précédemment, on dirait que vous avez été créé en tant qu'individu, mais que vous aviez conscience d'avoir été créé par Dieu. Vous vous considériez comme un individu connecté à un Dieu distant. Votre lien avec Dieu n'était pas extérieur à vous-même ; il était situé à l'intérieur de vous-même sous la forme de votre Présence JE SUIS.

Vous vous êtes vu comme une planète en orbite autour du soleil de votre Présence JE SUIS, et donc maintenu sur une orbite stable par la force gravitationnelle de votre Présence JE SUIS. Bien que vous ayez eu une conscience claire de votre Présence JE

SUIS, vous n'étiez pas encore capable de voir que votre Présence JE SUIS était une extension, une individualisation du Créateur. Vous aviez le concept de Dieu comme un Être éloigné au-delà de votre expérience directe.

Vous avez été créé avec une conscience limitée qui était concentrée sur votre forme individuelle. Vous vous considérez comme ayant été créé par Dieu et envoyé dans ce monde. Vous êtes censé élargir votre conscience jusqu'à ce que vous réalisiez que le Créateur n'est pas séparé de sa création. Dieu est le Tout en tout, et ainsi vous n'êtes pas créé par un Dieu lointain et envoyé dans un monde où Dieu n'est pas présent. Dieu est présent ici avec vous, et donc le concept que vous avez été créé par Dieu est trop limité, trop linéaire.

En réalité, vous êtes Dieu se manifestant comme votre être individuel. Vous êtes Dieu s'exprimant comme votre être individuel. C'est pourquoi Jésus a dit que le royaume de Dieu est en vous (Luc 17.21). Le processus d'éveil à votre véritable identité comporte plusieurs phases :

- Vous commencez par voir le soleil de votre Présence JE SUIS comme la source de votre vie ;
- Vous réalisez que la lumière qui brille à travers votre Présence JE SUIS est la lumière et le pouvoir du Créateur ;
- Vous vous rendez compte que le Créateur est partout dans la création et donc que la lumière de Dieu peut potentiellement briller de n'importe quel point de la création ;
- Cela conduit finalement à la reconnaissance que la lumière ne vient pas d'une source éloignée mais vient de l'intérieur de votre Soi. Vous êtes alors devenu un Être autosuffisant qui irradie la lumière de Dieu de l'intérieur de vous-même, comme le soleil irradie la lumière de l'intérieur de lui-même.

Après avoir été créé en tant que courant de vie individuel, vous êtes descendu dans les énergies plus denses de l'univers matériel. Ce qui vous a permis d'avoir et de maintenir la conscience de votre Présence JE SUIS après cette descente, c'était et c'est la conscience du Christ, le Fils unique engendré du Père.

Cette conscience est ce que la Bible appelle la Parole, et, comme le dit la Bible, tout a été créé à partir du Fils de Dieu, à partir de la conscience du Christ, et cela a été défini à travers la Parole. Tout ce qui a été créé par un cocréateur conscient de soi est sorti de la conscience du Christ, ce qui signifie que la conscience du Christ est dans chaque forme créée. Sans lui, sans Dieu le Père et Dieu le Fils, rien de ce qui a été fait n'a été fait (Jean 1.3).

Vous ne pouvez jamais perdre votre potentiel pour retrouver la conscience du Christ. Peu importe jusqu'où vous descendez dans la conscience, vous avez toujours le potentiel de récupérer votre connexion à Dieu et votre véritable identité. Vous ne pouvez jamais être séparé de la conscience du Christ parce qu'elle est dans tout, même les formes imparfaites qui ne sont pas en harmonie avec les lois de Dieu. C'est pourquoi Jésus a dit que même les pierres crieraient pour défendre le Christ (Luc 19.40).

Une fonction de la conscience du Christ consiste à s'assurer qu'un cocréateur ne puisse jamais être complètement perdu dans la création, ne puisse jamais être si éloigné de Dieu qu'il ne peut plus revenir à la maison. Vous ne pouvez jamais vous éloigner de la conscience du Christ, et ainsi le sentiment de séparation sera toujours une illusion qui n'existe que dans votre esprit. Vous pouvez, à tout moment, commencer à marcher sur le chemin qui vous permet de remplacer l'illusion par la vérité qui vous libèrera (Jean 8.32).

***

Le concept originel de Dieu pour votre courant de vie est que vous commencez en tant qu'être individuel avec une conscience de soi limitée. Vous commencez comme un individu qui est connecté à Dieu mais néanmoins distinct (mais pas séparé) du Tout de Dieu. Il y a une différence entre avoir un lien avec le Tout de Dieu et être séparé de ce Tout par une barrière impénétrable. Dans le premier cas, vous pouvez étendre la connexion et éventuellement atteindre la conscience de ne faire qu'un avec le Tout. Dans le second cas, vous n'avez pas la possibilité de faire un avec le Tout.

Au fur et à mesure que vous exercez vos capacités créatives, que vous utilisez votre imagination et votre libre arbitre, vous développerez progressivement votre conscience de soi. Vous développerez également votre conscience du fonctionnement de l'univers et du fonctionnement des lois de Dieu. Dieu a mis ses lois dans votre être intérieur, ce qui signifie que votre Soi conscient peut connaître ces lois à travers l'esprit du Christ.

Lorsque votre courant de vie a commencé son voyage dans l'univers matériel, vous n'aviez pas une conscience consciente des lois de Dieu. Votre esprit extérieur, l'esprit de raisonnement, n'avait pas une compréhension des lois de Dieu. Comment pourriez-vous suivre les lois de Dieu ? Vous pouvez le faire en utilisant les facultés intuitives du cœur grâce auxquelles vous pouvez vous connecter à l'esprit universel du Christ et suivre les lois sans avoir une prise de conscience de la façon dont elles fonctionnent exactement.

En exerçant vos facultés créatrices, vous augmenterez gra-duellement votre conscience des lois de Dieu. Vous développerez votre compréhension de la raison pour laquelle les lois fonc-tionnent comme elles le font et la raison pour laquelle suivre les lois est dans votre propre intérêt. Vous comprendrez aussi comment les lois équilibrent vos efforts créateurs individuels avec le bien de l'ensemble.

Au fur et à mesure que vous grandissez dans la conscience de soi, vous devenez progressivement capable de regarder au-delà de votre sens individuel du soi. Non seulement vous vous connectez à la plus grande conscience des lois de Dieu, mais vous commencez également à élargir votre conscience du corps de Dieu, c'est-à-dire aux autres cocréateurs. Vous commencez à voir au-delà de vos désirs personnels et vous réalisez que les cocréateurs ne sont pas venus sur cette planète uniquement pour satisfaire leurs désirs individuels.

Il existe un plan divin pour la croissance de la Terre, et ce plan recèle une parfaite harmonie entre le bien individuel et le bien collectif. En vous réalignant sur le plan divin pour le Corps de Dieu, vous trouvez une plus grande satisfaction à voir comment vos efforts individuels s'intègrent et améliorent le plan plus vaste pour la Terre et l'humanité. Cela vous donne un bien plus grand sentiment d'accomplissement que n'importe quel effort individuel peut vous donner.

Au fur et à mesure que vous comprenez et respectez davantage les autres, vous développez votre capacité à aimer votre prochain comme vous-même. Vos relations seront alors basées sur l'amour et l'abondance plutôt que sur la peur et le désir. Au fur et à mesure que vous acquérez une plus grande appréciation des lois de Dieu et de la création de Dieu, vous commencez graduellement à aimer Dieu de tout votre cœur, de toute votre âme et de tout votre esprit (Luc 10.27).

Alors que vous continuez à cocréer avec Dieu et à élargir votre conscience de soi, vous commencez progressivement à réaliser que votre vrai soi est votre Présence JE SUIS, qui est une individualisation de votre Créateur. Vous commencez alors à réaliser, comme l'a dit Jésus, que *« Moi et mon Père, nous sommes un »* (Jean 10.30).

Vous devez réaliser que votre Père a travaillé jusqu'à présent (Jean 5.17) en créant le monde de forme comme plate-forme pour votre expression créatrice. Vous devez travailler en multipliant vos talents et en prenant le contrôle de votre propre sens du soi. Lorsque vous atteignez la maîtrise de soi, vous pouvez prendre la domination de la planète sur laquelle vous vivez, aider à transformer cette planète en royaume de Dieu et à en faire une sphère remplie de la lumière et de la perfection de Dieu, remplaçant ainsi les ténèbres qui recouvrent la Terre.

✳✳✳

L'essence de la conscience du Christ peut être résumée en un mot, et ce mot est « équilibre ». La conscience du Christ équilibre la force d'expansion du Père et la force de contraction de la Mère pour créer des formes durables, des formes qui sont en parfaite harmonie avec les lois de Dieu. La conscience du Christ équilibre la relation entre l'individu cocréateur et le Corps de Dieu afin qu'il y ait une parfaite harmonie entre l'individu et l'ensemble.

La conscience du Christ permet au cocréateur individuel de suivre les lois de Dieu et d'exercer ainsi ses capacités créatrices d'une manière qui magnifie toute la création et qui n'a aucun effet négatif sur aucune partie de la vie. La conscience du Christ équilibre la relation entre le cocréateur individuel et le Créateur afin que le cocréateur ne puisse jamais se perdre dans le monde des formes créées.

Toute forme définie par et à travers la conscience du Christ est une forme parfaite. C'est une forme qui est en parfaite harmonie avec les lois de Dieu et l'intention créatrice de Dieu, qui fait que tous les cocréateurs doivent grandir en harmonie les uns avec les autres afin que toute vie devienne plus. C'est à travers la conscience du Christ que vous pouvez suivre l'appel de Jésus : « *Soyez donc parfaits, comme votre Père céleste – votre Présence JE SUIS – est parfait* » (Matthieu 5.48).

La perfection dont je parle n'est pas le genre de perfection imaginée par la plupart des gens. Beaucoup de personnes croient en l'idée dualiste, l'idée idolâtre que, si quelque chose est parfait, il ne pourra jamais changer. Le but entier de la création de cet univers est de créer une sphère dans le vide et de la remplir progressivement de la lumière de Dieu jusqu'à ce qu'elle puisse être étendue et remplir une plus grande partie du vide. Le but même de la création, le but de la vie sont la croissance constante, l'expansion constante, la transcendance constante de soi.

Le monde de forme existe parce que Dieu a le désir d'être plus. Ce désir d'être plus est le moteur de toute création et est intégré à toute création. L'idée traditionnelle du ciel comme lieu statique dans lequel des anges sont assis sur des nuages roses jouant de la harpe pour l'éternité est complètement déconnectée de la réalité vibrante et dynamique de Dieu. Le ciel est un endroit beaucoup plus dynamique que la Terre parce que tous les êtres célestes travaillent constamment à étendre la lumière de Dieu dans le but de devenir plus de Dieu, plus du Tout.

La volonté d'être plus est également intégrée à la conscience du Christ, et ainsi l'esprit du Christ pousse les cocréateurs individuels à exercer constamment leurs capacités créatrices et à élargir leur conscience de soi. La conscience du Christ vous pousse à devenir plus et à élargir votre conscience de soi jusqu'à ce que vous atteigniez la pleine conscience de Dieu et que vous sachiez que vous êtes une individualisation du Tout, que vous n'êtes pas séparé de Dieu. Au lieu de cela, vous êtes Dieu se manifestant à travers votre sens individuel du soi.

La perfection dont je parle n'est pas statique, ce n'est pas une image taillée. Elle est dynamique, elle ne cesse de croître, devenant toujours plus de perfection divine. Je vous ai déjà dit que la force de contraction de la Mère est intégrée à la lumière Mère elle-même. Cette force de contraction cherchera toujours à ramener la lumière Mater à son état de base dans lequel aucune forme n'est manifestée. On pourrait dire que la force de contraction cherche constamment à décomposer toute forme.

Mais, ce n'est pas l'intention de Dieu que toutes les formes soient décomposées en rien, ce qui annulerait alors les efforts des cocréateurs. L'intention de Dieu est qu'aucune forme ne reste immobile, qu'aucune forme ne devienne permanente. Dieu veut que les formes restent dynamiques, ce qui signifie que toute forme est un fondement pour une croissance future. Même une forme parfaite doit être transcendée en servant de base pour manifester une forme plus élevée.

La conscience du Christ donne le pouvoir au cocréateur de concevoir une forme qui est en parfaite harmonie avec l'intention créatrice de Dieu. Aucune forme ne sera jamais permanente parce que la force de contraction de la Mère brisera tout ce qui est immobile, tout ce qui devient un système fermé, comme le dit la deuxième loi de la thermodynamique. Quelle est la clé pour s'assurer que vos efforts créateurs ne soient pas interrompus ?

C'est de rester dans la conscience du Christ par laquelle vous ne voulez jamais rester statique ni maintenir une certaine forme. Vous créez constamment des formes nouvelles et meilleures, restant ainsi dans le Fleuve de Vie, c'est-à-dire la force créatrice qui coule toujours et qui *est* Dieu le Créateur.

Lorsque vous êtes dans le courant du Fleuve de Vie, vous n'avez aucun attachement à une forme particulière. Vous n'avez aucun désir de voir cette forme rester permanente, vous désirez seulement l'utiliser comme tremplin pour développer votre créativité. Vous ne vous attendez jamais à pouvoir créer quelque chose qui deviendra permanent. Vous ne pensez jamais que, lorsqu'une forme est remplacée par une forme supérieure, vos efforts créateurs ont été vains.

Vous vous rendez compte que vos efforts créateurs ne sont jamais vains tant que vous restez dans le courant du Fleuve de Vie. Vous vous concentrez sur le processus de création plutôt que sur le résultat de la création – c'est-à-dire sur une forme particulière. Vous vous concentrez sur le voyage plutôt que sur la destination car vous réalisez que la vie est un voyage sans fin.

***

À titre d'illustration, considérons un grain de blé mis en terre. Il peut sembler que le grain se perd dans le sol, mais, après un certain temps, il germe. La pousse est belle, mais quel agriculteur voudrait que la pousse reste telle qu'elle est ? Au fur et à mesure que le germe devient une plante, la forme exacte du germe est perdue, mais l'effort créateur de la plante n'est pas perdu ; la plante transforme simplement en une nouvelle étape, en une nouvelle forme. La plante est belle avec ses feuilles vertes, mais elle finit par se transformer en tige avec des graines et elle jaunit. La plante verte est perdue, mais les efforts créateurs de la plante ne sont pas perdus.

Quand le blé est récolté, la plante est perdue. Pourtant, une partie du grain devient la semence pour la récolte de l'année suivante et une partie est utilisée comme nourriture pour les êtres humains qui servent de cocréateurs ayant le potentiel de magnifier la création de Dieu sur Terre. Le but de l'effort créateur qui pousse un grain de blé à germer et à pousser n'est pas de produire la pousse, la plante verte ou la plante mûre et de maintenir cette forme pour toujours. Le but de la force créatrice est de conduire le processus de la vie elle-même, un processus qui s'étend et magnifie constamment l'ensemble de la création de Dieu.

En tant que cocréateur, vous n'êtes pas conçu pour vous attacher à une forme que vous avez créée, quelle que soit sa beauté ou les efforts qu'il a fallu pour la produire. Vous êtes censé faire partie du Fleuve de Vie par lequel vous utilisez constamment une forme comme tremplin pour un accomplissement créateur encore plus grand. C'est ce pour quoi vous êtes conçu, et ce n'est qu'en étant dans le courant du Fleuve de Vie que vous vous sentirez vraiment épanoui et vivant.

Cette conscience de transcendance constante de soi est la conscience de vie. L'attachement à une forme particulière et la tentative de préserver cette forme est la conscience de mort, la conscience de l'antéchrist. La conscience de l'antéchrist est ce qui fait que les êtres conscients de soi s'attachent à un sentiment limité de soi et refusent de se transcender. Ils se placent en dehors du flux de la vie, et la force de contraction de la Mère commencera immédiatement à détruire ce à quoi ils cherchent à s'accrocher, ce qu'ils cherchent à posséder.

C'est le sens profond de la déclaration de Jésus : « *Car celui qui voudra sauver sa vie la perdra ; et celui qui perdra sa vie à cause de moi la trouvera* » (Matthieu 16.25). Si vous cherchez à vous accrocher à un sentiment limité d'identité et refusez de le transcender, la force de contraction de la Mère vous enlèvera inévitablement ce sens de la vie. Si vous êtes prêt à perdre le sens statique de la vie – l'image taillée – afin de transcender cette étape et d'atteindre un plus grand sens du soi, vous êtes dans la conscience du Christ. À travers cette conscience du Christ, à travers cette constante transcendance de soi, vous serez dans le flux de la vie qui est sans fin et qui a donc la vie éternelle.

La seule véritable forme de vie éternelle n'est pas un état statique, mais un état dynamique de transcendance constante de soi. Parce que vous avez la conscience de soi, l'imagination et le libre arbitre, vous êtes ce que vous pensez être. Dieu vous a donné le droit de créer n'importe quel sentiment d'identité que vous voulez, et même le sentiment que vous êtes un pécheur mortel. Dieu *ne vous a pas* donné le droit de rester dans ce sentiment d'identité pour toujours parce que cela signifierait que vous seriez laissé pour compte par le flux de la création de Dieu.

Pourquoi un Dieu aimant voudrait-il que vous restiez coincé dans un sentiment limité d'identité qui vous empêche d'avoir une vie abondante ? Si vous cherchez à conserver un sentiment d'identité limité, vous le perdrez inévitablement. Si vous êtes prêt à grandir, vous ne perdrez jamais votre sens du soi. Vous ne pouvez jamais préserver un sentiment particulier d'identité, mais vous pouvez préserver le sentiment continu d'identité qui est indépendant de toute forme créée. C'est votre véritable identité qui est au-delà de tout dans ce monde.

Le Créateur est au-delà de sa création. De même, un cocréateur est au-delà de sa création, et même au-delà du monde de forme. Vous avez été créé comme une extension du Créateur, et ainsi vous êtes plus que n'importe quelle forme que vous avez pu créer dans ce monde. Vous êtes plus que tout sentiment d'identité que vous avez pu créer après vous être déconnecté de votre Présence JE SUIS et en être venu à vous voir comme un être séparé.

Dieu vous permet de vous séparer de Lui, mais, parce que son amour pour vous est inconditionnel, Il n'accepte aucune condition qui vous éloignerait de Lui pour toujours. Dieu ne permettra à aucune condition de vous piéger de façon permanente dans un état de séparation qui sera toujours inférieur à la plénitude de la vie abondante.

***

Mon cœur bien-aimé, permettez-moi de vous donner, une fois de plus, un concept qui peut être difficile à saisir avec l'esprit linéaire mais qui peut être saisi avec le cœur. L'univers matériel peut être comparé à une salle de cinéma. Comme vous le savez, il existe trois éléments de base qui vous permettent de regarder un film. L'un est l'écran sur lequel le film est projeté, un autre est la pellicule se trouvant dans le projecteur et le troisième est la lumière provenant de l'ampoule du projecteur. L'ampoule du projecteur peut être comparée à la force d'expansion du Père, qui est la force motrice derrière la création de toute forme. C'est la lumière spirituelle qui coule à travers votre Présence JE SUIS. L'écran se compare à la lumière Mater, qui reflétera toute forme projetée sur lui par le projecteur. La pellicule se compare à la conscience d'un cocréateur.

Imaginez maintenant que vous allez dans une salle de cinéma pour regarder un film et que la première image du film se répète encore et encore. Même s'il y a une pellicule dans le projecteur et que la pellicule se déplace, chaque image sur la pellicule est la même. Évidemment, cela ne ferait pas un film ; cela ferait une image statique qui deviendrait vite ennuyeuse. Ce qui fait le film, c'est que chaque image sur la pellicule est un peu différente de l'image suivante, et c'est ce qui vous donne l'illusion que vous regardez une image animée, même si vous regardez en fait une collection d'images fixes. Les images fixes individuelles sont simplement projetées sur l'écran en succession si rapide que vos yeux sont dupés en pensant qu'il s'agit d'un film continu.

La vie dans l'univers matériel ressemble beaucoup à un film. La situation extérieure à laquelle vous faites face en ce moment est le résultat de choix que vous avez faits dans le passé et de choix que vous faites dans le présent. Votre situation extérieure est le résultat d'une image mentale que vous maintenez dans votre esprit et que vous projetez sur l'écran de la vie. Dans le projecteur de film, une nouvelle image est affichée plusieurs fois par seconde. Votre situation extérieure est le résultat du fait que, plusieurs fois par seconde, votre esprit projette une image vers la lumière Mère.

À tout moment, vous avez la possibilité de changer l'image que vous projetez sur la lumière Mater. Si vous ne changez pas l'image, si vous prenez pour vous une image taillée, vous continuerez à projeter la même image, et c'est pourquoi il semblera que votre vie ne change jamais. C'est pourquoi vous rencontrez sans cesse le même problème et pourquoi votre vie peut sembler être une lutte sans fin.

Si vous êtes actuellement dans une situation qui vous cause de la douleur et de la souffrance, la raison en est que vous projetez une image limitée et imparfaite sur l'écran de la vie. Vous projetez une image qui n'a pas été créée à partir de la conscience du Christ et qui n'est donc pas alignée avec les lois de Dieu, les lois même qui sont conçues pour vous donner la vie abondante. Si votre situation reste la même, s'il semble que vous soyez enfermé dans des limites que vous ne pouvez pas dépasser, la raison en est que vous projetez sans cesse la même image sur l'écran de la vie.

La seule solution possible, le seul moyen possible pour vous d'améliorer votre situation, c'est que vous devez changer l'image dans votre esprit. Vous devez sortir de l'état de paralysie spirituelle qui fait que votre esprit – votre imagination, votre libre arbitre et votre sentiment d'identité – est collé sur la même image taillée, violant ainsi le deuxième commandement (Exode 20.4). Vous devez transformer les images dans votre esprit en une image animée afin que votre vie devienne un film qui se déroule progressivement vers une fin heureuse.

Albert Einstein a défini la folie comme le processus dans lequel vous continuez à faire la même chose, mais vous vous attendez à des résultats différents. Dans ce contexte, cela signifie que vous continuez à projeter la même image mentale, mais vous vous attendez d'une manière ou d'une autre à ce qu'un jour l'écran affiche une image différente. Einstein était l'un des plus grands scientifiques de tous les temps parce qu'il avait compris l'essence des lois de la nature. Il avait compris ce que j'ai dit plus haut, à savoir que l'univers est un miroir. Si vous continuez à projeter la même image dans le miroir cosmique, l'univers continuera inévitablement à vous renvoyer la même situation extérieure.

Si vous voulez changer votre situation extérieure, vous devez commencer par changer votre situation intérieure. Si vous voulez changer ce qui est projeté sur l'écran de la vie, vous devez changer l'image sur la pellicule dans votre esprit. Si vous voulez améliorer votre vie, vous devez vous assurer que l'image dans votre esprit est définie à travers la conscience du Christ et non à travers la conscience de l'antéchrist.

***

Nous pouvons apprendre encore une chose de l'analogie avec une salle de cinéma. La force motrice dans le projecteur de film est la force d'expansion du Père. J'ai déjà comparé cela à un flux de lumière spirituelle qui coule à travers votre Présence JE SUIS, puis à travers votre esprit. Votre esprit impose une image mentale à cette lumière, et c'est cette image qui est projetée sur l'écran de cinéma comme la situation extérieure que vous vivez sur Terre.

La force motrice derrière votre existence est la lumière de Dieu. Si vous éteignez l'ampoule du projecteur de film, que se passera-t-il ? La salle de cinéma deviendra sombre. Si vous perdez votre connexion à votre Présence JE SUIS, alors votre esprit sera coupé de sa source de lumière originelle. Si vous réduisez l'ampleur de cette connexion, c'est comme si vous atténuiez la lumière d'un projecteur de cinéma.

Cela ne signifie pas que vous allez vous autodétruire instantanément ou que vous ne pouvez plus créer de forme. Cela signifie que vous ne pouvez plus projeter d'images sur l'écran de la vie en utilisant la pure lumière de Dieu de votre Présence JE SUIS. Vous êtes maintenant obligé de projeter des images sur l'écran de la vie en utilisant l'énergie psychique qui a déjà été introduite dans le spectre de fréquences matérielles.

Cette lumière a une vibration plus faible, et donc elle n'a pas le même pouvoir que la lumière pure de votre présence JE SUIS. En utilisant une lumière de plus faible vibration, il vous faudra plus d'énergie et plus d'efforts pour projeter des images sur l'écran de la vie. Cela limitera vos capacités créatrices et transformera votre vie en lutte.

La force motrice derrière vos efforts créateurs est un flux d'énergie qui traverse votre esprit, comme la lumière traverse le projecteur de film. Lorsque vous avez un certain degré de conscience du Christ, vous pouvez recevoir la lumière de haute fréquence directement de votre Présence JE SUIS. La seule limite à votre pouvoir créateur est la taille du conduit reliant votre sens extérieur du soi à votre Présence JE SUIS. Lorsque vous avez cette lumière pure qui coule à travers vous, votre création se fait sans effort car c'est la lumière qui fait le travail. Vous réalisez la vérité dans la déclaration de Jésus : *« Je ne puis rien faire de moi-même »* (Jean 5.30).

Lorsque vous descendez en dessous du niveau de la conscience du Christ, vous devez collecter l'énergie psychique du royaume matériel avant de pouvoir créer quoi que ce soit. Si vous ne comprenez pas le processus de collecte de l'énergie psychique et de son utilisation pour créer la forme, vos pouvoirs créateurs sont encore réduits et vous devez maintenant accumuler l'abondance exclusivement en travaillant avec la matière physique.

Dans les deux cas, vous devrez prendre de l'énergie à partir d'un approvisionnement limité, ce qui signifie souvent que vous devrez rivaliser avec d'autres pour cette énergie. Vous devez prendre ce dont vous avez besoin par la force, et cela vous enferme inévitablement dans un tapis roulant d'action et de réaction, de force et de contre-force.

Cette lutte continuera jusqu'à ce que vous rétablissiez la connexion avec votre Présence JE SUIS, et cette connexion est l'essence de la conscience du Christ. Lorsque vous surmontez le sentiment de séparation et rétablissez un sentiment d'unité avec votre source, votre vie n'est plus une lutte. La puissance de la lumière de Dieu peut maintenant couler sans entrave dans votre esprit, et ainsi votre Père peut œuvrer à travers vous et vous œuvrez avec Lui (Jean 5.17). Comme Jésus l'a dit : *« À Dieu tout est possible »* (Matthieu 19.26), et ainsi tout sentiment de lutte est derrière vous. Vous pouvez alors dire avec Jésus : *« Car mon joug est doux, et mon fardeau est léger »* (Matthieu 11.30).

Gardez à l'esprit que, même si vous êtes connecté à votre Présence JE SUIS, vous ne pouvez pas rester statique ni créer une forme et vous attendre à ce qu'elle existe indéfiniment. Le but de la vie et la définition même de la vie sont l'auto-transcendance constante. Vous devez continuellement mettre à jour et améliorer les images mentales dans votre esprit. Lorsque vous le faites, lorsque vous vous montrez fidèle en peu de choses (Matthieu 25.21), Dieu vous fera régner sur plus de lumière, ce qui vous permettra de créer une abondance encore plus grande et des formes encore plus belles et parfaites.

Lorsque vous fonctionnez au niveau de la conscience du Christ – ou plutôt *parce que* vous fonctionnez au niveau de la conscience du Christ –, vous n'êtes pas dans un état statique. Vous grandissez constamment et vous vous transcendez constamment. Vous êtes parfait comme votre Père céleste est parfait (Matthieu 5.48) parce que vous devenez constamment plus comme Dieu devient constamment plus à travers *vous*.

***

Parce que Dieu vous a donné un libre arbitre illimité et une imagination illimitée, il est possible que vous puissiez utiliser votre imagination pour imaginer des formes qui ne sont pas alignées avec les lois de Dieu. Il est possible que vous puissiez construire un sens du soi qui ne reflète pas le concept originel de votre courant de vie. Au lieu de vous voir comme un fils ou une fille de Dieu, vous pouvez vous voir comme un être séparé de Dieu, peut-être même comme un être qui a été abandonné par Dieu ou qui a été chassé de force du paradis. Vous pourriez même construire l'image que vous êtes en opposition avec Dieu et que vous détestez tout ce que Dieu représente, y compris ses lois que vous considérez comme une restriction de votre liberté de création.

Lorsque vous utilisez votre volonté pour accepter une telle conscience de soi limitée comme réelle, peut-être même comme la seule réalité possible, vous entrez progressivement dans un état de conscience dans lequel vous n'êtes plus en mesure de définir des images mentales basées sur la conscience du Christ. Toutes les images mentales contenues dans votre esprit sont définies par la conscience de l'antéchrist, la conscience d'être séparé de Dieu et de l'ensemble.

Cela amènera vos images mentales à devenir de plus en plus égocentriques, à devenir de plus en plus égoïstes. Vous perdez alors votre conscience de l'ensemble ainsi que votre préoccupation des répercutions de vos actions sur les autres. Cela peut devenir une spirale descendante qui vous emmène progressivement bien en dessous de votre véritable potentiel créateur, votre véritable potentiel divin.

Un être conscient de soi peut descendre en dessous de la conscience du Christ et il n'y a pas de limite à cette descente. Dieu vous a donné un libre arbitre illimité et une imagination illimitée. La seule limite de Dieu est que vous ne pouvez pas expérimenter pour toujours la conscience de l'antéchrist. Au moment même où vous mangez le fruit de la connaissance du bien et du mal, vous perdez la vie immortelle de la conscience du Christ.

Vous devenez maintenant soumis aux lois inférieures de la mortalité, dont la deuxième loi de la thermodynamique n'en est qu'une. Lorsque vous descendez sous le niveau de la conscience du Christ, vous n'êtes plus dans le flux éternel du Fleuve de Vie. Vous êtes alors soumis aux lois du temps et de l'espace, et ces lois vous limiteront à un emplacement spécifique dans l'espace et à une durée spécifique dans le temps.

L'espace et le temps sont par définition des concepts limités, et comme vous ne pouvez pas être partout dans l'espace, vous ne pouvez pas exister éternellement dans le temps. Le sens limité du soi qui résulte de votre participation à l'esprit de l'antéchrist ne peut pas exister éternellement. Un jour viendra où vous devrez choisir qui vous servirez, où vous devrez choisir si vous êtes prêt à retourner à la conscience du Christ et à la vie éternelle de la conscience du Christ, ou si vous continuerez à limiter votre sentiment d'identité à la conscience de l'antéchrist qui doit inévitablement mourir.

Ce sera en effet le jour du jugement dont parle la Bible (Matthieu 10.15). Si vous refusez de grandir vers la conscience du Christ, si vous refusez de transcender votre sens limité du soi, alors votre opportunité d'expérimenter la conscience de l'antéchrist se terminera sûrement dans ce que la Bible appelle la seconde mort.

Le concept originel de votre courant de vie ne peut jamais être perdu. Ce concept est à jamais préservé dans l'esprit du Christ, l'esprit universel du Christ. Votre potentiel d'être sauvé – d'être racheté, de retourner à votre ancienne demeure, de retrouver la grâce, de revenir au Paradis – ne peut pas être perdu. Peu importe ce que vous avez fait dans ce monde, peu importe à quel point vous êtes descendu sous le niveau de la conscience du Christ, vous avez le potentiel de faire demi-tour et de commencer le voyage ascendant qui vous ramènera à la conscience du Christ.

L'une des fonctions de la conscience du Christ est de contenir ce que nous pourrions appeler le concept immaculé. C'est l'image qui était présente dans l'esprit de votre Créateur lorsque votre courant de vie a été conçu pour la première fois dans l'esprit de Dieu. C'est le concept qui définit votre individualité, les dons individuels que votre Créateur vous a donnés lorsqu'Il vous a conçu.

Ces caractéristiques sont là, scellées dans la conscience du Christ. Si vous êtes prêt à transcender le sens limité du soi que vous avez actuellement, vous pouvez découvrir ce concept immaculé. Vous pouvez restaurer votre sens du soi, votre sentiment d'identité, en redevenant un avec ce concept immaculé. Vous êtes qui vous pensez être, donc, si vous pouvez imaginer et accepter le concept immaculé, vous *serez* l'être immaculé que Dieu a créé.

La planète Terre a été créée à l'origine dans un état de perfection supérieur à celui qui est actuellement manifesté. Les êtres humains ont amené cette planète bien au-dessous de sa perfection originelle, mais le concept original existe toujours en tant que concept immaculé dans l'esprit du Christ. Il existe un potentiel très réel qu'une masse critique d'êtres humains puisse élever leur conscience au niveau du Christ et ainsi servir de portes ouvertes pour ramener le concept immaculé dans la manifestation physique.

Les conditions actuelles sur Terre ne sont rien de plus qu'un film projeté sur l'écran de la vie à travers la conscience collective de l'humanité. La plupart des êtres humains sur cette planète croient actuellement à l'illusion qu'aucune autre image n'est possible ou réaliste. Si seulement un petit nombre de personnes refusent de croire à cette illusion et réalignent leur vision de la Terre avec le concept immaculé, la lumière Mater se réjouira de refléter ce concept immaculé plutôt que le concept actuel qui est si fortement influencé par l'esprit de l'antéchrist.

Si vous sentez que les enseignements que je donne dans ce cours éveillent quelque chose au plus profond de votre cœur, il est probable que vous ayez décidé de vous incarner actuellement précisément parce que vous vouliez devenir l'un des êtres christiques qui peuvent aider à sortir la Terre de ses limitations actuelles, et l'amener dans un âge d'or dans lequel tous les peuples partagent la vie abondante.

Je parlerai davantage de cette idée dans les prochains chapitres *[dans les volumes 2 et 3]*, mais, comme prochaine étape, nous devons acquérir une meilleure compréhension de la façon dont les êtres conscients de soi sont descendus dans le sens limité du soi qui est basé sur la conscience de l'antéchrist. En comprenant comment vous avez perdu la grâce de la conscience du Christ, vous découvrirez également la clé pour retrouver cet état de grâce.

16. J'invoque mon identité supérieure

Au nom de JE SUIS CE QUE JE SUIS, de Jésus-Christ, j'appelle Oméga, Mère Marie et toutes les représentantes de la Mère divine. Aidez-moi à redécouvrir la raison de ma venue sur Terre afin que je puisse exprimer mon individualité à travers l'équilibre de l'esprit du Christ. Aidez-moi à transcender tout ce qui bloque ma capacité à manifester l'abondance.

Aidez-moi aussi... *(ajouter vos demandes personnelles)*.

I. Je transcende la séparation de ma source

1. J'abandonne consciemment toute image que je suis meilleur ou plus précieux que les autres. J'abandonne aussi toute image que je suis pire ou moins précieux que les autres. J'abandonne le désir de contrôler les autres et de régner sur eux. Je travaille pour magnifier l'ensemble.

Oméga, je veux méditer
Sur ton trône du portail cosmique.
Je suis né de la forme en huit
Cocréée par Alpha et toi.

Ô Chant de Vie, tu mets la vie
Et l'harmonie dans tous les cœurs.
Ô son sacré, ton alchimie
Transforme la Terre en paradis.

2. Je suis conçu avec une beauté et une perfection bien au-delà du niveau de l'identité et de la conscience humaines. J'ai été créé pour être infiniment plus que ce que je peux actuellement reconnaître, et je ne peux jamais perdre cette individualité donnée par Dieu car elle est enregistrée de manière permanente dans l'esprit universel du Christ.

Oméga, dans l'espace sacré,
J'embrasse mes deux parents cosmiques.

Je vois que c'est une telle grâce
De faire partie du flux cosmique.

**Ô Chant de Vie, tu mets la vie
Et l'harmonie dans tous les cœurs.
Ô son sacré, ton alchimie
Transforme la Terre en paradis.**

3. L'esprit du Christ est le gardien de ma véritable individualité et c'est la clé pour retrouver ma véritable identité. Je surmonte le sentiment limité d'identité provenant de l'esprit de l'antéchrist. Je revendique l'identité provenant de l'esprit du Christ, l'esprit d'unité avec ma source.

Oméga, la vie est vraiment
Marrante dans le soleil central.
J'entame mon voyage de retour,
Et je remporte la victoire.

**Ô Chant de Vie, tu mets la vie
Et l'harmonie dans tous les cœurs.
Ô son sacré, ton alchimie
Transforme la Terre en paradis.**

4. L'esprit du Christ guide mes efforts créateurs et ils sont toujours en alignement avec les lois de Dieu. Je suis en harmonie avec le Corps de Dieu. Grâce à mon esprit individualisé du Christ, je crée en parfaite harmonie avec les lois de Dieu et ma création a un maximum de puissance.

Oméga, la féminité
Est la porte de l'infinité.
Avec toi, j'ai l'affinité
Pour connaître ma divinité.

**Ô Chant de Vie, tu mets la vie
Et l'harmonie dans tous les cœurs.
Ô son sacré, ton alchimie
Transforme la Terre en paradis.**

5. Je suis le Tout du Créateur manifesté en tant qu'une individualité et je suis le Tout du Créateur focalisé à travers cette individualité. Je ne regarde plus la vie du point de vue limité de ma conscience individuelle, je regarde la vie du point de vue élargi de la conscience du Créateur, brillant à travers mon individualité.

Oméga, dans ton flux cosmique,
Je vois clairement mon plan divin.
Mon cœur est comme une lampe ardente,
Et je donne mon amour à tous.

Ô Chant de Vie, tu mets la vie
Et l'harmonie dans tous les cœurs.
Ô son sacré, ton alchimie
Transforme la Terre en paradis.

6. Dieu est ici avec moi. Je suis Dieu se manifestant comme mon être individuel. Je suis Dieu s'exprimant comme mon être individuel. C'est pourquoi le royaume de Dieu est en moi.

Oméga, flamme de Mère cosmique,
Je suis issu de ta lumière.
Je participe au jeu cosmique,
Je proclame la victoire du Christ.

Ô Chant de Vie, tu mets la vie
Et l'harmonie dans tous les cœurs.
Ô son sacré, ton alchimie
Transforme la Terre en paradis.

7. Je vois au-delà de mes désirs personnels. Je ne suis pas venu sur cette planète uniquement pour satisfaire mes désirs individuels. Il y a un plan divin pour la croissance de la Terre, et je me réaligne avec ce plan. Je ressens une plus grande satisfaction en comprenant comment mes efforts individuels s'intègrent et améliorent le plan plus vaste pour la Terre.

Oméga, je vois maintenant
Pourquoi je suis venu sur Terre,

Et j'ai donc pleinement l'intention
De l'aider à ascensionner.

**Ô Chant de Vie, tu mets la vie
Et l'harmonie dans tous les cœurs.
Ô son sacré, ton alchimie
Transforme la Terre en paradis.**

8. L'essence de la conscience du Christ est l'équilibre. La conscience du Christ équilibre la force d'expansion du Père et la force de contraction de la Mère. Il équilibre la relation entre mon individualité et le Corps de Dieu.

Oméga, j'aspire à présent
À faire partie du chœur cosmique.
Mon cœur brûle du feu du Christ
Pour sanctifier cette planète.

**Ô Chant de Vie, tu mets la vie
Et l'harmonie dans tous les cœurs.
Ô son sacré, ton alchimie
Transforme la Terre en paradis.**

9. Toute forme définie par et à travers la conscience du Christ est une forme parfaite. C'est une forme qui est en parfaite harmonie avec les lois divines et avec l'intention créatrice de Dieu, qui est que tous les cocréateurs grandissent en harmonie les uns avec les autres afin que toute la vie devienne plus.

Oméga, mon cœur s'embrase,
Ma vie est en phase ascendante.
Enseigne-moi la phrase secrète
Pour que j'élève cette planète !

**Ô Chant de Vie, tu mets la vie
Et l'harmonie dans tous les cœurs.
Ô son sacré, ton alchimie
Transforme la Terre en paradis.**

II. Je cocrée constamment

1. Grâce à l'esprit du Christ, j'exerce mes capacités créatrices et je développe ma conscience de soi. Je deviens plus jusqu'à ce que j'atteigne la pleine conscience de Dieu et que je sache que je suis une individualisation du Tout et que je suis un avec Dieu. Je suis Dieu se manifestant à travers mon sens individuel du soi.

Oméga, je veux méditer
Sur ton trône du portail cosmique.
Je suis né de la forme en huit
Cocréée par Alpha et toi.

**Ô Chant de Vie, tu mets la vie
Et l'harmonie dans tous les cœurs.
Ô son sacré, ton alchimie
Transforme la Terre en paradis.**

2. Dieu veut que les formes restent dynamiques, ce qui signifie que toute forme est un fondement pour une croissance future. Je suis dans la conscience du Christ, et je ne veux jamais m'arrêter ni maintenir une certaine forme. Je crée constamment des formes nouvelles et meilleures en restant dans le Fleuve de Vie, cette force créatrice qui coule toujours et qui est Dieu le Créateur.

Oméga, dans l'espace sacré,
J'embrasse mes deux parents cosmiques.
Je vois que c'est une telle grâce
De faire partie du flux cosmique.

**Ô Chant de Vie, tu mets la vie
Et l'harmonie dans tous les cœurs.
Ô son sacré, ton alchimie
Transforme la Terre en paradis.**

3. Je suis dans le courant de la vie et je n'ai aucun attachement à une forme particulière. Je n'ai aucun désir de voir une forme rester permanente, je souhaite seulement l'utiliser comme tremplin pour développer ma créativité.

Oméga, la vie est vraiment
Marrante dans le soleil central.
J'entame mon voyage de retour,
Et je remporte la victoire.

**Ô Chant de Vie, tu mets la vie
Et l'harmonie dans tous les cœurs.
Ô son sacré, ton alchimie
Transforme la Terre en paradis.**

4. Je me concentre sur le processus de création plutôt que sur le résultat de la création. Je me concentre sur le voyage plutôt que sur la destination, car je me rends compte que la vie est un voyage sans fin.

Oméga, la féminité
Est la porte de l'infinité.
Avec toi, j'ai l'affinité
Pour connaître ma divinité.

**Ô Chant de Vie, tu mets la vie
Et l'harmonie dans tous les cœurs.
Ô son sacré, ton alchimie
Transforme la Terre en paradis.**

5. Je fais partie du Fleuve de Vie, et j'utilise constamment une forme comme tremplin pour accomplir une création encore plus grande. En étant dans le courant de la vie, je me sens vraiment épanoui et vivant.

Oméga, dans ton flux cosmique,
Je vois clairement mon plan divin.
Mon cœur est comme une lampe ardente,
Et je donne mon amour à tous.

**Ô Chant de Vie, tu mets la vie
Et l'harmonie dans tous les cœurs.
Ô son sacré, ton alchimie
Transforme la Terre en paradis.**

6. La conscience de la transcendance constante de soi est la conscience de vie. L'attachement à une forme particulière et la tentative de préserver cette forme sont la conscience de mort, la conscience de l'antéchrist.

Oméga, flamme de Mère cosmique,
Je suis issu de ta lumière.
Je participe au jeu cosmique,
Je proclame la victoire du Christ.

Ô Chant de Vie, tu mets la vie
Et l'harmonie dans tous les cœurs.
Ô son sacré, ton alchimie
Transforme la Terre en paradis.

7. Je suis prêt à perdre le sens statique de la vie afin de transcender cette étape et d'atteindre un plus grand sens du soi. Par la conscience du Christ, par la transcendance constante de soi, je suis dans le courant de la vie qui ne finit jamais, et ainsi j'ai la vie éternelle.

Oméga, je vois maintenant
Pourquoi je suis venu sur Terre,
Et j'ai donc pleinement l'intention
De l'aider à ascensionner.

Ô Chant de Vie, tu mets la vie
Et l'harmonie dans tous les cœurs.
Ô son sacré, ton alchimie
Transforme la Terre en paradis.

8. Parce que j'ai la conscience de soi, l'imagination et le libre arbitre, je suis qui je pense être. Dieu m'a donné le droit de créer n'importe quel sentiment d'identité que je veux, mais Dieu ne m'a pas donné le droit de rester dans ce sentiment d'identité pour toujours.

Oméga, j'aspire à présent
À faire partie du chœur cosmique.

Mon cœur brûle du feu du Christ
Pour sanctifier cette planète.

Ô Chant de Vie, tu mets la vie
Et l'harmonie dans tous les cœurs.
Ô son sacré, ton alchimie
Transforme la Terre en paradis.

9. Je suis prêt à grandir. Je perds un sentiment particulier d'identité, mais je préserve le sentiment permanent d'identité qui est indépendant de toute forme créée. C'est ma véritable identité qui est au-delà de tout dans ce monde.

Oméga, mon cœur s'embrase,
Ma vie est en phase ascendante.
Enseigne-moi la phrase secrète
Pour que j'élève cette planète !

Ô Chant de Vie, tu mets la vie
Et l'harmonie dans tous les cœurs.
Ô son sacré, ton alchimie
Transforme la Terre en paradis.

III. Je suis plus que n'importe quel moi dans ce monde

1. Le Créateur est au-delà de sa création. En tant que cocréateur, je suis au-delà de ma création, même au-delà du monde de forme. Je suis une extension du Créateur, et donc je suis plus que n'importe quelle forme que j'ai pu créer dans ce monde. Je suis plus que tout sentiment d'identité que j'ai créé à partir de la séparation.

Oméga, je veux méditer
Sur ton trône du portail cosmique.
Je suis né de la forme en huit
Cocréée par Alpha et toi.

Ô Chant de Vie, tu mets la vie
Et l'harmonie dans tous les cœurs.
Ô son sacré, ton alchimie
Transforme la Terre en paradis.

2. L'amour de Dieu pour moi est inconditionnel, et Dieu n'accepte aucune condition qui me garderait séparé de lui pour toujours. Dieu ne permettra à aucune condition de m'enfermer de façon permanente dans l'état de séparation qui sera toujours inférieur à la plénitude de la vie abondante.

Oméga, dans l'espace sacré,
J'embrasse mes deux parents cosmiques.
Je vois que c'est une telle grâce
De faire partie du flux cosmique.

Ô Chant de Vie, tu mets la vie
Et l'harmonie dans tous les cœurs.
Ô son sacré, ton alchimie
Transforme la Terre en paradis.

3. Ma situation extérieure est le résultat de choix que j'ai faits dans le passé et de choix que je fais dans le présent. Ma situation extérieure est le résultat d'une image mentale que je maintiens dans mon esprit et que je projette sur l'écran de la vie.

Oméga, la vie est vraiment
Marrante dans le soleil central.
J'entame mon voyage de retour,
Et je remporte la victoire.

Ô Chant de Vie, tu mets la vie
Et l'harmonie dans tous les cœurs.
Ô son sacré, ton alchimie
Transforme la Terre en paradis.

4. Ma situation extérieure est le résultat de la projection, par mon esprit, d'une image sur la lumière Mater. À tout moment, j'ai la possibilité de changer l'image que je projette sur la lumière Mère. La seule façon possible pour moi d'améliorer ma situation consiste à changer l'image que je maintiens dans mon esprit.

Oméga, la féminité
Est la porte de l'infinité.

Avec toi, j'ai l'affinité
Pour connaître ma divinité.

**Ô Chant de Vie, tu mets la vie
Et l'harmonie dans tous les cœurs.
Ô son sacré, ton alchimie
Transforme la Terre en paradis.**

5. Je transcende l'état de paralysie spirituelle qui fait que mon esprit – mon imagination, mon libre arbitre et mon sentiment d'identité – reste bloqué sur la même image taillée. Je transforme les images statiques de mon esprit en un film et je transcende constamment mes images mentales.

Oméga, dans ton flux cosmique,
Je vois clairement mon plan divin.
Mon cœur est comme une lampe ardente,
Et je donne mon amour à tous.

**Ô Chant de Vie, tu mets la vie
Et l'harmonie dans tous les cœurs.
Ô son sacré, ton alchimie
Transforme la Terre en paradis.**

6. À travers la conscience du Christ, je reçois une lumière de haute fréquence directement de ma Présence JE SUIS. Cette lumière pure me permet de transcender toute limitation à laquelle je suis confrontée. Ma création se fait sans effort car c'est la lumière qui fait le travail.

Oméga, flamme de Mère cosmique,
Je suis issu de ta lumière.
Je participe au jeu cosmique,
Je proclame la victoire du Christ.

**Ô Chant de Vie, tu mets la vie
Et l'harmonie dans tous les cœurs.
Ô son sacré, ton alchimie
Transforme la Terre en paradis.**

7. Je rétablis la connexion à ma Présence JE SUIS, et cette connexion est l'essence de la conscience du Christ. Je surmonte le sentiment de séparation et je rétablis un sentiment d'unité avec ma source. Ma vie n'est plus un combat.

Oméga, je vois maintenant
Pourquoi je suis venu sur Terre,
Et j'ai donc pleinement l'intention
De l'aider à ascensionner.

Ô Chant de Vie, tu mets la vie
Et l'harmonie dans tous les cœurs.
Ô son sacré, ton alchimie
Transforme la Terre en paradis.

8. La puissance de la lumière de Dieu coule sans entrave dans mon esprit, et ainsi mon Père peut œuvrer à travers moi et j'œuvre avec Lui. Avec Dieu tout est possible et je dis avec Jésus : « *Mon joug est doux, et mon fardeau est léger.* »

Oméga, j'aspire à présent
À faire partie du chœur cosmique.
Mon cœur brûle du feu du Christ
Pour sanctifier cette planète.

Ô Chant de Vie, tu mets la vie
Et l'harmonie dans tous les cœurs.
Ô son sacré, ton alchimie
Transforme la Terre en paradis.

9. Le but de la vie et la définition même de la vie sont la transcendance constante de soi. Je change et améliore continuellement les images mentales dans mon esprit. Je suis fidèle en peu de choses, et Dieu me fera régner sur plus de lumière me permettant de créer encore plus d'abondance et des formes encore plus belles et parfaites.

Oméga, mon cœur s'embrase,
Ma vie est en phase ascendante.

Enseigne-moi la phrase secrète
Pour que j'élève cette planète !

**Ô Chant de Vie, tu mets la vie
Et l'harmonie dans tous les cœurs.
Ô son sacré, ton alchimie
Transforme la Terre en paradis.**

IV. Je sais pourquoi je suis venu sur Terre

1. Dans la conscience du Christ, je grandis constamment, je me transcende constamment. Je suis parfait comme mon Père céleste est parfait parce que je deviens constamment plus comme Dieu devient constamment plus à travers moi.

Oméga, je veux méditer
Sur ton trône du portail cosmique.
Je suis né de la forme en huit
Cocréée par Alpha et toi.

**Ô Chant de Vie, tu mets la vie
Et l'harmonie dans tous les cœurs.
Ô son sacré, ton alchimie
Transforme la Terre en paradis.**

2. En ce jour, je choisis qui je vais servir. Je retourne à la conscience du Christ et à la vie éternelle de la conscience du Christ. J'abandonne le sentiment d'identité basé sur la conscience de l'antéchrist, je le laisse mourir.

Oméga, dans l'espace sacré,
J'embrasse mes deux parents cosmiques.
Je vois que c'est une telle grâce
De faire partie du flux cosmique.

**Ô Chant de Vie, tu mets la vie
Et l'harmonie dans tous les cœurs.
Ô son sacré, ton alchimie
Transforme la Terre en paradis.**

3. Peu importe ce que j'ai fait dans ce monde, peu importe à quel niveau je suis descendu en dessous de la conscience du Christ, j'ai le potentiel de faire demi-tour et de commencer le voyage ascendant qui me ramènera à la conscience du Christ.

Oméga, la vie est vraiment
Marrante dans le soleil central.
J'entame mon voyage de retour,
Et je remporte la victoire.

Ô Chant de Vie, tu mets la vie
Et l'harmonie dans tous les cœurs.
Ô son sacré, ton alchimie
Transforme la Terre en paradis.

4. Je me reconnecte au concept immaculé, c'est-à-dire à l'image qui était présente dans l'esprit de mon Créateur lorsque mon courant de vie a été conçu pour la première fois. J'accepte ma véritable individualité et les dons individuels que mon Créateur m'a donnés lors de ma conception.

Oméga, la féminité
Est la porte de l'infinité.
Avec toi, j'ai l'affinité
Pour connaître ma divinité.

Ô Chant de Vie, tu mets la vie
Et l'harmonie dans tous les cœurs.
Ô son sacré, ton alchimie
Transforme la Terre en paradis.

5. Je rétablis mon sens du soi et mon sentiment d'identité en redevenant un avec le concept immaculé. Je suis qui je pense être, et, parce que j'accepte le concept immaculé, je *suis* l'être immaculé que Dieu a créé.

Oméga, dans ton flux cosmique,
Je vois clairement mon plan divin.
Mon cœur est comme une lampe ardente,
Et je donne mon amour à tous.

Ô Chant de Vie, tu mets la vie
Et l'harmonie dans tous les cœurs.
Ô son sacré, ton alchimie
Transforme la Terre en paradis.

6. Je suis l'un des êtres venus sur Terre pour élever leur conscience au niveau du Christ et pour servir ainsi de portes ouvertes et amener le concept immaculé dans la manifestation physique.

Oméga, flamme de Mère cosmique,
Je suis issu de ta lumière.
Je participe au jeu cosmique,
Je proclame la victoire du Christ.

Ô Chant de Vie, tu mets la vie
Et l'harmonie dans tous les cœurs.
Ô son sacré, ton alchimie
Transforme la Terre en paradis.

7. Je transcende l'illusion de l'antéchrist et je réaligne ma vision de la Terre avec le concept immaculé.

Oméga, je vois maintenant
Pourquoi je suis venu sur Terre,
Et j'ai donc pleinement l'intention
De l'aider à ascensionner.

Ô Chant de Vie, tu mets la vie
Et l'harmonie dans tous les cœurs.
Ô son sacré, ton alchimie
Transforme la Terre en paradis.

8. La lumière Mater se réjouit de manifester ce concept immaculé plutôt que le concept actuel qui est si fortement influencé par l'esprit de l'antéchrist.

Oméga, j'aspire à présent
À faire partie du chœur cosmique.
Mon cœur brûle du feu du Christ
Pour sanctifier cette planète.

**Ô Chant de Vie, tu mets la vie
Et l'harmonie dans tous les cœurs.
Ô son sacré, ton alchimie
Transforme la Terre en paradis.**

9. Je sais que je me suis incarné actuellement parce que je voulais devenir l'un des êtres christiques qui peuvent aider la Terre à sortir de ses limitations actuelles et à entrer dans un âge d'or dans lequel tous les êtres humains partagent la vie abondante. J'embrasse et je cocrée cette mission.

Oméga, mon cœur s'embrase,
Ma vie est en phase ascendante.
Enseigne-moi la phrase secrète
Pour que j'élève cette planète !

**Ô Chant de Vie, tu mets la vie
Et l'harmonie dans tous les cœurs.
Ô son sacré, ton alchimie
Transforme la Terre en paradis.**

Sceau final :

Au nom de la Mère divine, je demande à Oméga et à Mère Marie de me sceller, ainsi que toutes les personnes de mon cercle d'influence, dans le flux créateur de la Mère Divine, le Fleuve de Vie. Je demande la multiplication de mes appels par toutes les représentantes de la Mère divine afin que nous formions le flux parfait en huit de « comme en haut, ainsi en bas ». J'accepte donc que cela soit pleinement manifesté parce que la bouche du Seigneur, la Mère divine que JE SUIS, l'a prononcé. Amen.

Annexe

Brève présentation des Maîtres ascensionnés

Les Maîtres ascensionnés sont des enseignants spirituels qui résident dans un royaume supérieur invisible et qui servent de guides pour l'humanité. On les trouve dans toutes les civilisations de la Terre comme des dieux ou des Saints. Leurs enseignements ont un caractère universel et sont donc au-delà de toute religion, tradition ou culture. Parmi les Maîtres les plus connus, plusieurs se sont incarnés de nombreuses fois sur Terre avant d'ascensionner définitivement lorsqu'ils ont réussi à atteindre la pleine conscience christique ou bouddhique, comme Jésus-Christ et Gautama Bouddha. D'autres Maîtres ne se sont jamais incarnés sur Terre et ont fait leur ascension sur une autre planète ou dans une *sphère* précédente. On les appelle alors des *Êtres cosmiques* parce qu'ils sont à un niveau de conscience plus élevé.

Les Maîtres ascensionnés forment une hiérarchie cosmique, dans laquelle il y a d'abord trois royaumes ou règnes : les Élohim qui sont les dieux créateurs, les Archanges et les Anges qui sont les serviteurs de Dieu, et les Maîtres qui sont les fils et les filles de Dieu. Il y a ensuite plusieurs niveaux correspondant aux sphères, galaxies, étoiles et planètes. Par exemple, notre planète Terre est rattachée au soleil qui est une étoile dans la Voie lactée, qui elle-même fait partie d'un univers plus grand. Dans notre sphère, il y a au plus haut niveau un Soleil central invisible où résident deux êtres cosmiques qui s'appellent Alpha et Oméga.

Les Maîtres ascensionnés travaillent ensemble comme une seule grande fraternité unie par la conscience du Christ, et il n'y a donc pas de division entre eux comme entre les religions sur Terre. Un Maître ascensionné n'est ni chrétien, ni bouddhiste, etc., mais simplement un Être de lumière libre en Dieu. Même si toutes les grandes religions de ce monde ont été initiées à l'origine par les Maîtres ascensionnés, elles n'ont plus de contact aujourd'hui avec les Maîtres et suivent essentiellement des doctrines humaines.

Les Maîtres ascensionnés travaillent continuellement avec la Terre depuis sa création, mais sont restés méconnus pendant très longtemps. La plupart des Maîtres se sont incarnés dans plusieurs civilisations différentes en plusieurs endroits de la Terre avant de faire leur ascension finale. Ils connaissent donc parfaitement toutes les difficultés que nous pouvons rencontrer ici sur Terre et ils ont démontré que nous pouvons les surmonter. Ils ont inspiré des idées à la fois spirituelles et pratiques (telles que l'art, la culture, la musique, les inventions, la science et la technologie) pour éveiller la conscience des gens. Cela s'est traduit par une élévation de la conscience collective, comme en témoigne une sensibilité croissante à la vie et aux droits de l'homme.

La conscience collective est toujours élevée par quelques personnes qui s'ouvrent à certaines idées nouvelles qui se propagent ensuite progressivement à de plus en plus de personnes, jusqu'à ce qu'un changement se produise. Des exemples de tels changements sont l'émergence de la démocratie, l'abolition de l'esclavage et l'égalité croissante accordée aux femmes. Au fur et à mesure que la conscience collective s'est élevée, les Maîtres ascensionnés ont commencé à faire connaître publiquement leur existence à travers des messagers appelés autrefois des prophètes.

Kim Michaels est l'un de ces messagers pour notre époque actuelle. Il a publié des livres et il a créé des sites Internet et une chaîne de vidéos sur *Youtube* accessibles à tous, pour amener un nombre croissant de personnes à prendre conscience de l'existence des Maîtres ascensionnés, à étudier leurs enseignements et à utiliser leurs outils spirituels pour suivre un chemin intérieur pouvant mener jusqu'à l'ascension personnelle.

Les Maîtres respectent totalement notre libre arbitre et adhèrent au principe que *« quand l'élève est prêt, le maître apparait »*. Ils ne peuvent donc nous aider que si nous faisons appel à eux. C'est pourquoi nous devons donner des invocations pour nous connecter à eux et les laisser nous éclairer avec leur lumière. Dans ce cours, nous faisons appel non seulement à Mère Marie et mais aussi à d'autres Maîtres ascensionnés ou Êtres cosmiques qui représentent la Mère divine et le Père divin.

Voici la liste de ces Maîtres avec leurs fonctions :

Maraytaïe : Représentante de la Mère divine au niveau galactique

Nada : Chohan du sixième rayon de la Paix

Kuan Yin : Déesse de la compassion et la miséricorde, connue en Orient comme le bouddha féminin

Portia : Déesse de la Justice et de l'Opportunité

Mère Marie : Représentante de la Mère divine pour la Terre

Liberté : Déesse de la Liberté

Vénus : Déesse de l'amour divin, en polarité avec Sanat Kumara

Oméga : Représentante de Dieu au niveau du Soleil central, en polarité avec Alpha

Archange Michaël : Archange du premier rayon du Pouvoir

Jésus-Christ : Christ planétaire, chef enseignant du monde, hiérarque de l'ère des Poissons

Maitreya : Christ cosmique, Dieu du Jardin d'Éden, Grand initiateur

Gautama Bouddha : Bouddha planétaire, Seigneur du monde

Directeur divin : Être cosmique connu comme Maître R et Eutaï, superviseur de nos plans divins personnels

Saint-Germain : Chohan du septième rayon de Liberté, hiérarque de l'ère du Verseau

Sanat Kumara : Être cosmique connu comme l'Ancien des jours, venu en mission de la planète Venus pour sauver la Terre

Alpha : Représentant de Dieu au niveau du Soleil central, en polarité avec Oméga

Une fonction est comme un poste que l'on occupe. Donc, une fonction peut être occupée par différents Maîtres au cours du temps. Même dans le royaume spirituel, les Maîtres continuent à se transcender et à s'élever en conscience. C'est ainsi qu'ils peuvent accéder à des fonctions de plus en plus élevées. Les Maîtres forment une chaine de l'Être qui remonte jusqu'au Créateur de notre monde de forme. Mais le Créateur n'est pas le Dieu suprême, car il est lui-même issu du Dieu Tout-puissant qu'on appelle le Tout. Il existe sûrement d'autres Créateurs et d'autres mondes de forme, mais cela dépasse notre entendement.

A propos du traducteur

Noël Wan, de formation d'ingénieur en informatique, a fait une longue carrière internationale avant de travailler comme consultant en management, et aussi comme formateur et coach en développement professionnel, personnel et spirituel. Pour partager sa passion et son expérience dans ces domaines, il a donné des conférences, animé des stages et accompagné des centaines de personnes de tout horizon pour les aider à changer et réussir.

Aujourd'hui à la retraite, il se consacre entièrement à son plan divin et il s'est fixé pour mission de traduire en français les enseignements des Maîtres transmis à travers Kim Michaels. Il maintient le site *maitresascensionnes.fr* et il organise aussi des groupes d'études pour les francophones. Vous pouvez trouver plus d'informations sur son site *ayamera.com*.